"十四五"国家重点出版物出版规划项目

 转型时代的中国财经战略论丛 ◢

国家社会科学基金一般项目"新发展阶段全要素数字化转型
促进城乡融合发展的机制及对策研究"（22BJY206）研究成果

面向现代化的城镇化发展道路

Urbanization Development Path towards Modernization

杨志恒　李砚芬　著

中国财经出版传媒集团

 经济科学出版社
Economic Science Press

图书在版编目（CIP）数据

面向现代化的城镇化发展道路/杨志恒，李砚芬著
. －－北京：经济科学出版社，2023.1
（转型时代的中国财经战略论丛）
ISBN 978 － 7 － 5218 － 4448 － 1

Ⅰ.①面…　Ⅱ.①杨…②李…　Ⅲ.①城市化－研究
－中国　Ⅳ.①F299.21

中国国家版本馆 CIP 数据核字（2023）第 012325 号

责任编辑：于　源　冯　蓉
责任校对：王苗苗
责任印制：范　艳

面向现代化的城镇化发展道路
杨志恒　李砚芬　著
经济科学出版社出版、发行　新华书店经销
社址：北京市海淀区阜成路甲 28 号　邮编：100142
总编部电话：010 － 88191217　发行部电话：010 － 88191522
网址：www.esp.com.cn
电子邮箱：esp@esp.com.cn
天猫网店：经济科学出版社旗舰店
网址：http://jjkxcbs.tmall.com
北京季蜂印刷有限公司印装
710 × 1000　16 开　15 印张　240000 字
2023 年 4 月第 1 版　2023 年 4 月第 1 次印刷
ISBN 978 － 7 － 5218 － 4448 － 1　定价：62.00 元

总　序

"转型时代的中国财经战略论丛"是山东财经大学与经济科学出版社在"十三五"系列学术著作的基础上，在"十四五"期间继续合作推出的系列学术著作，属于"'十四五'时期国家重点出版物出版专项规划项目"。

自 2016 年起，山东财经大学就开始资助该系列学术著作的出版，至今已走过 6 个春秋，期间共资助出版了 122 部学术著作。这些著作的选题绝大部分隶属于经济学和管理学范畴，同时也涉及法学、艺术学、文学、教育学和理学等领域，有力地推动了我校经济学、管理学和其他学科门类的发展，促进了我校科学研究事业的进一步繁荣发展。

山东财经大学是财政部、教育部和山东省人民政府共同建设的高校，2011 年由原山东经济学院和原山东财政学院合并筹建，2012 年正式揭牌成立。学校现有专任教师 1690 人，其中教授 261 人、副教授 625 人。专任教师中具有博士学位的 982 人，其中入选青年长江学者 3 人、国家"万人计划"等国家级人才 11 人、全国五一劳动奖章获得者 1 人、"泰山学者"工程等省级人才 28 人，入选教育部教学指导委员会委员 8 人、全国优秀教师 16 人、省级教学名师 20 人。近年来，学校紧紧围绕建设全国一流财经特色名校的战略目标，以稳规模、优结构、提质量、强特色为主线，不断深化改革创新，整体学科实力跻身全国财经高校前列，经管类学科竞争力居省属高校首位。学校现拥有一级学科博士点 4 个，一级学科硕士点 11 个，硕士专业学位类别 20 个，博士后科研流动站 1 个。在全国第四轮学科评估中，应用经济学、工商管理获 B＋，管理科学与工程、公共管理获 B－，B＋以上学科数位居省属高校前三甲，学科实力进入全国财经高校前十。2016 年以来，学校聚焦内涵式发展，全面实施了科研强校战略，取得了可喜成绩。获批国家级课题项目241项，教育部及其他省部级课题项目390项，承担各级各类横向课题445项；教师共发表高水平学术论文3700余篇，出版著作323部。同时，新增了山东省重点实验室、山东省重点新型智库、山东省社科理论重点研究基地、山东省协同创新中心、山东省工程技术研究中心、山东省两化融合促进中心等科研平台。学校的发展为教师从事科学研究提供了广阔的平台，创造了更加良好的学术生态。

"十四五"时期是我国由全面建成小康社会向基本实现社会主义现代化迈进的关键时期，也是我校合校以来第二个十年的跃升发展期。今年党的二十大的胜利召开为学校高质量发展指明了新的方向，建校70周年暨合并建校10周年校庆也为学校内涵式发展注入了新的活力。作为"十四五"时期国家重点出版物出版专项规划项目，"转型时代的中国财经战略论丛"将继续坚持以马克思列宁主义、毛泽东思想、邓小平理论、"三个代表"重要思想、科学发展观、习近平新时代中国特色社会主义思想为指导，结合《中共中央关于制定国民经济和社会发展第十四个五年规划和二〇三五年远景目标的建议》以及党的二十大精神，将国家"十四五"期间重大财经战略作为重点选题，积极开展基础研究和应用研究。

"十四五"时期的"转型时代的中国财经战略论丛"将进一步体现鲜明的时代特征、问题导向和创新意识，着力推出反映我校学术前沿水平、体现相关领域高水准的创新性成果，更好地服务我校一流学科和高水平大学建设，展现我校财经特色名校工程建设成效。通过向广大教师提供进一步的出版资助，鼓励我校广大教师潜心治学，扎实研究，在基础研究上密切跟踪国内外学术发展和学科建设的前沿与动态，着力推进学科体系、学术体系和话语体系建设与创新；在应用研究上立足党和国家事业发展需要，聚焦经济社会发展中的全局性、战略性和前瞻性的重大理论与实践问题，力求提出一些具有现实性、针对性和较强参考价值的思路和对策。

山东财经大学校长

2022年10月28日

前　言

现代化是新中国成立后就确立的宏伟目标，饱含了新中国建设者对经济社会各领域的发展期冀。1954 年召开的第一届全国人民代表大会，第一次明确提出要实现工业、农业、交通运输业和国防四个现代化任务。此后，在分阶段实现现代化目标引领下，我国经济社会发展稳步前行，城镇化更是承载现代化发展预期的重要展现，现代化的产业体系、现代化的生活方式以及现代化的治理理念，都与现代化的城镇息息相关，并与农业农村现代化相辅相成，为不同阶段现代化目标的实现打下坚实基础。

时至今日，站在全面开启社会主义现代化强国建设新征程的重要时刻，城镇化也适逢发展进阶的关键时刻。2020 年末，我国城镇常住人口达到 91425 万人，建成区面积为 60721.32 平方公里，地级及以上城市数有 297 个，从数据来看，我国常住人口城镇化率为 64.72%，低于世界上发达国家 75%～80% 的数值，但我国拥有世界上最为庞大的城镇人口和城市辖区，每一个百分点所对应的绝对数远远大于其他国家，在承担城镇建设成本、创造居民就业机会、缩小城乡发展差距等方面付出了巨大的努力。从城镇化的地区分布结构来看，城市群、都市圈成为城镇化实现的主要形式，从拉动地区发展与城乡融合发展来看，城镇的增长极作用和集聚规模效应依然占据主流。可见，围绕新发展阶段实现现代化的目标，推进城镇化依然是促进战略构想实施落地的关键一环，无论是提升水平还是优化结构，都需要继续加大推进力度，完善新型城镇化战略，提升城镇化发展质量。但是，面对现代化建设的要求，适应未来发展需要的城镇化战略选择是什么？需要突破哪些既有城镇化的政策体系与制度框架？这需要从理论层面加深这一主题的认识和理解，并在解决现实问题的具体实践中加以验证。

本书以面向现代化的城镇化发展道路立题，开展了系列理论探索与应用实践，包括：聚焦现代化建设对城镇化发展的新要求与新标准，探索面向现代化的城镇化发展新模式与新路径，重点关注城镇与区域协调发展、城乡要素流动与融合发展、国土空间开发与保护格局优化、村镇协同建设等领域，分析现代化建设进入新的发展阶段后，城镇化肩负的责任，以"节约、高效、持续"为准则，以生产力合理布局为目标，以"人、地、钱、技"为对象，在产业组织、空间布局、要素调配、资源环境承载等方面做出合理响应，进而提出实现现代化发展目标的城镇化发展策略体系，相关研究结论可为新型城镇化与城乡融合发展、区域一体化战略、国土空间规划、数字城市、数字乡村等领域提供理论支撑与决策参考。

本书内容完成时间集中在 2020～2022 年初，是国家社会科学基金一般项目（20CJY017）、山东省自然科学基金面上项目（ZR2020MD012）、山东省重点研发（软科学）重点项目（2021RZB06026）、山东省社科规划项目研究成果（20CCXJ10）等相关研究成果的汇集。感谢来自相关领域专家的指导！并向本书编审专家表示衷心的感谢和诚挚的敬意！全书由杨志恒统稿，李砚芬、沈能能、刘天天、肖瑶参与撰写，董慧婷等参与了部分内容的研讨、资料收集整理等工作。限于笔者水平，书中疏漏不当之处在所难免，恳请专家与读者提出宝贵的意见和建议。

杨志恒

2022 年夏

目　录

第1章 导 论

现代化是一个包罗万象的大规模社会变革过程，一旦启动，往往会以自我强化的方式渗透到生活的各个领域，从经济活动到社会生活，尤其是对以现代技术和工业理念建构的城镇来说，现代化是城镇化的引领方向与实现路径。特别是对于发展中国家，现代化带来了强烈的变革和创新意识，加速了工农业生产结构的演替与国民生活方式的演进，与人类社会持续进步的理念相联系（Inglehart & Welzel，2007）。现代化目标的如期实现既是决定国家命运的关键，也是人民幸福生活长久的基石，也深刻影响着世界城镇化发展的历史进程。

1.1 研究背景

现代化是近代工业革命以来全世界国家共同的追求。作为现代化进程的见证者，马克思和恩格斯的著述中蕴涵着丰富的现代化思想，提出过现代资产阶级社会、现代国家政权、现代大工业、现代生产力、现代生产关系等相关概念。在肯定现代化进步本质的同时，马克思恩格斯也对现代化的方式进行了反思。马克思说："工业较发达的国家向工业较不发达的国家所显示的，只是后者未来的景象。"并把大工业所创造的发达世界市场和城市称为"现代化的世界市场"和"现代化大工业城市"（罗荣渠，1988；王继和王浩斌，2003；刘军，2014；何爱平和李清华，2022）。可见，城市的本质是社会现代化的产物，体现社会不断向现代化转型的过程。党的十八大、十九大就深入推进城镇化发展作出了一系列重大决策部署，强调推进以人的城镇化为核心、提高质量为导向的新型城镇化战略。国家"十四五"规划和2035年远景目标纲要中将城镇化与新型工业化、信息化、农业现代化并列，提出共同构筑现代化经济体系，基本实现国家治理体系和治理能力现代化，并指出要"坚持走中国特色新型城镇化道路，深入推进以人为核心的新型城镇化战略，以城市群、都市圈为依托促进大中小城市和小城镇协调联动、特色化发展，使更多人民群众享有更高品质的城市生活"。城镇化是新时代中国特色社会主义发展的重要实践，是建设现代化国家的关键举措。

现代化目标实现的时间取决于全社会各领域的通力合作，现代化既是目标也是动力。按照现代化建设"三步走"的战略部署，解决人民温饱问题、人民生活总体上达到小康水平这两个目标已提前实现。在新的历史起点，党的十九大指明了把我国建成富强民主文明和谐美丽的社会主义现代化强国的目标，这是对新时代中国特色社会主义发展的战略安排和战略部署。十九大报告中提出，现代化分为两个阶段：第一阶段（2020～2035 年）目标，实现中国经济实力、科技实力大幅跃升，跻身创新型国家前列。人民平等参与、平等发展权利得到充分保障，法治国家、法治政府、法治社会基本建成，各方面制度更加完善，国家治理体系和治理能力现代化基本实现。社会文明程度达到新的高度，国家文化软实力显著增强，中华文化影响更加广泛深入。人民生活更为宽裕，中等收入群体比例明显提高，城乡区域发展差距和居民生活水平差距显著缩小，基本公共服务均等化基本实现。现代社会治理格局基本形成，社会充满活力又和谐有序。生态环境根本好转，美丽中国目标基本实现。第二阶段（2035 年到 21 世纪中叶）目标将实现，中国物质文明、政治文明、精神文明、社会文明、生态文明将全面提升，实现国家治理体系和治理能力现代化，成为综合国力和国际影响力领先的国家。全体人民共同富裕基本实现，中国人民将享有更加幸福安康的生活，中华民族将以更加昂扬的姿态屹立于世界民族之林。

党的十九届四中全会进一步作出《中共中央关于坚持和完善中国特色社会主义制度　推进国家治理体系和治理能力现代化若干重大问题的决定》，主题鲜明地提出中国特色社会主义现代化总目标和总体战略部署。从经济、政治、文化、社会、生态文明 5 个方面持续探索中国建设社会主义的正确道路，解放和发展社会生产力，城镇化的发展有利于扩大内需，提高生产效率，促进要素资源的优化配置，发挥多领域引领示范作用，是实现现代化的必由之路。在现代化目标的指引下，开始城镇化发展的新道路弹性有着坚实的理论基础和重大的现实意义。

从我国城镇化发展现状来看，截至 2020 年，城市市辖区年末总人口为 400 万以上的地级及以上城市数有 22 个，总人口为 200 万~400 万的地级及以上城市数 46 个，总人口为 100 万~200 万的地级及以上城市数 96 个，总人口为 50 万~100 万的地级及以上城市数 86 个[①]，城镇化规模之大、范围之广，突显了中国现代化进程所取得巨大的发展成就。卡尔·马克思到丹尼尔·贝尔等现代化理论家都认为，科技进步引领经济发展带来了普遍的社会文化变革，尤其在现代化进程中，绝对规范的价值观越来越向理性、宽容、信任和参与的价值观转变，这引发了城镇化发展范式的变化，每个阶段所取得的现代化成就仅是现代化阶段性目标的实现，技术的迭代将现代化的步伐推向更远的方向，在具体策略上，甚至是极左极右摆动，例如：时代与信息大爆炸时代对全球化的推崇，在现今数字技术带来的时空压缩面临变得脆弱不堪，开始日趋保守，尽管既有的路径依赖还在发挥作用，但在现有基础上的开拓变得困难起来，需要发现新的合作模式，谁能更早发现，谁就可以进入一片蓝海。

目前，城镇化进程正面临内部和外部的双向挑战，对内存在城乡要素双向流动不畅、区域统一要素市场分割以及城乡差距拉大的困境，对外面临信息技术革命、数字经济浪潮、全球化退缩、粮食与生态环境危机等。这既是持续以现代化引领城镇化发展的契机，也是迫切需要解决现实问题，有必要开展针对性的研究，探寻现代化目标导向下的城镇化发展新道路。

1.2　研　究　框　架

本书围绕现代化进程中的城镇化发展道路，从现代化与城镇化相互匹配、互相促进的视角出发，就现代化建设目标对城镇化发展的新要求和城镇化如何成就现代化生产、生活与治理体系开展探索，综合运用经济学、地理学、管理学、社会学等学科知识与技术手段，开展多方面探

---

① 资料来源：《中国统计年鉴 2021》。

讨与实践检验。研究遵从"时代需求—理论建构—应用实践"的思路，综合运用多种定性与定量分析方法，着重研究了适应现代化发展的城镇组织、要素流动、城乡融合发展、国土空间规划、村镇建设等内容，提出迈向现代化的城镇化发展可行路径与具体策略，具体思路框架如图 1-1 所示。

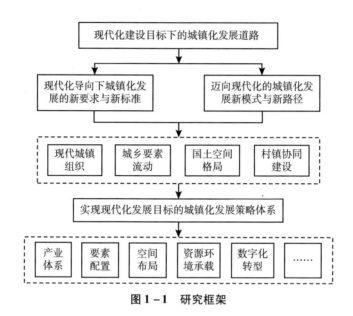

图 1-1　研究框架

研究内容共分为 8 章，具体的章节安排如下：

第 1 章，导论。阐述本书研究背景、思路框架与章节安排以及研究价值。

第 2 章，现代化开启城镇化新发展阶段。从现代化发展历经的机械化、电气化和信息化时代进程出发，分析当前城镇化发展面临的内外部发展形势，明确提出现代化导向下的城镇化发展四大目标：高水平的城镇化战略布局、高效率的城镇化发展模式、高质量的城镇化发展载体和高层次的城乡协作体系。进而提出现代化导向下的城镇化发展四大趋向：强化以人为本，提升城镇化服务职能；打破行政藩篱，推动城镇跨区域合作；突出城乡融合，强化县域城镇化载体；突出数字化转型，强化数字城乡建设。

第 3 章，助推区域一体化发展的现代城镇组织。分析现代城镇组织变革面临的全球化到内循环的转型、全国统一大市场建设、深化要素市场化配置等时代要求，总结城镇化引领区域协调发展的经验做法，例如扩展城市空间打造都市区、带动多级节点城市发展都市圈、加强产业联系打造城市群、设置一体化先行区开展毗邻区域城镇合作等经验做法，并从打破城镇行政藩篱突出经济区划、完善城市软环境构建社会治理共同体、构筑现代产业体系提升城市实力、加强城乡协作实现全面现代化等维度提出重构城镇组织引领区域一体化的启示。

第 4 章，融合发展下的城乡要素流动。城镇化与城乡融合发展的水平是现代化的重要标志，本章主要从乡村人口迁移、乡村土地利用转型视角观察城乡融合发展的阶段性表现，构建理论假设，分析城乡间要素流动对城镇化与城乡融合发展的影响机理，利用数理分析方法分析农业转移人口市民化和农用地转型在城乡产业就业、福利体系、社会网络等的嵌入性，探寻城乡由物质空间延伸到更高层次的社会空间的融合发展进程，进而搭建起城乡地域之间在功能、结构、形态演化等方面的反馈传导渠道，是实现"以城带乡、城乡联动、协调发展"的高质量城镇化发展的现实基础。

第 5 章，适应国土空间保护开发的城镇化格局。空间治理现代化是确保现代化实现的重要一环，也是落实优化新型城镇化发展主体形态与空间布局的要求。本章首先分析了新时期国土空间保护开发形势，选择烟台市开展实证分析，总结烟台市在国土空间保护开发方面的举措，对标城镇化高标准、高质量、高效能的建设目标，在不触及国土空间规划底线下进行弹性管理，协调好自然资源保护与合理开发的关系，构建支撑新型城镇化高质量发展的国土空间开发保护新格局，优化城镇化发展格局、城乡空间布局形态和城镇用地功能布局。

第 6 章，城乡现代化同步下的村镇发展。工业化、城镇化和农业农村现代化是一个"串联式"的发展过程，离开农业农村现代化的城镇化是不完整的现代化，也是低水平的城镇化。农业农村现代化也离不开高质量的城镇化带动，特别是以村镇为主要增长节点的乡村地域。本章通过分析乡村活力与都市农业的发展，探索在村镇层面农业现代化的实现过程和农村现代化的实现途径，建立符合城乡现代化同步发展趋势的村镇城镇化规划理念，提出推动村镇规划建设与管理改革的建议。

第 7 章，数字时代城镇化发展创新路径。数字化转型是现代化社会的重要标志，也勾勒出以全要素智慧城市建设为主体的城镇化变革图景。本章从数字时代出发，分析数字经济的增长逻辑、产业组织形式、企业组织形态、政府治理模式等多个维度变化下对城镇化发展的影响，特别是以人口城镇化为关注重点，分析了数字经济对城市劳动力供给的影响以及数字金融发展对农民工城市融入的影响，探索数字时代中国城镇化的新激励模式与创新性发展路径。

第8章，结论与展望。对已有理论分析与实证研究进行回顾与总结，提炼核心要点，归纳现代化引领下中国城镇化取得的成就与基本经验，并面向现代化引领的时代转型，展望未来中国城镇化道路。

1.3 本书价值

研究立足现代化发展目标，围绕"如何以现代化建设引领城镇化发展进程"这一核心问题，重点探索面向现代化释放城镇化发展动力、补齐城镇化发展短板的方略，开展了系列理论研究与应用实践，分析适应于现代化发展的城镇化发展模式、实现路径与政策体系，具体体现在：

在理论上，研究从中国国情出发，聚焦现代化导向下推进城镇化需要深入研究的重大问题，提出实现社会主义现代化目标下的城镇化的发展战略、发展目标和实现途径，综合运用宏观与微观数据集来反映中国现代化进程中城镇化的动态演变，分析其关联互动效应及影响因素，寻求发展的路径，有助于厘清现代化与城镇化互动机理和空间效应，为现代化与城镇化、农业农村现代化同步实施提供理论参考和借鉴，在一定程度上丰富了中国特色城镇化研究的理论和内涵。

在实践上，研究着眼于全面建设社会主义现代化国家目标下中国城镇化道路，从现代化建设的全局出发，分析国内外发展环境的变化，从不同视角提出城镇化撬动地区经济增长与社会进步新引擎的可行路径，包括体制机制路径、产业路径及区域化路径，进而构建包括经济社会政策体系，为新时期处于经济社会转型的城镇化发展实践提供理念支撑与现实参考，也可为区域一体化战略、国土空间规划、数字城市、数字乡村等领域提供理论支撑与决策参考。

第2章 现代化开启城镇化新发展阶段

2.1 现代化发展进程

现代化是一个历史的世界性的概念。在马克思恩格斯笔下，现代化不仅是过去与当下的时间问题，也是关乎先进与落后的价值问题，是各民族共同的趋向和目标。

机械化时代。现代化的历史始于英国工业革命，主要表现是大机器工业代替手工业，机器工厂代替手工工场，是社会政治、经济、生产技术以及科学研究发展的必然结果，这种机械时代的技术文明促进了早期发达国家社会结构和生产关系的重大改变，生产力迅速提高。这次革命从开始到完成，大致经历了一百年的时间，影响范围不仅扩展到西欧和北美，推动了法、美、德等国的技术革新，而且还扩展到东欧和亚洲，俄国和日本也出现了工业革命的高潮，它标志着世界现代化高潮的到来。

电气化时代。随着科学技术的迭代发展，电力取代蒸汽成为工业生产和社会生活的主要能源，广泛应用于照明、电信、城市交通运输、加工工业和日常生活等各个领域，人类社会从蒸汽时代进跨进了电气时代。特别是20世纪二三十年代后，历经两次世界大战，各国进入经济大发展阶段，促进了新交通工具的创制、新通信手段的发明和化学工业的建立。电力工业部门迅速崛起，与钢铁、石油化工、汽车制造等一起构成第二次工业革命的四大新型支柱型产业。企业的生产组织和经营管理也呈现出新变化，现代化的生产流水线开始出现。电气工程与自动化技术的结合，使得工业生产也进入了新的发展阶段，这些工业化技术可以反映一个国家的发展水平，是一个国家现代化水平的体现。

信息化时代。在 1946 年世界上出现了第一台电子数字计算机"ENIAC"以后，信息技术成为新一轮现代化发展的助推器。通过计算机技术、通信技术、电子技术等手段，将信息获取、加工、处理、储存、传播和使用作为价值创造的主渠道。如今，信息技术已经渗透到各个领域，产生高效率的信息传递价值，人工智能、大数据、物联网等新技术不断催生工业体系创造新业态与新模式，而且随着数据流通速度加快，数据作为新的生产要素受到瞩目，信息资源共享策略需要形成规范等，这些挑战对生产力布局、社会治理提出新的要求。

具体到中国的现代化进程，学术界比较普遍的看法是中国现代化可以分为 3 个阶段。一是清朝末年（1840～1911 年）的现代化起步，二是民国时期（1912～1949 年）的局部现代化，三是新中国（1949 年至今）的全面现代化。第一阶段：现代化起步。主要包括洋务运动、维新运动和立宪运动三次运动。其中，洋务运动主张制造近代军事装备，建立近代工业，学习西方近代科学技术，发展教育文化，提出了"中学为体、西学为用"等主张。第二阶段：局部现代化。大致分为 3 个小阶段：北洋政府时期、国民政府早期和战争时期。在此期间，民族工业和现代交通得到发展，北平研究院等一批科研机构被建立，高等学校也有较大的发展，孙中山的《建国方略》和三民主义得到有限地推行。日本侵华战争导致中国现代化进程的中断。第三阶段：全面现代化。1949 年新中国成立，拉开全面现代化建设的序幕。根据其特点，可分为 3 个小阶段。一是 1949～1977 年，实行计划经济，推进"四化"建设。二是 1978～2001 年，实行改革开放，以经济建设为中心，以工业化为重点。三是 2002 年以来，积极参与经济全球化，推进新型工业化、信息化和城镇化等。中国式现代化道路的独特逻辑进路表现为以解放和发展生产力为推进主线，将人的自由全面发展作为多元复合目标，既秉承了马克思关于现代化演进的理论内涵，又成功拓展了发展中国家走向现代化的途径，并不断基于实践调整理论，最终走出了中国特色社会主义现代化发展道路，创造了人类文明新形态（李培锋，2013；李清华，2022）

不同历史时期的技术革新不断丰富着现代化的内涵。与此相对应的是，每个时代城镇化都是现代化文明的表现方式，对中国而言，廉价要素和强势资本驱动下的快速城镇化模式已不可持续，城镇化发展由速度型向质量型转型势在必行（张蔚文等，2021）。面向未来，我国提出既要完成向发达经济体转型的基本任务，又要适应国家治理现代化转型的全新形势，这就要求进一步明晰城镇化所肩负的责任目标，丰富创新城镇化发展路径。

2.2　城镇化发展面临的形势

城镇化是伴随着工业化的发展、表现为非农产业在城镇集聚、农村人口向城镇集中的自然历史过程，是人类社会发展的客观趋势，是国家现代化的重要标志。根据广义国际现代化理论，在 21 世纪，中国现代化以提升水平、加强参与、改善环境为目标，这就要在新领域实现突破，在重大历史使命面前奋勇争先，中国城镇化可以发挥作用的空间变得更加广阔。

2.2.1　外部环境

在各国争先实现高层次现代化，在新的技术风口实现现代化进一步跃升的形势下，使得中国城镇化发展的外部环境出现了以下变化：

单边主义抬头，逆全球化浪潮进一步兴起。疫情加剧了经济逆全球化、保护主义、单边主义的态势，特别是龙头国家近几年的内收保护政策，使得经济全球化中短期受到巨大阻力。主要表现为国际贸易的规模和增速在显著萎缩、投资限制和贸易壁垒进一步加大、区域经济一体化呈现排他性、封闭性的发展态势。经济全球化进程受阻，以及国际经贸治理结构日渐扁平化。当前，国际经贸治理体系陷入了制度改革共识难以达成、多边贸易治理机制逆向转变、全球经贸利益分配不均以及公共产品供给不足的困境。逆全球化浪潮严重挑战现有的国际经济秩序与规则，使全球自由贸易和经济体系的正常运转受到严重破坏，各国间合作共赢的成果受到侵蚀，全球化发展带来新问题和新挑战。

数据化时代到来，发展数字经济已成为大势所趋。企业和政务"云化、数转、融创"的发展节奏加快，产业云化、数字化转型和传统与新兴技术融合创新的趋势将不断强化，这是不以人的意志为转移的大趋势。一是数字化时代改变了企业的创新模式、组织结构和生态系统，要求企业重新思考和创新企业战略与商业模式，具有感知性和连接性的智能服务成为企业获取持续竞争优势、实现创新转型的关键。二是数字化通过改变企业知识重组与知识转移的能力影响企业的人力资本竞争优势。对于基于隐性知识提供专业技能的人力资本，企业能够利用数字平台的连接性，促进高级人力资本的流动，降低人力资本培训成本，增强企业以专业技能为基础的人力资本的竞争优势；对于基于显性知识提供通用技能的人力资本，数字化通过将本地人才与数字平台捆绑在一起，减少跨地域捆绑通用技能人力资本的交易成本，提高通用技能的可扩展性。三是基于数字化和智能化的平台驱动系统，政府可以提供更加灵活、高效的公共服务。运用组织理论通过"信息处理、信息反馈、信息回应"三重机制的构建，从操作程序上回应政府绩效评估"用数据说话、用数据管理、用数据决策"的组织管理流程。以地方政府绩效评估的数字技术与信息资源组合配置"技术有效"的治理目标，来体现"以人民为中心"及评估决策科学化、执行高效化和监督立体化的绩效评估思想。目前大数据资源成为国家战略发展的重要禀赋内容。中共十九届四中全会明确提出，要建立健全运用互联网、大数据等技术手段进行政务管理的制度规则，不断推进数字政府建设，全方位优化政府职责体系。信息技术与政府治理转型的同期叠加，不但可以推进政府治理绩效的数字化转型，也能为国家治理的探索提供无限可能。

服务化是实现产业转型升级的必由路径之一。随着中国经济增速放缓，支撑中国经济高速发展的制造业面临转型升级的压力。在消费需求日益多样化、个性化的今天，服务化成为制造业转型升级的路径之一。经过40多年改革开放，中国经济进入后工业化时代，服务业成为经济的主要增长领域，超过农业、工业，特别是"云化、数转、融创"的数字化革命，使社会经济运营模式加速走向在线服务模式。推进制造和服务全方位、宽领域、深层融合，提高服务化水平，建立与制造强国相适应的服务型制造格局。纵观国内国际产业发展历程，以及中国政府对产业服务化转型升级的支持引导，推动产业服务化转型，已成为中国产业发展的大势所趋。利用高级服务要素提高企业研发创新、营销和品牌建设能力，以服务增值促进企业增值，实现经济、社会和环境效益的改善，提高中国在全球价值链中的地位。服务化是实现产业转型升级的路径之一，产业转型升级是产业服务化的目的。

合理定位，融入全国统一大市场的新要求。2022 年国家发布构建统一开放、竞争有序的全国大市场的指导意见，强调坚持立破并举，一手抓全国统一大市场的制度规则建设，另一手抓破除市场垄断和不正当竞争行为等，将释放市场活力与发挥我国集中力量办大事的制度优势相结合，为更好畅通双循环、激发和培育国内市场的潜力提供支撑。面对地方政府主导型产业政策、产权交易市场壁垒、商品和要素市场分割等现象，建设全国统一大市场，是在新发展阶段对地区发展的新要求，可以摆脱"行政区经济"（刘志彪和孔令池，2021），实现跨区域合作，做实政府合作机制，是打造一体化市场的关键。当前，以效率和质量为衡量标准的现代化战略目标决定了地区发展模式还需要进一步创新完善，加大产业链、供应链的全链条、各环节的对接，把努力转向解决产业关键要素供求协调、创新突破、"卡脖子"问题解决等产业发展外部性上来，将"产、供、储、运"放在同等重要的地位，促进市场循环充分畅通。加强部门之间的合作，完善的市场不仅仅是地区之间的事情，也是各对口部门之间的联合，加大部门之间、上下级之间的对接，改变"条块分割""多线作战"。

开启更大力度开放，推动形成全面开放新格局。新时代推动形成全面开放新格局主要基于适用全面开放"强起来"新时代、推动"一带一路"建设等现实需要。中国经过 40 多年的改革开放，经济取得了巨大发展，成为全球第二大经济体，全球第一大贸易国，对世界经济增长的贡献率最近几年稳定保持在 30% 以上，这些成就的取得表明新时代应继续深化全面改革开放，开启新时代全面开放新格局。中国应通过全面深化改革开放，着力通过实际举措让美国等西方国家主动参与中国开启的全面开放新格局中来，让所有国家都相信中国的"强起来"是和世界各国共同发展的"强起来"，从而减少这些国家对中国推动的全面开放新格局构建的掣肘。通过更大范围扩大开放，通过优化对外贸易和投资环境，加速产能合作步伐，通过开放实现全球资源高效配置，并根据我的产业特点结合其他国家资源优势进行全球产业布局，在开放中加强技术合作，提升我国现代化科学技术水平，进而推动全面开放新格局的形成，如此才能更好地适用全面开放"强起来"的新时代。

11

深度加速改革是应对新时代中国特色社会主义面临的风险和挑战的重大战略举措。改革开放是决定当代中国命运的关键一招，也是决定实现"两个一百年"奋斗目标、实现中华民族伟大复兴的关键一招。实践发展永无止境，解放思想永无止境，改革开放也永无止境，停顿和倒退没有出路，改革开放只有进行时、没有完成时。面对新形势新任务，我们必须通过全面深化改革，着力解决我国发展面临的一系列突出矛盾和问题，不断推进中国特色社会主义制度自我完善和发展。新时代条件下，随着我国社会主要矛盾的转化，全面深化改革进入到新的发展阶段，呈现出鲜明的时代内涵和特征。因此，只有紧紧抓住社会主要矛盾，深刻把握全面深化改革的新时代内涵和特征，才能将全面深化改革不断纵深推进，为经济社会的发展提供强劲的动力和活力，进一步实现全面深化改革的总目标，彰显社会主义的制度优势。

2.2.2 内部环境

在现代化与城镇化并轨同行的过程中，地区城镇化发展实践开启了新一轮的城镇化发展模式的探索，这是顺潮流而动的历史觉悟，也是中国智慧和中国价值理念的体现。

城市群是工业化和城市化发展的必然趋势。城市群是区域空间发展的高级形态，也是国家新型城镇化的主体形态，是要素跨区域流动、产业分工和专业化、工业化、城市化发展的结果，具有规模经济、空间集聚、辐射带动、整体优化等区域经济协调效应。城市化是当今中国经济社会发展的主要推动力，"十四五"时期，城市化将进一步深化进入城市群化阶段，以大城市经济圈为龙头，形成国内大循环体系。进入新时代，我国未来区域协调发展的新方略是要建立更加有效的区域协调发展新机制，以城市群为主体构建大中小城市和小城镇协调发展的城镇格局。城市作为地区发展重要极点，通过大都市经济圈一方面挖掘新型城镇化的增量潜力，另一方面可加快构建高效率的资源要素流通体系，以加快形成国内经济大循环新格局。城市群的快速形成与迅猛发展，在托起"城市中国"的同时，在重塑中国经济地理的版图，重构全球城市体系的框架，成为引领中国现代化与参与国际竞争的重要载体。

城市发展方向转向高品质城市建设。当前，我国经济迈向高质量发展阶段，城市建设与发展也需向高质量方向转型。建设高质量城市可以纠正过去我国城市规划建设中存在的"大城市病"、空间失调、不注重环境等错误做法，以形成绿色生态、集约高效、集聚现代产业、充满人文精神的新型城镇化模式。建设现代化经济体系、更好地满足人民日益增长的美好生活需要，成为新时代中国经济转向高质量发展的战略目标和基本任务。高质量发展是全面体现新发展理念、适应我国社会主要矛盾变化和全面建成小康社会、全面建成社会主义现代化强国内在要求的发展形态。

社会治理日趋现代化。随着我国进入中国特色社会主义新时代，社会生产和生活方式展现出新的时代特征，因而需要新的社会治理方式。党的十八大以来，特别是党的十九大以来，在习近平新时代中国特色社会主义思想的指引下，在坚持和完善中国特色社会主义制度、推进国家治理体系和治理能力现代化战略进程中，我国社会治理领域发生深刻变革，展现出一系列理论、制度和实践创新。明确"社会治理是国家治理的重要方面"，树立"以人民为中心"的社会治理理念，将新时代社会治理的核心目标设定为构建和谐社会、建设平安中国，打造共建共治共享的社会治理共同体，夯实以民生保障制度和社会治理制度为主线的社会建设制度，完善社会治理体系，推进社会治理现代化，优化基层社会治理格局，涵养社会治理核心价值，坚持"四维治理"等更加重视社会治理，大力推进社会治理现代化，不仅是更好地解决现实社会矛盾和问题的迫切需要，也是应对今后国家现代化建设的过程中所面对的种种严峻矛盾和挑战的战略选择。

科技创新引领高质量发展。科技创新是一个国家、一个民族发展的重要力量。以科技创新引领城镇高质量发展，是破解当前经济发展深层次矛盾和问题的必然选择，也是加快转变经济发展方式、调整经济结构，提高发展质量和效益的重要抓手。科技创新是"十四五"时期应对各种不确定、不稳定因素的抓手。未来五年是科技创新发力关键的五年，也是最具不确定性的五年，不仅面临百年未有之大变局、世界秩序大调整与关系大重构、全球疫情蔓延以及经济动荡动态调整，还需要在不确定中寻找确定的未来发展之道。

2.3 现代化导向下的城镇化发展目标

当前，我国开启了全面建设社会主义现代化国家的新征程，到2035年基本实现社会主义现代化远景目标，致力于实现全面高质量现代化，需要牢牢把握三个"新"要义，即新发展阶段、新发展理念、新发展格局，要求将高定位、育先机、开新局融入社会经济全面发展之中。总体来看，城镇化作为引领经济社会发展的核心动能，在现代化目标驱动下，对城镇化发展提出了新的要求，具体包括：

（1）高水平的城镇化战略布局。美国城市规划专家拉格尔（Lagro）教授提出"居民进入一个场所，需要十个以上的理由"，可见，居民对城镇的功能承载抱有极大的预期，需要解决衣、食、住、行、就业等多种用途需求。因此，推进城镇化不是一城一事的分头行动，也不是建造一个设施、完成一个目标就能解决，需要从战略和战术层面进行统筹思考，综合运用系统性、过程性思维，立足高远，谋全局不仅谋一隅，统筹考虑区域经济社会的全面发展，从三次产业齐头并进、人民安居乐业、设施统筹利用、市场有序竞争和地区平衡策略等多方面通盘考虑，通过基础设施完善、市政管理、社区治理等建设行动同步施行，实现高起点的城市群规划，打造充满活力的城镇体系，强化区域协调联动。

（2）高效率的城镇化发展模式。城镇作为要素集聚体而存在，城镇化发展模式必然是以效率为基础，在尊重市场规律的前提下，加深对城镇化组织模式与要素统一市场的认识，特别是在当下城乡融合发展理念下，需要全面打通城乡要素流通渠道，藉由城镇化推进的设施等物理联通、人才流动以及文化、信息交流等，放大集聚经济、规模经济的效应，获取合理利益回报，有助于促使共享、匹配和学习机制的产生，也是提升经济效率与经济功能的重要手段。尤其对于现代化与城镇化共通的"化"来说，其关键要使土地、人员、资金、技术、数据等生产要素在城乡间自由而充分的流动，进而在充分流动的基础上进行要素组合，壮大实力并激发新增长点，调动各方的积极性实现社会共同进步，这既是深入推进城镇化的重要内容，又是构筑现代化工农业生产体系的着力点。

（3）高质量的城镇化发展载体。中国城镇化正从高速转向高质量发展阶段，走集约型发展道路是城镇化发展进入下半程的必然选择，更是践行资源节约、环境友好原则的高层次要求。实现现代化首先要贯彻治理现代化理念，城镇承载了大部分的经济社会活动，城镇化发展构想的落地需要严格遵循国土空间规划的调控，科学论证，以责权清晰、科学高效的国土空间规划体系支撑新型城镇化高质量发展新格局，建设强核聚力的城镇空间，优化城乡空间布局形态和城镇用地功能布局，融合产业空间、创新科技和城市空间，形成促进新旧动能转换的空间布局，分级打造高品质生活圈，促进区域协调、城乡融合、产城一体发展，为推动以人为核心的新型城镇化建设提供更高质量、更有效率、更加公平、更可持续的空间保障。

（4）高层次的城乡协作体系。城乡关系的处理一直是城镇化进程的永恒旋律，有乡才有城，无乡就无城镇化。现实中，乡村所承担的农业生产功能独立于城镇，并与城镇二三产业相互协作，互为市场。围绕建设现代化生产体系，城乡需要加强协作，但迄今为止，我国相当一部分农业生产还停留在落后的生产方式上，未能实现大规模机械化和智慧化生产，同样，在工业生产体系中，工业互联网、物联网等数字化转型也在推进之中。江小涓教授表示当机器人代替了大量人类劳动力时，生产成本的降低就会成为全球化退缩的因素。这意味着，当数字化转型在生产要素体系中持续达成后，城乡之间要素流动也会呈现新的合作形式，及早预测现代化技术应用对城乡生产体系的影响，并做好提前规划，有序布置，有助于进一步加快城乡共同体的形成，提高区域整体实力。

2.4　现代化导向下的城镇化发展趋向

世界现代化的本质要求是人的现代化，物的现代化是人的现代化的有利条件，只有实现"人的自由而全面发展"，才能真正实现现代化。在这一点上与我国新型城镇化以人为本的理念高度一致。现代化从来没有统一的模式，更没有固定的标准，各国资源禀赋、发展阶段、历史文化等都存在差异，对于如何实现现代化应当有着各自的理解和方案。走符合自己国情的社会主义现代化道路，坚持以人民为中心的社会主义现

15

代化价值追求，是我国城镇化思路的基本出发点。

2.4.1　强化以人为本，提升城镇化服务职能

新时期坚持以人民为中心的发展思想对城镇化发展提出了新的要求，城镇化不仅是壮大规模，更要转变职能。中国是人口大国，在实现现代化道路上有着独有的人口规模优势，相应的，大城市的规模和数量也远超世界其他国家。壮大城市规模的规划目标着眼于把城镇发展成为区域发展的核心、人口分布密集区以及对外开放的门户，巨大的城市体量可以促使生产要素在更大范围内流动及增长，汇聚人才、交通、教育等大量资源，逐渐构建城市—区域经济网络，促进产业合理布局。国务院于 2014 年发布的《关于调整城市规模划分标准的通知》明确了城市规模划分标准：城区常住人口 1000 万以上的城市为超大城市，城区常住人口 500 万以上 1000 万以下的城市为特大城市，城区常住人口 300 万以上 500 万以下的城市为 I 型大城市。截至 2021 年，超大城市有上海、北京、重庆、广州、深圳、天津 6 个，特大城市有 10 个，I 型大城市有 21 个，我国规模城市总数达到世界首位，城镇人口数量已占据总人口数的 60% 以上。

在取得了这些成就的同时，当前城市发展中面临的大城市病等问题也愈发突出，究竟应该把"控制大城市规模、合理发展中等城市、积极发展小城市"作为发展方向还是继续鼓励大城市极化形成大都市连绵区，持不同观点的学者均有实践案例作为支撑。

就发展大城市而言，首先，从自然地理条件来看，现有的超大城市有其存在的必要，广阔的腹地、深厚的文化地缘联系、成熟的产业体系、紧密的对外联系等，成就了大城市；其次，城市规模往往与城市的行政管理等级体系相对应，在管辖区域调动资源和要素方面具有天然的优势，更加强化了大城市的发展。但是，从全国来看，是否有必要继续极化新的超大城市，这就需要从全国视野出发，结合地区实际进行通盘考虑，盲目做大城市，特别是通过调整行政区划垒大户的方式往往脱离了发展本身，在形成事实上的发展合力上需要增加更多的设施投入、行政成本等，反而容易造成城市经营成本过高。

在发展小城镇方面，合理发展中等城市和小城市，将县城和建制镇

作为农村人口进城的首选地，具有生活成本低、靠近家乡的优势，产生了以行政力量为核心动力、农村就地推行城镇化建设的"苏南模式"，依靠市场主导下的民营经济开启了异地城镇化的"温州模式"，但很多地方不具备苏南和温州经济实力和文化底蕴，无法形成产业自我发展壮大的动能，就业机会相对缺乏，容易造成小城镇的盲目建设，何况农民人口对于自身所居住和就业的未来城市有着更美好的憧憬，财力不足的小城镇吸引力不足。

当前，城镇化已经转向以高质量发展，多数具有劳动能力的农村人口已经进城，接下来继续需要拉动的农业转移人口存量已经持续下降，而且大城市的高生活成本会让很多农村人口难以真正定居下来成为城市居民，这是一种相对低付出的城镇化道路，也将继续带动农村人口共享发展成果的责任推卸掉。无论如何，城市发展是要符合经济发展规律，过高的城市建设成本、居民的生活成本、昂贵的要素价格都会逼退一部分经济活动主体，转而投向成本更低的地区，这会改变原有的城镇化空间格局。同时，这些改变也要求城镇的服务能级提升，改造本地发展的目标偏好、改革地方政府主导型产业政策的实施方式等，实现政府职能转型，让市场回归于市场本身，降低地区间为争取流动性税基而进行的无序竞争，从而弱化地方政府的策略性分工行为，逐步实现赶超型政府向服务型政府、建设型财政向公共财政的转变（刘志彪和孔令池，2021）。

尤其在现代化时代背景下，精细化的社会分工、互联网普及、社会关系网络多点直达等，都亟待城市治理模式创新。新公共服务理论强调转变偏重寻求效率而忽视长远利益的做法，从以 GDP 增长为中心的发展型政府转向以公共服务为核心的服务型政府，用服务留住人、吸引人、发展人，创造城镇自有的温度，尊重居民权益与意愿，形成城镇居民共同的认同感，从而开启城镇化的转型之路。

2.4.2　打破行政藩篱，推动城镇跨区域合作

城镇行政体制是我国治理现代化的重要组成部分，城市等级体系在我国具有深厚的发展基础（顾朝林，1998）。依据国际著名城市地理学家柏特（M. Batt）曾提出的"城市规模等级钟""等级距离钟"和"半

生命周期"理论，发现目前中国城市的生命周期依然处于上升阶段，这得益于中国的人口基数和城市作为行政中心的优势。但是清晰的等级划分并非一定带来经济社会活动的地理集聚，往往随着时间推移，部分城市的职能地位出现弱化现象，存在城市功能、结构和形态混乱等方面的问题。特别是面向现代化建设目标，现代化城市的职能联系更为广泛，综合性服务能力更加多元化。

面对时代之需，学者提出在发挥建制变更和区划调整的积极作用，以区划改革为突破口助推城镇化发展（史育龙，2014），中国城市化从"单打独斗"进入城市群、都市圈发展新阶段，打破行政区划壁垒就是必然。从纽约、东京等国际大都市所在的城市群发展经验来看，大都市联合周边中小城市共同建设是世界级城市群核心城市建设的重要内容，一方面能够满足发展的空间需要，另一方面通过在更大范围内的空间资源配置，形成以大都市为核心，多层次、网络化、功能互补的城市空间格局，从而增强大都市的经济辐射能力。

目前，通过行政区域调整改变城镇空间布局的模式主要有紧密和松散两种类型：

（1）紧密模式，主要基于功能区的行政区划调整研究，通过行政区撤并的方式实现，包括撤县设区、省直管县、县和镇升级为市，步骤是变更行政区名称，开拓城镇公共交通线路，搬迁企业设立发展新区等。在实践中，这种变更市镇建制所产生的城镇化效果较为明显，直接扩大了中心城市用地与功能重组的空间，在解决城镇与区域发展中的矛盾方面效果立竿见影。但是，这也导致城市规划具有随意性，行政命令的管控超越了法定规划的严肃性，忽视了规划实现的成本与可行性。而且，在部分地区，以增强竞争力为目的的行政区划撤并效果并不显著，这种局限化的思维只是通过打破一个分割区域再形成一个新的分割区域，在营造城镇化内生驱动力方面需要有配套的制度建设，有凝聚经济的力量，否则容易出现虚假城镇化的"垒大户"现象，而且剥夺了被兼并地区的发展自主性。

（2）松散模式，主要基于国家战略框架展开，围绕一个具体领域或者特定地域展开合作，例如黄河流域生态保护与高质量发展、粤港澳大湾区发展等，步骤是编制区域性发展规划，建立地区议事机构，争取国家层面的战略认可，出台区域性补贴政策等。这种模式的基础来自经济活动的集群性、生态环境的连续性、传统地域文化的认同性以及现代化产业协作体系的现实需要。在既有的城镇体系框架下，部分边缘城市可以借助跨区域合作形式加入中心城市的发展梯队之中，从而实现全面盘活区域要素资源、激发地区发展活力的目标。但是，捆绑式发展如果缺乏现实利益联结机制，将如空中楼阁或者昙花一现，这种模式存在地区合作流于形式，缺乏实质性的联系，多数停留在信息共享、联合促销、旅游线路的浅层合作层面，没有长远持久的谋划，无法真正实现优势互补、资源配置优化共享，还会出现发展政策条例的相互矛盾、各自束缚等问题。

具体在推进城镇跨区域合作的实现路径上，不同城镇化方式展开跨区域合作的模式各有不同，迄今为止，实现城镇化的方式存在自上而下的城镇化、自下而上的城镇化或者混合式三类。依据伙伴关系形成过程和利益相关者互动的追踪研究，合作是否有效取决于合作机制、合作的过程、合作的性质和领域、伙伴的选择和伙伴关系形成中利益相关者的作用，对于自上而下的城镇化多采取中心辐射带动式的城镇跨区域合作，对于自上而下的城镇化多采取自发联合式的城镇跨区域合作，以及兼具两种合作模式的混合式合作，合作模式选择的焦点在于城镇跨区域合作的有效性。

2.4.3　突出城乡融合，强化县域城镇化载体

县镇城镇化是破除城乡结构失衡和实现新型城镇化的重要途径。围绕区划结构扁平化和经济社会管理权限重心下移，以县域内城乡融合为基点，实行城乡二元差距约束性指标考核，达成增进民生福祉、激发县域产业发展活力、提升基层治理能力的目的，从而实现高质量发展，创造高品质生活，也是城乡融合发展的根本保证。

县域作为区域发展的基础单元，具有功能完备的综合性经济体系，也肩负着民生工作中补短板、强底板的重任，是促进城乡融合发展的重要切入点。以县域为抓手，促进城乡融合发展，是新时期努力实现平衡充分发展的新思路，有别于传统城镇化以全域城市化为终点的发展道路，有助于全面调动城乡发展力量，完善地区发展协同演进机制。

以县域空间载体形成的规模经济和集聚效应，在推进城乡融合发展

过程中发挥着重要功能，具体包括：（1）梯度建设"县城—中心镇—中心村"等多层级城乡融合发展节点。发挥县域在行政上直接对接镇村的功能，充分把握新型城镇化与乡村振兴的内在联系，探索建立城乡利益共同体，注重城乡融合空间的层次性布局，不断吸引乡村纳入城乡发展网络。（2）逐步畅通"人—地—钱—技术"等要素的平等交换、双向流动渠道。县域具有独立协调资源配置和实现产品流通的功能，已形成市场配置要素资源的多样化渠道和基本平台，在解决人口城乡双栖、工农生产合作、现代商贸流通等方面具有独到的优势。（3）同步完善"环境治理、基础设施、公共服务"等领域的城乡协同治理体系。县域是打通城市与乡村连接通道的最后一环，坚持统筹规划，缩小城乡基础设施和公共服务差距，能够全面提升人居环境质量和社会文明程度。

以县域为单元构建城乡共生共荣、共建共享新格局，对于衔接城乡发展，加强功能互补将产生积极作用，同时对我国整体产业转移以及现代乡村产业体系建设有较好的促进作用。具体体现在：（1）优化城乡空间的保护与开发格局。结合县域的主体功能定位，统筹考虑未来我国人口分布、经济布局、国土利用和城镇化格局，注重开发强度管控和主要城镇、农业、生态开发控制线落地，加快形成适应城乡融合发展的空间格局。（2）提升城乡重点领域的工作效能。聚焦城乡人口有序流动、农地权益退出、农村集体土地入市、公共服务均等、基础设施互通等城乡融合发展试验任务，全面促进城乡要素配置合理化、产业发展融合化、公共服务均等化、基础设施联通化和居民收入均衡化。（3）深化城乡互动与关联发展。强化县域资源下沉与重组，构建现代化城乡区域新体系，主导村镇工业园区有机更新，催生并实现乡村产业重构、乡村集体经济组织重塑与乡村聚落空间形态重组，把对粮食安全、规模性返贫等风险的管控前移到县域这一基础层级。

多年来，县域在统筹城乡和城镇化建设方面取得了很大进展，奠定了中国特色新型工业化、城镇化的物质和经济基础，也打下了推进城乡融合发展的基础条件。县域是国民经济大系统中的小系统，宏观与微观、工业与农业、城市与农村的结合部，也是基层治理的关键点，在打造城乡融合局面这方面具有得天独厚的优势条件。县域地域特色和文化特质相对明显。依托地理空间区位、历史人文积淀、特定资源环境等，县域形成了较为鲜明的人口现状、经济发展、社会构成等特征，适于科学审视并满足城乡居民的多样化需求，从而实现城乡深度融合发展。县域拥有较完备的产业体系和社会功能。县域经济是国民经济的基本单元，县域治理也是国家治理的重要基础，同时，县域的发展演化也是以理顺城乡关系为主轴的中国体制改革演变历程，这为从历史和现实统一的视角探索构建新型工农城乡关系提供了逻辑起点。县域具有相对独立的事权、财权和人事权。以县级行政作为市场调控主体，县域的相对独立性和自主能动性能够实现专业化产业区与城乡社区集中规划，最有条件实现城乡基础设施和公共服务一体化建设发展，保证城乡融合发展战略落地。

　　深刻把握县域内城乡融合发展面临的政策利好与时代机遇，积极应对挑战，是我国推动经济社会发展实现新跃升的重要一环。共同富裕为县域内城乡融合发展提供根本指引。将"坚持人民主体地位，坚持共同富裕方向"作为经济社会发展必须遵循的原则，以缩小地区差距、城乡差距、收入差距和公共服务差距为主要方向，促进共同富裕行动，保障各种要素按贡献公平参与分配的权利，健全劳动、资本、土地、知识、技术、管理、数据等生产要素由市场评价贡献、按贡献决定报酬的机制。治理现代化对县域内城乡融合发展提出要求，充分发挥我国国家制度和国家治理体系的显著优势，推进国家治理体系和治理能力现代化，要求切实提升县域治理能力和治理效能，加强对乡村治理现代化规律和节奏的认识，将县域治理与脱贫攻坚成果同乡村振兴有效衔接，补齐县城发展的短板弱项。数字经济为县域内城乡融合发展锚定方向。"十四五"时期，我国数字经济转向深化应用、规范发展、普惠共享的新阶段，《"十四五"数字经济发展规划》提出要推动数字城乡融合发展，统筹推动新型智慧城市和数字乡村建设，协同优化城乡公共服务，形成以城带乡、共建共享的数字城乡融合发展格局。现代化建设为县域内城乡融合发展奠定基础。伴随当代交通、通信技术以及相关基础设施的迅速改善，县域基层的覆盖范围扩展到了跨越县城—村庄的时空区域，使得区域发展的战略空间与格局出现重大变化，原来不占区位优势的县域，由传统的"大后方"跻身为开放发展的"最前沿"，不仅延伸了发展半径，而且拉近了与发达地区的时空距离，需要构建新发展格局，树立新发展思路。

　　现阶段，县域城乡融合发展还面临一系列问题：（1）县域城乡要素流动不畅。限于城乡二元的管理体系，县域在人才、土地、资本等要素自由流动方面依然存在不小的壁垒，而且，县城综合承载能力和辐射带动能力不强，乡镇为农服务水平不高，城乡基本公共服务的标准不统一，农村基础设施和公共服务水平短板明显，县域一体化发展格局尚未形成。（2）县域内城乡融合发展事权有待理顺。一方面，由于城乡融合发展涉及多个领域的放权，各部门在具体事项放权中缺乏系统规划与综合协调，存在事权划分不清晰和重复交叉等问题；另一方面，县域在促进城乡融合发展的基层事权承接方面工作效能不足，通过调研发现，县域平均事权量2800多项，同时还承担了大量的"非权力清单事权"，并且有的和权力清单一样有考核任务和指标，基层政府负担较大。（3）县域推进城乡融合发展的经济短板明显。县域经济以劳动、资源型产业为主，层次不高，处于行业产业链分工下游，面临工业增长乏力和农业产业化不足的双重困境，在承载城乡融合发展的组织化机制方面需要加强。（4）县域内城乡融合发展缺乏区域性系统谋划。限于县域只着眼于本地区空间布局的发展局限，县域在推进城乡融合发展过程中存在角色转型不足、自身群体利益至上的问题，忽略了在区域层面上进行资源综合统筹，缺乏在区域协同发展大局下谋划推进县域内城乡融合发展的视野。

加快县域内城乡融合发展，是一项系统工作，要强化统筹谋划和顶层设计，以创新、协调为主基调，搭建县域内城乡融合发展的政策体系，完善县域内城乡融合发展的制度保障。

聚焦城乡要素自由流动、平等交换和公共资源合理配置等领域，着力破除体制机制和政策壁垒。构建城乡要素资源市场化配置政策体系。以县域为单位，开展城乡要素资源依据市场规则、市场价格、市场竞争实现自由流动的试点，充分发挥市场配置资源的决定性作用，在推动农民工就地市民化、增加适应进城农民刚性需求的住房供给、安排乡村产业建设用地指标等方面积极做出探索，畅通要素流动渠道，推动城乡人、地、物的要素资源整合，创新城乡利益联结机制，打造县域城乡融合发展微循环体系。加快面向县域内城乡融合发展的放权赋能改革。通过实施放权赋能激励县域发展，是中国经济持续增长的动力所在。突出县域推进城乡融合发展的主体责任，结合发布的国家城乡融合发展试验区任务，与县域招商政策、财税政策、土地政策、人才政策、科技政策等相挂钩，通过明确管理权限、简化管理程序和依法下放权力等方式，赋能县域内城乡融合发展。完善县城综合服务实力提升的政策体系。立足县域内城乡融合发展保民生、促就业、带动乡村发展的核心，以数字经济新业态发展、新技术应用、新模式引领为重点，培育壮大县城生产性服务与生活性服务业，实现城乡融合发展和县域经济综合实力提升共赢。建立适应城乡融合发展的区域政策体系和区域治理机制。鼓励县域结合自身特点，找准位置、主动融入区域城乡融合发展大局，打破城乡界限和区域限制，处理好速度与质量、短期与长期、一致性与差异性的关系，在完善宏观调控方面实现突破。

同时，为保障县域内城乡融合发展的利益联结和政策转型，需要从规划引领、标准统一、监督考核、风险防范等方面加强约束，逐步实现城乡制度并轨。建立"县—镇—村"融合发展规划制度。从城乡融合发展阶段的基本判断出发，分析县域内城乡发展差距扩大的成因，统筹县域内城乡融合发展的宏观定位，确立县域内城乡融合发展的目标指向与实施路线图，加快建立政策协同、科学规范、运行有效的规划体制，统领空间规划、发展规划、专项规划等，形成推动城乡融合的规划合力。建立统一的城乡融合发展衡量标准制度，总结县域内城乡融合发展的共性特征，全面把握科学性、客观性和前瞻性等原则，构建城乡融合发展评价指标体系，充分发挥衡量目标对城乡融合发展的引领作用，建立检验实践工作成效的参考标准，满足适应于多层次、多角度、多目的的县域内城乡融合发展的评测需要。建立城乡融合发展监督考核制度。充分运用现有银行授信、纳税情况、土地监察、权益保护等监督考核方式，完善涉及城乡融合发展的考核内容与动态考评管理、考核结果运用等体系，建立合理参与城乡融合发展的考核激励机制。建立城乡融合发展风险防范制度。城乡融合发展肩负协同推进新型工业化、信息化、城镇化、农业现代化的重要使命，牵涉粮食安全、农民增收、社会权益保障、城市更新与乡村建设等多方面，需要坚持守住底线，保持县域经济持续健康发展社会大局稳定，切实做好城乡融合发展过程中的风险防范机制。

2.4.4　突出数字化转型，强化数字城乡建设

当前，数字化转型席卷社会经济各个领域，已经成为未来发展的主

要角力场。面对这一局面，主动顺应和掌握数字化时代带来的新趋势、新机遇，将应用并发展以人工智能为代表的新一代数字技术作为城市数字化转型的核心驱动力，是城镇化发展的必然趋势。

数字化转型是建立在数字化转换、数字化升级基础上全方位、全时序的改造，在城镇化领域提出了一系列新概念，如2020年7月全国科学技术名词审定委员会批准发布的大数据新词——数字孪生城市，数字孪生城市是城市的物理世界和网络虚拟空间相互对应、相互映射、协作交互的复杂系统，在网络世界中形成匹配、相应的孪生城市，形成实体世界和虚拟世界的物理维度和信息维度共存、虚拟城市发展模式。这种模式能够实现城市数字和虚拟化、城市状态实时可视化、城市管理决策协同智能化。与这一概念相通的还有数字城市概念，是指利用空间信息构建虚拟平台，以数字形式获取和加载城市信息，包括城市自然资源、人文、社会资源、基础设施、经济等，从而为政府和社会提供广泛的服务。数字城市可以实现城市信息的综合分析和有效利用，通过先进的信息手段支持城市规划、运营、管理、建设和应急响应，有效提高政府管理和服务水平，提高城市管理效率，节约资源，促进城市可持续发展。

这些概念从属于智慧城市范畴。智慧城市起源于传媒领域，是指利用各种信息技术或创新概念，将城市的系统和服务打通、集成，以提升资源运用的效率，优化城市管理和服务，以及改善市民生活质量。智慧城市经常与数字城市、感知城市、无线城市、智能城市、生态城市、低碳城市等区域发展概念相交叉，甚至与电子政务、智能交通、智能电网等行业信息化概念发生混杂。对智慧城市概念的解读也经常各有侧重，有的观点认为关键在于技术应用，有的观点认为关键在于网络建设，有的观点认为关键在人的参与，有的观点认为关键在于智慧效果，一些城市信息化建设的先行城市则强调以人为本和可持续创新①。综合来看，智慧城市的目的是能够充分运用信息和通信技术手段感测、分析、整合城市运行核心系统的各项关键信息，从而对于包括民生、环保、公共安全、城市服务、工商业活动在内的各种需求做出智能的响应，为人类创

---

① 宋刚、邬伦：《创新2.0视野下的智慧城市》，载于《城市发展研究》2012年第19期，第53~60页。

造更美好的城市生活①。

　　除了城镇的数字化转型以外，数字乡村建设也在如火如荼地展开，伴随网络化、信息化和数字化在农业农村经济社会发展中的应用，以及农民现代信息技能的提高而内生的农业农村现代化发展和转型进程，既是乡村振兴的战略方向，也是建设数字中国的重要内容。2022年1月12日国务院印发的《"十四五"数字经济发展规划》，明确了"十四五"时期建设智慧城市和数字乡村，以数字化助推城乡发展和治理模式创新，全面提高运行效率和宜居度。

　　这些数字化新城市概念是把新一代信息技术充分运用在城市中各行各业基于知识社会下一代创新的城市信息化高级形态，实现信息化、工业化与城镇化深度融合，在破解传统城镇化阶段所存在的"大城市病"、城镇建设周期长、成本高等问题有独到的优势，有助于提高城镇化质量，实现精细化和动态管理，并提升城市管理成效和改善市民生活质量。

---

　　① 胡广伟、赵思雨、姚敏、刘建霞：《论我国智慧城市群建设：形态、架构与路径——以江苏智慧城市群为例》，载于《电子政务》2021年第4期，第2页。

第3章 助推区域一体化发展的现代城镇组织

从理论研究与实践经验来看，现代化研究离不开具象化的区域，特别是集中了现代工业与服务业的城镇地域，包括中心城镇、都市区、城市群、城市带等各类城镇化表现形式。作为落实现代化目标战略的重要举措，需要在现代化目标下对城镇在地域空间上的组织形式再认识，从行政管理层级、空间分布范围、功能合作出发，重新思考城镇在引领产业组织、文化联系、设施配套、资源开发、生态保护等具体行动，充分把握以城市群打造经济圈层、进而促成区域一体化板块形成的趋势。

3.1 现代城镇组织变革的时代要求

技术变革、产业创新、基础设施等因素带来的广泛影响，推动城市间经济社会联系更加紧密，大中小城市协同发展的空间组织形态加速形成，城市发展从单打独斗向都市圈、城市群进阶演进，要求构建适度集聚、分工协作、功能完善的城镇化空间格局。

然而，与全面建设社会主义现代化国家要求相比，与人民群众美好生活期盼相比，城镇化发展不平衡不充分的问题仍然存在，部分领域体制机制障碍尚未完全消除，一些新的矛盾挑战亟待系统应对破解，主要表现在：城镇作为区域增长极和核心的综合承载能力、资源配置能力和辐射带动能力有待增强，在全国发展大局和全球竞争格局的地位作用仍需巩固提高；都市圈协同发展、融合发展和一体化发展体制机制尚未完全建立，沿海城镇轴等潜力空间支撑作用不够显著。

这就要求顺应时代发展要求，更新城市发展理念，将现代化城镇打造成为支撑城镇化进程的核心动力和代表国家参与国际竞争的重要载体，促使城镇化主体形态更趋鲜明。

3.1.1 适应全球化到内循环的转型

经历了 30 多年的全球化浪潮，国际环境正在发生深刻变化，全球增长动能不足、经济治理滞后以及发展失衡这三大矛盾依然困扰着世界。面对百年变局与世纪疫情交织，经济形势更加错综复杂，全球贸易增长减速，全球化带来的总体福利已经开始绝对下降，出现阶段性的调整，全球产业链、供应链、价值链正在重塑。

全球化扩张缺乏进一步动力，出现对全球化收缩的担忧。从利益机制上看，全球化是建立在比较优势理论基础上，由跨国公司、金融资本和强势国家利益所推动和主导的，强势货币美元带来的低金融成本、联合国的国际关系准则、低廉的石油和能源价格、互联网技术带来的公司管理成本最小化等条件为全球化的推进提供了强大动能。全球化已经全面深入世界各国的经济领域，其最重要的内容就是资本跨越任何障碍的自由流动，所有的全球性的生产消费活动都附着在全球化的资本运动之上。但目前这种超级全球化正遭遇巨大的阻力，疫情使人们看到了全球产业链分工体系的脆弱性，引发了对全球供应链布局和产业分工模式的反思。所谓"去全球化""去供应链"不仅发生在全球贸易与投资层面，也同时发生在全球产业链、供应链和价值链层面，超级全球化时期的国际格局和经济秩序正在被打破和重构。而且，在全球化的背景下，同一时空场域内文化的民族性和文化的世界性出现碰撞，加速了多元文化语境的形成。文化的适应性使跨文化传播呈现出"单向性"和"同质化"的趋向，出现一系列矛盾和摩擦。由此，面对多元文化场域中的合作与博弈，价值冲突和价值认同问题不断凸显，并逐渐发展成为被广泛重视和讨论的重要核心范畴之一[1]。已经出现跨国企业全球化战线的战略收缩、政府维护全球化的政策资源减少、国内民众内向化等倾向。

但从现实条件来看，全球化收缩缺乏现实基础。因为各国已经不具备形成完整产业链的人口、自然资源等条件，仍然需要寻求地区之间的

---

① 陶蕾韬：《多元文化背景下的价值冲突与价值认同》，北京交通大学博士论文，2015 年。

协作，但是在选择合作伙伴上会发生变化，打破既有全球经济一体化下的"产业链分工"格局，对于小国来说，本地资源和本地市场不占优势的情况下，会选择与本国文化背景接近、存在历史渊源的国家或地区合作，对于大国而言，将会借此机会提升完善本国生产体系，培育参与国际合作和竞争新优势，城镇作为对外开放的窗口与市场集聚体，首当其冲要发挥带动作用，以新的组织体系适应新时期产业构链、延链、强链的需求。

3.1.2　全国统一大市场建设

经济发展，市场为本。2022 年国务院出台《关于加快建设全国统一大市场的意见》，提出构建统一开放、竞争有序的全国统一大市场。建设全国统一大市场，是在新发展阶段对地区发展的新要求。面对地方政府主导型产业政策、产权交易市场壁垒、商品和要素市场分割等现象，摆脱"行政区经济"，实现跨区域合作，做实政府合作机制，是打造一体化市场的关键。当前，以效率和质量为衡量标准的现代化战略目标决定了地区发展模式还需要进一步创新完善，立足国家视野，分析本地市场在全国市场的定位与所处层级，一方面，有助于厘清地区发展思路，从全国市场中找出可以填补的空白，积极主动融入全国大市场，切实发挥地区发展主动性；另一方面，避免"为增长而恶性竞争"，一窝蜂上马，产能过剩的老问题。这就要求建立与之相配套的城镇化发展模式，提高对区域发展的引领作用。

建设全国统一大市场，通过改造本地发展的目标偏好、改革地方政府主导型产业政策的实施方式等[①]，实现政府职能转型，让市场回归于市场本身，但并不是急于去掉地方政府的经济职能，而是降低地区间为争取流动性税基而进行的无序竞争，从而弱化地方政府的策略性分工行为，逐步实现赶超型政府向服务型政府、建设型财政向公共财政的转变；培育和建设各要素市场，立足本地要素市场的发育程度，从要素流动的经济性与公共性属性出发，先易后难地推进要素市场建设，打通从市场效率提升到劳动生产率提高的通道；加大产业链、供应链的全链

---

① 刘志彪、孔令池：《从分割走向整合：推进国内统一大市场建设的阻力与对策》，载于《中国工业经济》2021 年第 8 期。

条、各环节的对接，把努力转向解决产业关键要素供求协调、创新突破、"卡脖子"问题解决等产业发展外部性上来，将"产、供、储、运"放在同等重要的地位，促进市场循环充分畅通；加强部门之间的合作，完善的市场不仅仅是地区之间的事情，也是各对口部门之间的联合，加大部门之间、上下级之间的对接，改变"条块分割""多线作战"，要实现这一目标，仅靠体制改革实现市场机制的自发过程是不足的，需要鼓励企业的兼并和收购，强化区域市场一体化的微观基础。打破现有体制机制障碍，加快制度创新，积极探索制度化的区域合作机制，构建地方政府间的利益协调和平衡的制度框架，以超越市场机制的组织迎接全领域开放和全域统筹，推进更广阔的市场。

借助建设全国统一大市场，有助于进一步开拓城镇与地区发展新优势。立足资源禀赋优势与发展环境特点，在重点建设的五类市场中，切实发挥相应的职能作用。并从壮大市场规模出发，提升要素供给质量、优化市场环境、打通堵点卡点、营造透明营商环境等方面的行动力度，创造更多市场需求、释放更大的消费潜力。

3.1.3 深化要素市场化配置

按照经济发展的经验和历史来看，全要素生产率的提高是经济长期增长的必经之路，也是最优选择。与经济发达国家相比，我国的全要素生产率水平还处于较低水平，需要加大要素市场配置效率[①]，尤其对于我国，虽然改革开放取得了很大的进展，但仍然存在市场体系不健全、政府与市场的关系还没有根本理顺、要素在资源配置中的范围仍然有限、政府对微观经济领域干预过度等问题。"任何制度都是对实际生活中已经存在的需求的响应。"制度经济学代表人物之一、美国著名经济学家舒尔茨曾这样表述。多年以来，由于过多从需求侧强调政府的宏观调控作用，"有形之手"伸得过长、干预过多，制度体系的严重滞后已成为影响经济增长至关重要的因素，供给抑制和供给约束日益显现，创新制度供给的需求日益迫切。

2020 年国务院发布《关于构建更加完善的要素市场化配置体制机

---

① 张臻：《要素市场扭曲、企业创新与全要素生产率提升研究》，西北大学博士论文，2018 年。

制的意见》（以下简称《意见》），在推进土地要素市场化配置、引导劳动力要素合理畅通有序流动、推进资本要素市场化配置、加快发展技术要素市场、加快培育数据要素市场、加快要素价格市场化改革等方面释放重要信号。

完善要素市场建设，实现产业协同赋能新突破，是保持经济具备回旋空间和持久耐力的核心支撑。一方面，完善区域内产品市场供应和调控市场价格能力机制，开展供需对接、市场开拓、产融合作，降低市场交易成本，推动内部市场和服务观念、理念、管理、信息等方面互惠协作，整治和防范无序发展与过度竞争；另一方面，深度融入区域一体化战略，加深科创金融、新兴产业、能源等领域利益联结，促进土地、资金等生产要素高效流动，破除资源要素跨地区跨领域流动障碍，将为构建全方位、多元化的国内循环格局积蓄潜能。

尤其在当下以技术进步为驱动的现代化发展新阶段，需要借助要素市场化配置，实现资源从低效率的企业、部门转到高效率的企业、部门，推动经济增长。城镇化在这一过程中，通过树立系统观念，调整城镇的空间组织与行政治理体系，推进大市场建设与核心要素市场改革来加快要素市场化进程，统筹产业布局、改善产业结构加快引导产业结构的升级与转换，构建资源要素优化配置和自由流动机制，使得全要素生产率得以有效提升，促进更高水平统筹城镇—区域一体化发展，推动城镇化与工业化良性互动、与农业现代化相互协调，促进城镇功能、产业支撑、要素吸纳、人口集聚联动统一，实现新型城镇化与区域协调发展、乡村全面振兴互促共进。

3.2 城镇与区域互动发展的实践

城镇与区域的发展条件、发展前景密切相关，"城镇—区域"体系已经形成，国家《"十四五"规划纲要》提出，要深入实施区域协调发展战略，推进西部大开发、东北全面振兴、中部地区崛起、东部率先发展，支持特殊类型地区加快发展，在发展中促进相对平衡。各地区为了落实区域协调发展，更好地调动地区发展积极性，先后提出了一系列城镇带动区域合作发展的规划方案，在实践中取得了丰硕的区域合作成果。

3.2.1　城镇区划的相关概念

目前，地区经济发展与城市进程得到空前提升，单个城市的比拼已经日益跟不上时代的节奏，组团式的城镇化发展模式成为主流，围绕城镇组团化发展，存在系列概念：

都市区，指拥有特定人口规模的核心城市及与其有着紧密经济社会联系的周边邻接地域组合成的区域或地理现象，以超大城市、特大城市或辐射带动功能强的大城市形成的大都市为核心，以及与其存在广泛上下班通勤联系的邻接空间单元组合成的区域。

都市圈，是以某个大城市为中心，以经济、社会联系为纽带，以发达的交通通道为依托，以时间距离为标尺来划分的大城市及其毗邻区域[1]，大都市通过扩散辐射效应与周边地区发生相互作用的产物，都市圈的范围是大都市与周边城市相互联系和合作的区域，一般是以一个或两个大都市辐射的半径为边界并以该城市命名。

城市群，指在特定的区域范围内云集相当数量的不同性质、类型和等级规模的城市，以一个或是几个特大城市为中心[2]，依托一定的自然环境、交通通信便利、彼此经济社会联系密切而又相对独立的若干城市或城镇组成的人口与经济集聚区[3]。

总体来看，都市区、都市圈、城市群等城镇区划概念的地理空间范围依次扩大，而且相应概念出现的时间与城镇规模的逐步壮大过程密切相关，特别是城市群的崛起加快了区域一体化的步伐。城市群吸引了大量的人口聚集，大规模的产业集聚，创造了大量的就业机会，成为支撑一国经济发展、参与国际竞争的核心区域，在国家经济发展中起到枢纽作用，是连接国内、国际要素流动和资源配置的节点与科学技术创新的孵化器和传输带。

除依托大城市形成的特定城市圈层以外，还有依托中小城市形成的

---

[1]　张学良：《以都市圈建设推动城市群的高质量发展》，载于《上海城市管理》2018 年第 5 期。

[2]　马燕坤，肖金成：《都市区、都市圈与城市群的概念界定及其比较分析》，载于《经济与管理》2020 年第 1 期。

[3]　倪鹏飞：《城市群合作是区域合作的新趋势》，载于《中国国情国力》2014 年第 2 期。

圈域经济，称为城市圈，一个城市与其辐射带动的周边区域共同构成以该城市为核心的圈域经济，称之为城市圈。随着城市规模不断壮大，其辐射力会越来越强，而其辐射带动的空间范围也会不断向外扩展。当某城市圈的核心城市发展成为大都市时，可称该城市圈为都市圈，是都市圈的初级阶段。因为在区域内部，并非所有的城镇都能有效纳入大都市的辐射带动圈层，所存在的都市阴影区部分，需要有新的区划概念加以填补，而城市圈概念的提出，使得区域内没有孤立发展的"空白"地带，从而确保所有城镇都能纳入组团式的城镇化发展进程中，能够实现资源要素在极其广阔区域内的优化配置，进一步提高了资源要素的利用效率，使得区域实现一体化发展，影响力更大。

3.2.2 发展实践与经验借鉴

以中心城市为引领的都市圈、城市群是支撑中国经济高质量发展的主要平台。打造现代化都市圈、城市群是各国国家城市化推进的普遍做法，能够放大城市群中心城市的辐射能力、加深中心城市与周边中小城市的各方面联系。尤其在当下的中国，相关地区发展实践经验极为丰富，具体包括：

1. 扩展城市空间打造都市区的经验

打造都市区是做大区域性中心城市、巩固在省域内的城市地位的有效途径。

（1）温州都市区。温州市提出重构大都市区空间格局，实行主中心一体化战略，将大都市区空间结构调整为"一主一副两极多节点"。大力实施向东向南、拥江面海发展战略，构建"一轴一带一区"城市发展新格局，"一主"是指大都市区主中心，涵盖温州市区、瑞安市区、乐清市区、永嘉县城等在内的 75 个镇街；"一副"是指市域副中心，依托鳌江流域平原城镇群，涵盖龙港市、苍南县城、平阳县城等在内的 1 市 10 镇；"两极"是指两个带动西南部山区城镇化和旅游文化产业发展的增长极，分别是文成县城、泰顺县城；"多节点"是指加快打造 15~20 个特色城镇化节点，形成"中心集聚、南北联动、全域融合、城乡协调"的大都市区体系。

（2）郑州都市区。范围包括河南省的郑州、开封、新乡、焦作、许昌5座地级市。2016年12月29日，国家发改委印发《中原城市群发展规划》，提出建设现代化郑州大都市区，推进郑州大都市区国际化发展。把支持郑州建设国家中心城市作为提升城市群竞争力的首要突破口，强化郑州对外开放门户功能，提升综合交通枢纽和现代物流中心功能，集聚高端产业，完善综合服务，推动与周边毗邻城市融合发展，形成带动周边、辐射全国、联通国际的核心区域。2018年11月18日，中共中央、国务院发布的《中共中央 国务院关于建立更加有效的区域协调发展新机制的意见》明确指出，以郑州为中心，依托"米"字形综合交通网络，增强沿线城市辐射带动能力，促进大中小城市合理分工、联动发展，打造特色鲜明、布局合理的现代产业和城镇密集带，引领中原城市群发展。

2. 带动多级节点城市发展都市圈的经验

锻造中心城市"硬核"实力，推动城市抱团成"群"，从而推动新型城镇化的高质量发展是地区发展的普遍做法。

（1）武汉城市圈。又称武汉"1＋8"城市圈，是以武汉为圆心和龙头，加上黄石、鄂州、黄冈、孝感、咸宁、仙桃、天门、潜江8个周边城市所组成，并包括洪湖市、京山市、广水市、监利市4个观察员。2002年动议，2007年12月获批"全国资源节约型和环境友好型社会建设综合配套改革试验区"，2014年2月，《武汉城市圈区域发展规划（2013－2020年）》获国家发改委批复。2016年12月武汉上升为国家中心城市。2021年12月，武汉城市圈同城化发展座谈会召开，要求强化"九城就是一城"理念，全力打造"引领湖北、支撑中部、辐射全国、融入世界"的全国重要增长极。

（2）西安都市圈。地处我国"两横三纵"城镇化战略格局中陆桥通道横轴和包昆通道纵轴的交汇处，是关中平原城市群的核心区域，最早是西安—咸阳一体化发展规划，现范围包括西安市全域（含西咸新区），咸阳市秦都区、渭城区、兴平市、三原县、泾阳县、礼泉县、乾县、武功县，铜川市耀州区，渭南市临渭区、华州区、富平县，杨凌农业高新技术产业示范区。是继南京、福州、成都、长株潭都市圈发展规划之后，2022年3月西安获批国家级都市圈。聚焦助推西部大开发形成新格局的发展目标，提出推进产业一体化、综合交通网络建设，到2035年实现圈内同城化、全域一体化。西安实现了从西咸一体化到西安都市圈的三级跳，明确了西咸新区交由西安市全面代管，以往城市"单打独斗"局面将转向"多城抱团"的协作，借西安辐射带动能力提升，带动全域一体化发展。

3. 加强产业联系打造城市群的经验

城市群是城市从发展到成熟阶段的最高空间组织形式，目前我国成熟的城市群有：

（1）长三角城市群。范围包括：上海市，江苏省的南京、无锡、常州、苏州、南通、盐城、扬州、镇江、泰州，浙江省的杭州、宁波、嘉兴、湖州、绍兴、金华、舟山、台州，安徽省的合肥、芜湖、马鞍山、铜陵、安庆、滁州、池州、宣城等26市，区域面积21.17万平方公里，约占中国面积的2.2%。发挥上海龙头带动的核心作用和区域中心城市的辐射带动作用，依托交通运输网络培育形成多级多类发展轴线，促进形成网络化空间格局。推动南京都市圈、杭州都市圈、合肥都市圈、苏锡常都市圈、宁波都市圈的同城化发展，强化沿海发展带、沿江发展带、沪宁合杭甬发展带、沪杭金发展带的聚合发展，构建"一核五圈四带"的网络化空间格局①。

（2）珠三角城市群。包括"广佛肇"（广州、佛山、肇庆）、"深莞惠"（深圳、东莞、惠州）、"珠中江"（珠海、中山、江门）等三个新型都市区，其城市间经历了"形态先连绵，功能后互动"的发展过程，其中，广佛肇都市区以广州的产业向佛山的扩散，以及后阶段人口向佛山的扩散推动了广佛都市圈的成型；深莞惠都市区首先是交通的互联互通，触发城镇的连绵发展，进而产生产业的互动，然后是生活的互动；珠中江都市区起步于局部出现地理邻近性的产业外溢和职住分离。

4. 设置一体化先行区开展毗邻区域城镇合作的经验

一体化先行区主要位于地理上毗邻的城镇，通过设立先导区，引导地区联合发展。

---

① 国家发改委：《长江三角洲城市群发展规划》，载于《新浪财经》2016年6月3日，http://finance.sina.com.cn/roll/2016-06-05/doc-ifxsuypf4983057.com。

（1）杭绍甬一体化先行区。在长三角一体化发展背景下，浙江杭州湾地区的杭州、绍兴、宁波等城市相继提出合作意向，构建"融杭联甬接沪"的区域发展格局，例如绍兴2018年印发《杭绍甬一体化发展绍兴行动计划（2018-2020）》，着力在规划共绘、设施共联、产业共兴、环境共造、机会共享、机制共创等方面，逐步助推杭绍甬交通、产业及城镇体系一体化，实现人才、技术、信息等高效流动。宁波与绍兴2022年共同印发实施《甬绍一体化合作先行区建设方案》，提出围绕"甬绍联动"发展导向，聚焦设施互联先行，深化科创、开放、文旅、生态、公共服务五个领域的合作，助推甬绍两市构建全方位、宽领域、多层次的联动发展格局。

（2）遂潼一体化先导区。地处川渝毗邻地区的遂宁市和重庆市潼南区，主要为落实《成渝地区双城经济圈建设规划纲要》，制定《川渝毗邻地区合作共建区域发展功能平台推进方案》，于2020年12月29日批准设立遂潼川渝毗邻地区一体化发展先行区，在交通互联互通、共同打造遂潼涪江创新产业园、现代高效特色农业带等方面达成共识，全面融入成渝地区双城经济圈建设。先导区有利于加快推动成渝地区中部崛起，为成渝地区双城经济圈建设提供动力支撑。推动遂宁潼南一体化发展，促进两地全面实现深度融合、组团发展，承接中心城市外溢功能，将有效提升城市发展能级，优化区域发展格局，做强成渝地区中部极点支撑，夯实成渝地区双城经济圈建设基础。

3.3 重构城镇组织引领区域一体化的启示

大量的城镇化引领地区一体化发展实践表明，合理规划城镇圈层，加快推动区域一体化发展是一个国家或地区不断提升工业化、城镇化发展水平的必由之路，这为围绕现代化目标实现探寻城镇化发展新路径提供了启示。

3.3.1 打破城镇行政藩篱突出经济区划

区划是国家战略意图实施的手段，是经济社会发展综合规划与城镇化、交通体系、生态与环境保护等专项规划全过程的组成部分，决定了地区的资源分配、市场范围、产业结构、行业构成等，也是调动地区发展积极性，通过组织和人事方面的柔性控制，保证区域生存和发展价值实现的基石。

目前，中国的区划主要有三种划分方式：地理分区、行政分区和经济分区。地理分区主要依据自然地理单元划分，例如南方与北方的划分方式、东部与西部的划分方式等；行政分区具有明确的地域范围和一系列独立的行政权；经济区划是结合社会劳动地域分工的规律、区域经济发展的水平和特征的相似性、经济联系的密切程度划分的部分区域。这些区划方式同时存在，相互叠加，但发挥的效力不同，有些甚至束缚了区域的发展。如国务院发展研究中心（2000）曾发表报告指出，中国所沿袭的东、中、西区域划分方法已经不合时宜。为此，报告提出"十一五"期间内地划分为东部、中部、西部、东北四大板块，并可将四个板块划分为八大综合经济区的具体构想。也有学者指出行政区划的等级体系尽管完善，但存在行政区管理的本位主义问题，造成城市功能、结构和形态混乱、边界地区"权利真空"等方面的问题。

因此，应打破行政区划的条框，鼓励跨区域城镇合作，从行政区经济主导转向经济区治理，避免陷入分割市场思维。经济区的概念起源于区域经济的古典区域分工理论、劳动地域分工理论和现代区域分工等理论。20世纪以后，以赫克歇尔—俄林等为代表的学者在古典区域分工理论的基础上，以新古典经济学作为地域分工和国际贸易理论的基础，提出了要素禀赋理论。该理论认为地域分工和贸易产生的直接原因在于各地生产要素禀赋差异导致的要素相对价格差异，各个国家或地区可以通过按照要素禀赋条件进行区域分工和专业化生产来提高区域整体福利水平。此后，20世纪50年代以后出现的协议性区域分工理论、动态优位理论、部门内贸易理论等对区域分工和贸易问题也进行了一定研究，从而促进了现代区域分工理论的进一步发展。随着新技术的变革，地域分工理论进一步向前推进，以信息通信、云计算、智能制造、现代交通等为核心的新一代技术变革，对资本、人口、知识等不同经济要素的跨区域流动、空间组织模式以及聚集形态都产生了重要的影响，这为我们分析不同区域的城镇经济发展基础及差异提供了理论基础。

这要求在追求现代化的过程中避免部门、地方利益固化的本位主义，推进全域城镇化，倡导不同层级、规模的城镇之间开展全方位、多层次、多形式的合作，例如：远郊区与中心城区跨区域合作、签订毗邻地区合作框架协议、共建陆海新通道、流域生态保护和高质量发展、碳中和服务跨区域合作协议等，用"大局"观念的战略思想看到区域内资源调配与整合，加强依法行政，灵活运用市场化手段，形成具有自我生长、富有活力的区域经济体。这些经济体又共同构成了整个国家的经济系统，参与世界经济的合作与竞争。

3.3.2　完善城市软环境构建社会治理共同体

城市是区域经济的聚焦地和人口集聚的复合体，不仅是物质生产和生活的场所，而且是政策、文化、技术、思想观念等无形要素的总和。长期以来，城市建设将市政基础设施建设、工业园区、住宅开发等作为城市的主要任务，当进入高生产力发展阶段后，城市软环境的建设就成为高品质城市的追求，通过改善政务服务、福利保障制度等，对城市自然、人力资本延伸的无形资产进行集聚和重组，以达到提高城市自身价值，紧贴群众需求，厚植城市文明形象，彻底扭转土地城镇化的传统思维，转向真正的人口城镇化，将生产力进步所引起的人们的生产方式、生活方式以及价值观念转变的过程作为城镇建设的着眼点，优化城市发展、建设、管理的观念与行为方式，改变千城一面的同质化城市面貌，如城市的居民小区建筑风格和小区名称雷同，主要原因是同一房地产开发商企业的套版行为；再如城市的夜景灯光布置，历史文化街区的商业店铺等，地域文化、地域特色正被同质化的浪潮所湮没。这就需要加强对城市软环境的建设，实现城市可持续发展的目的。

具体来看，城市软环境建设首先要优化城市营商环境，这是确保城市发展的重要基础，也是一个地方的核心竞争力。目前，根据世界银行发布的《全球营商环境报告2020》，我国营商环境的排名已上升到世界第 31 位。这既是中国在世界经济充满不确定性时确保发展稳中向好的基石，也是各城市营商环境"优"无止境的新起点。通过深化政府"放管服"改革，以实际行动、实际成效塑造有利于企业发展的优良环境，关注企业反映强烈的"难点""堵点"，及时回应其诉求。特别是在政策落实时，打通服务企业群众的"最后一公里"，主抓问题整改，主抓服务到户，主抓落地见效，主抓民心民生，不仅有助于推动其他城市解决营商环境的老问题，而且有利于其他城市适应营商环境新变化、新需求，找到新思路、新方法。

其次，要完善城市消费环境。"水深则鱼悦，城强则贾兴。"一个消费型城市能提供丰富的商品和服务，拥有宜人的环境和富有美感的建筑，成为商品和服务的消费中心。国内外实践案例表明，大都市的发展越来越依赖作为消费中心的城市功能。2018 年 9 月中共中央国务院出台《关于完善促进消费体制机制进一步激发居民消费潜力的若干意见》。2019 年 10 月 14 日，商务部等 14 个部门联合印发《关于培育建设国际消费中心城市的指导意见》，提出培育建设"国际消费中心城市"的工作目标，北京、上海、广州、深圳、成都、重庆、杭州等城市纷纷响应。这需要做到：（1）拓展居民的消费认知理念。数字社会的到来使得传统消费行为模式发生变化，以互联网、移动支付、电子商务、平台经济等为代表的技术更新促使社会个体性加强，国际消费中心城市建设需要在消费物品的多样化与消费品质的提升方面下功夫，顺应消费升级趋势和特点，重点扩大文化娱乐、会展、教育等多元消费供给，而不是仅仅将购物作为国际消费中心城市的核心功能，打造"购物天堂"只是国际消费中心城市的一个重要内容，并不是全部。（2）重视消费信息发布。尝试构建体现本地特色的消费统计指标体系，主动对接服务商业创新，建立接轨国际的服务标准、消费者保障准则、知识产权保护等制度，积极引导企业和执法监管部门把握发展动向，更新调控发展政策，引入专业资信评级机构开展企业和消费者诚信体系工作，明确奖励机制和免责机制，形成统一开放、公平竞争、规范有序、服务友好的理想营商与消费环境。

3.3.3　构筑现代产业体系提升城市实力

产业是地区发展的立身之本。现代产业体系是在新一轮产业转型升级中具有国际竞争力的新型产业体系，代表了生产、流通、组织与技术等未来发展方向，是筑牢实体经济的根基。聚力构建现代产业体系，一方面是充分把握产业变革趋势，适应信息技术革命、数字经济浪潮、低碳减排等新技术、新模式、新业态，以战略性的产品布局应对行业变革新趋势的要求，是深入实施工业强市战略所作出的重大决策；另一方面，从国际竞争与行业发展态势来看，我国部分传统产业已逐渐进入成熟期，甚至已经开始衰退，加快推动产业体系优化升级，规避产业体系发展的"结构性陷阱"，是迫切需要解决的现实问题。

围绕构建现代产业体系，提升城市实力的重点举措有：

第一，提升制造业核心竞争力，是构筑现代产业体系的前进方向。先进制造业是构建现代产业体系的重要支撑，也是国家竞争力的体现。城镇作为制造业中心，加快构建现代产业体系，是城市发挥自身优势、增强经济发展动力的战略选择，有助于持续拓展产业发展新空间。通过产业创新培育有全球竞争力的新产品、新服务，形成基于创新能力、创新效率的内生比较优势。在当下国际局势日益复杂、全球化日趋退缩的背景之下，发展制造业尤其是先进制造业具有极其重要的意义。制造业核心竞争力的形成需要全面突破先进的生产工艺和关键零部件以及原材料等，短期内攸关产业经济效益和经济增长，长期内攸关经济社会高质量发展，这也是弘扬我们的"工匠精神""制造文明"的大好时机，能够推动制造业更快地迈向更高层级。

第二，发展现代服务业，提高汇聚现代产业的能力。现代服务业的发展能够有效释放现代生产要素的叠加、倍增作用，尤其是生产性服务业，知识资本、人力资本和技术资本密集程度高，是现代制造业所亟须的中间投入，有助于提高制造业的技术水准和附加值，实现产业链向专业化和价值链高端延伸。国家要求加快推进制造强国、质量强国建设，促进先进制造业和现代服务业深度融合，实现服务经济比重逐步提高，发挥服务业集聚所具有的产业关联度强、服务网络化、交易集约化、品牌广域化等优势，从而促使城市首位度提升、全域一体化发展，实现由制造业驱动向服务经济驱动转变，达到高端生产、高端服务的"微笑曲线"价值链两端，造就城市经济持续调结构、稳增长的底气。

第三，加快数字城市基础设施建设，形成新产业新业态新模式培育的主阵地。数字化、网络化、智能化的加速融合发展可为制造业和服务业发展提供多方位、精细化的服务，以数字化改革助力政府职能转变，构建协同高效的政府数字化履职能力体系，促进数据高效共享和有序开发利用，统筹推进技术融合、业务融合、数据融合，提升跨层级、跨地域、跨系统、跨部门、跨业务的协同管理和服务水平。特别是在当下，数据资产是先进制造业和现代服务业能够在竞争中占据优势的重要保证。

第四，加速新兴产业发展，这是对构建现代产业体系的前瞻性布局。围绕这一构想，需要充分把握现代新兴技术所激发的新需求，结合重点产业集群发展实际，推进前沿引领技术突破，布局前沿技术及未来产业赛道，提高中高端技术产品的市场占有率。并加强对产业变革趋势预判和重大技术预警，积极发展专业化的共性技术，适应未来产业制造模式的转变，尤其要通过数字化平台技术、智慧互联技术、云技术、AI技术等，促进新知识、新技术、新方法在不同制造业行业领域传递和共享，加大新兴产业与传统产业间的分工协作和跨界融合创新，提升产业整体的技术水平和生产效率。

第五，培育产业发展生态，全方位筑牢现代产业体系的基础。通过加大自主创新力度，提升制造业在市场、成本和技术上的竞争优势，着力搭建产业爆发新生态载体，优化创新应用场景供给流程，加强产业链"卡脖子"项目上的创新支持力度，培育一批"专精特新"企业成为产业链供应链上的重要生力军，实现产业链、创新链、资金链和政策链的协同发展。除此之外，要完善与产业发展相关的制度建设，现代产业体系是一个开放的体系，应该不断降低产业进入壁垒，营造城市之间公平竞争的市场环境，进一步深化对外开放与体制改革，开展广泛的合作创新。

总体而言，现代产业体系是在城市产业分工的基础上，考虑到技术或知识分工等更加复杂的分工形式，是城市进一步发展的新动能。在这一思路指引下，城市的发展与城镇化路线的设计要充分考虑现代化进程中知识更新的复杂性和经济活动的异质性，关注产业和产业要素之间的互动与融合特征，把握好时间节点的选择，结合人才、信息、政策、社会治理等软环境建设，加快构建特色鲜明、结构合理、链群完整、竞争力强的现代产业体系，促进城市经济行稳致远。

3.3.4 加强城乡协作实现全面现代化

多年的工业化积累起了中国的现代化工业体系，但是，工业化并不等于现代化，我国多数乡村却处于原地踏步阶段，农业农村现代化一体推进是实现整个国家现代化的关键。随着扶贫工作取得巨大成就，乡村振兴战略重点开始转向，强化以工补农、以城带乡，形成工农互促、城乡互补、协调发展、共同繁荣的新型工农城乡关系，加快农业农村现代化。充分发挥乡村地域优势，激发乡村发展活力，是现阶段实现农业农村现代化的必然路径，也是实现全面现代化的基本要求。

通过城乡协作，激活乡村发展活力，创新农业发展理念，转变农业发展方式。以创新引领农业现代化，大力发展创意农业，在进行农业生产活动当中，运用科技、文化、艺术等创意手段，优化配置农业农村资源，激活农村要素，挖掘提升农业的产品价值、科技价值、文化价值、生态价值，构建起多层次的农业产业链和价值链，形成农村经济新的增长点，不仅打开了农业发展新的效益空间，更促进了农民就业创业，为农民利用自有资产、农业生产、农副产品加工及其休闲产品创意营销等持续稳定增加收入开辟新渠道。

同时，要借助城市基础设施延伸，弥补乡村人居环境补短板，提高乡村宜居性。宜居村庄建设对优化农村人口分布、重塑农村景观格局、促进农村转型振兴具有重要作用。农村地区不仅是提供农产品的生产空间，更是为城乡居民提供生态休闲空间的重要载体，承载着保障农产品供应和生态安全的重任。以生态文明的理念引领农业、农村可持续发展，坚持生态环境保护优先，大力发展有机、生态、高效、低碳的现代农业，加强农村生态环境保护和污染治理，促进农村经济发展和生态环境保护深度融合，使得乡村经济发展走绿色、低碳、高效、包容的绿色繁荣之路。一方面要继续增强农村交通、村居卫生等硬件环境建设，优先考虑弱势群体，如残疾人、老年人、儿童、妇女等，以及因空间两极化和郊区化而发展权旁落的落后地区民众；另一方面，要加强农村公共服务、就业机会和社会参与等软环境的建设，结合农村电商、直播业的兴起，充分利用跨境电商等数字贸易优势，推动农村特色产品和特色产业出口，发展开放型经济，促进农产品出口方式的转型和创新。利用"互联网＋"这一开放平台发展跨境电商，使得农村新型经营主体有效步入国际市场，对接更大的消费市场，推动农村特色产品、特色产业出口延伸产业链和价值链，提高农业的组织化、规模化、网络化、市场化、国际化水平，为扩大农民增收渠道提供了新的空间。

通过解决城乡产业利益联结、农村居住形态演变、城乡基础设施一体化等方面的问题，明确乡村在社会经济建设中的突出地位和在城乡关系中的平等地位，促进城乡在规划布局、产业发展、公共服务、生态保护等方面的相互融合和共同发展，逐渐缩小城乡之间发展的差异，有利于城镇化质量的整体提升，可以成为城市居住、工作、休闲的别样补充，也为协同推进工农业现代化、推动城乡融合发展提供了思路。

第4章 融合发展下的城乡要素流动

我国已经进入新的城镇化发展阶段，这个阶段的主要特征是城乡融合发展。现代化社会要求多领域的全方位变革，尤其在要素配置方面要构筑城乡共生关系，这与城乡融合发展在本质上是一致的，同样需要畅通城乡人口双向迁徙、资源要素双向流动、人与自然和谐共生"三个循环"，也就是说，城镇化与城乡融合发展的水平是现代化的主要标志。

目前，我国城乡要素流动不顺畅、交换不平等问题依然突出，严重制约了城镇化的纵深推进。乡村人口迁移、乡村土地利用转型是城镇化进程的重要体现，见证了在城乡联系影响下要素资源在城乡地域之间由"单向"到"双向"流动的过程，观察城乡要素流动，有助于加深对城镇化纵深阶段的理解，更好把握乡社会经济结构的重新塑造与地域空间格局的优化调整，促进人口、土地、资本等要素资源进一步向城镇优势地区集中集聚。

本章主要从乡村人口迁移、乡村土地利用转型视角观察城乡融合发展的阶段性表现，构建理论假设，分析城乡间要素流动对城镇化与城乡融合发展的影响机理，利用数理分析方法分析农业转移人口市民化和农用地转型在城乡产业就业、福利体系、社会网络等的嵌入性，探寻城乡由物质空间延伸到更高层次的社会空间的融合发展进程，进而搭建起城乡地域之间在功能、结构、形态演化等方面的反馈传导渠道，是实现"以城带乡、城乡联动、协调发展"的高质量城镇化发展的现实基础。

4.1 乡村人口迁移对城乡融合发展的影响

随着中国城镇化和工业化的快速发展，数以亿计的农民工长期候鸟式往返于乡城之间,作为重要的劳动力要素,农民工在城乡发展变革中的迁移行为选择值得关注。我们探讨了农民工迁移动机的行为逻辑,建立一个经济社会体系嵌入与脱嵌的理论框架,更好地捕捉农民工迁移行为对于理解当代城乡融合发展转型的价值,剖析在城乡融合发展视域下农民工迁移选择的机制。研究利用 2017 年全国流动人口动态监测的数据,通过应用 Probit 方法,汇集有关农民工迁移选择和就业、福利、社交关系等系统的交叉性的辩论。研究发现:(1)低技能农民工的迁移行为受到职业选择、社会事务参与程度的高度影响,说明农民工在就业体系和社会网络体系的嵌入性较强,与福利体系是脱嵌的,农民工迁移行为的选择更多是他们在城乡之间迁移可以获得总收益的权衡;(2)通过所处城市、年龄以及定居时间的分组分析,不同组别农民工迁移选择所呈现的就业市场、福利政策、社会群体分化的变化,发现在小城市流动、35～55 岁、进城 3 年以内的农民工是敏感人群,更容易受就业、福利和社会关系等影响变量的调节,这为从劳动力流动视角推进城乡融合发展提供启示。在本节的结尾,我们探讨了农民工作为生产者与消费者的统一体,与城乡融合发展的实现之间的关系是复杂的,在很大程度上取决于当地城乡融合发展的模式,即由产业吸纳能力、移民身份转变带来公共服务供给的变化以及社会关系网络的畅通,认为要充分保障农民工的自由迁徙权利,实现在流动过程中的劳动力高效配置,这对打通城乡劳动力流动阻隔,提高流通效率,促进融合发展十分重要。研究有助于进一步完善现有解释微观个体在乡城之间迁移决策的理论框架,重新认识和理解城乡融合发展背景下劳动力资源的配置,筛选适合的公共政策工具,为城乡人口聚居提供决策参考。

4.1.1 背景分析

在发展中国家,传统农业向现代化社会转型的标志是人口从乡村向城市迁移。大规模的农民工进城务工,与工业化、城镇化发展进程息息相关,是农村剩余劳动力转移的有效途径,符合发展中国家二元经济运行模式,乡城迁移成为大多数乡村人口生命历程中的常态选择(Murphy,2002;Benson & O'reilly,2009;Lagakos,2020)。

农民工作为重要的劳动力来源之一,他们的迁移是城乡劳动力要素流动的写照。一方面，农民工是城镇和乡村共同争取的对象，新型城镇化战略中农业转移人口市民化工作将农民工列为主体，乡村振兴战略也为农民工返乡创业提供积极支持；另一方面，这些进城的农民工面临双排斥的困境，农村户籍使他们客观上不属于流入地，而从未或很少从事农业劳动使他们在主观上对户籍地缺乏认同，乡土感情淡薄。农民工在定居地选择上表现出的模糊、矛盾心态，是一个值得研究的方向。这种转变所带来的社会变化引起了社会和政治科学家的注意。

长期以来，农村人口大规模向城市迁移流动，对我国经济发展和社会整合产生了深远影响。农民工乡村迁移问题一直是国内外学术研究及社会各界关注的热点与焦点。有研究主张以更具背景性、传记性和分布性的方式看待移民问题（Halfacree & Rivera，2012）。在快速工业化与城镇化阶段，农民工进城务工是主要表现形式，研究主要关注农村人口向城市迁移的人口趋势和经济影响。如奈特和岳（Knight & Yueh，2009）关注劳动力市场中移民和城市居民之间的分割或竞争关系；詹（Zhan，2018）讨论了城中村居民参与非正规住房市场、服务市场和劳动力市场的具体策略；田等（Tian et al.，2019）认为流入地经济条件的提高对农民工社会融合产生了双刃效应；孟和赵（Meng & Zhao，2018）将农民工进城定居的迁移模式分为暂时性迁移、永久性迁移进行研究。

随着乡村地理学的再次复兴，城乡流动人口迁移问题引起了越来越多的关注。除了对农民工流入到城市，研究同样关注了农民工向乡村的迁移，如德哈恩和罗加利（De Haan & Rogaly，2002）关注的农村移民及其在农村变革中的作用，并对人口向乡村迁移的现象进行分析；奥雷等（Aure et al.，2018）认为通过鼓励移民定居来创造农村社区的稳定需要超越经济一体化；李成友等（2021）发现随着以人口城镇化为核心的新型城镇化战略的不断推进，人口结构红利的作用凸显，有助于进一步缩小城乡收入差距。

也有研究从城乡双向迁移展开流动人口迁移研究，如程等（Cheng et al.，2014）通过审查中国移民的社会保险参与情况，采用一个既包括农村到城市的移民，也包括城市到城市的移民的框架；埃利亚松等（Eliasson et al.，2015）描述了乡村化进程对农村劳动力市场和经济生活的影响；莫哈比尔等（Mohabir et al.，2017）分析流动移民面临的居住困境，并指出在经济衰退期间，不同年龄段的人在决定是留在城市还是回到村庄时会有不同的因素。

现有研究对于解释农民工乡城迁移现象、引导农民工合理迁移具有重要的参考价值。但往往将农民工迁移视作由乡到城市的单向的一次性流动，在推进农民工市民化的政策背景下，研究更多关注农民工定居城市的影响因素和策略。事实上，为追求利益最大化而进行迁移是农民工的天性，乡村迁移人口在定居还是继续迁移，在定居在城市还是乡村的选择上存在分化的事实（Chan，2012；Moraga，2013）。

在"跨越式发展""参与式发展"等发展主义语境中，以农民工在城乡之间迁移为线索，农民工定居可以被看作是一个"脱嵌到嵌入"的摇摆过程（Polanyi，2011；Sarkar，2017）。嵌入性研究能通过证明"社会嵌入的参与者是谁或什么，以及这些参与者实际上嵌入了什么"确定社会现象的阶段性表现以及背后的行为逻辑（Hess，2004）。当下，出于对传统城镇化发展模式的反思，中国提出了新型城镇化与乡村振兴战略，推进两大战略协同的城乡融合发展成为当下中国主导地区发展的理想理念，农民工作为主要的劳动力要素，具有农村户籍人口和城镇流动人口双重身份，成为城乡融合发展战略推进的重要锚点。在缩小城乡发展差距、促进城乡一体化的背景下，农民工的迁移与城乡融合发展的进程紧密相关。农民工的迁移行为展现了农民工在城乡经济社会体系的脱嵌到嵌入的表现，是探索城乡融合发展这一过程中的关键。

特别是作为农民工中的弱势群体，低技能农民工的迁移表现在城乡融合发展中更具有代表性（Akhtar，2020），因为高技能农民工很容易依赖个人能力在城市定居下来，而低技能的农民工更多需要借助外部环境的政策的力量实现愿望（Geishecker，2006；Aerni，2016），有效吸纳低技能的农民工更展现了以城带乡的城乡融合发展的进步力量。从农民工乡城迁移的意愿分化出发，研究聚焦于低技能农民工这一群体迁移行为选择，探究在城乡融合发展视域下农民工群体乡城迁移的意愿分化与影响机制，分析影响农民工迁移的因素，厘清农民工在城乡关联体系中的嵌入表现，加深对城乡融合发展背景下乡村人口迁移行为的理解，提出引导农民工迁移的城市与乡村联动政策显得尤为必要。

4.1.2　机制分析

1. 农民工的流动动机

研究表明，农民工迁移行为的驱动因素与农民工不同的发展诉求有关。根据庞塞特（Poncet，2006）的研究，经济利益是自发性人口流动的主要动机。城乡间巨大的收入差距为乡村人口进城寻求更高的生活水平创造了可能性，人口往往以谋生为目的而外出。王和陈（Wang & Chen，2019）分析全球金融危机后城乡农民工的目的地选择，重点关注就业、便利设施和当地溢出效应；康传坤（2020）提出房价上涨会显著降低农村地区的出生性别比，进而影响农民工迁移决策。

社会文化条件也会对农民工定居行为产生影响，如黄强等（Keung Wong et al.，2007）描述了移民对中国城市农民工生活的心理影响；刘等（Liu et al.，2012）考察了农民工的自身和家庭因素、社会网络关系对定居意愿的影响；贝尔格（Berg，2020）认为幸福感和地方依恋是农民工留在或离开农村的决定性因素。

除农民工自身影响要素外，户籍、福利等外部环境政策也是影响农民工城市定居意愿的重要因素。如张（Zhang，2010）分析了中国城市户口制度对农民工就业流动的制约；徐等（Xu et al.，2011）分析了中国农村进城务工人员的福利项目参与情况；唐等（Tang et al.，2016）研究农村居民的土地转换和定居意向，解释观察到的农村居民对土地转换和城市定居的抵制。

总体上，经济和社会文化共同决定农民工迁移（Chen & Liu，2016），符合马斯洛的需求层次结构理论。农民工流动现象背后是人们不断优化决策的过程，农民工会全面衡量自己的进城收益和成本后选择是否迁入城镇，以及迁入哪个城镇，是出于使农民工利益最大化的一种理性选择。

2. 城乡融合发展视域下农民工流动行为逻辑

城乡融合倡导城乡"融合"而不是"同化"，意味着将工业和农业、城市和农村、公民和农民视为一个整体，而不是孤立的部分（Li，

2012）。均等化与要素自由流动更加注重城乡地区共享发展机会和平等地位，并认识到农村地区独特的内生价值。促进城乡一体化发展的重点是通过增加要素市场的流动性，在城乡地区之间共享发展机会和平等地位，涉及城乡经济和社会的各个方面（Liu，2018；Yang et al.，2021）。

农民工作为重要的劳动力要素和主要的消费人群，是探索城乡融合发展目标导向下的要素合理配置的重要领域。促进农民工人力资源的高效利用、合理配置以及满足农民工自我实现的多元化需求等方面，这对实现城乡融合发展目标是重要的，通过系统梳理城乡发展政策中涉及农民工的调控政策，以促进就业、健全户籍制度、保障农业迁移人口的权益的目标，促进农民工有序迁移、有效融入定居地的生产生活体系，最大化发挥城乡地域的人口承载能力，实现人口分布与产业、居住、生态环境等的适配，构成了城乡融合发展的基石。

基于此，结合农民工迁移动机，我们探索农民工在城乡之间流动与定居的行为逻辑（见图 4-1）。在中国，有着非常严格的城乡分隔制度，比如户籍、收入分配、福利、税收与公共财政支出等，随着城市偏向的发展模式走向城乡融合，相关隔离制度不断被打破，这为农民工迁移提供了条件，为了获取就业机会、更高的收入、福利待遇，拓展个人社交网络，提高个人地位威望，最终实现人的全面发展，农民工选择在城乡之间流动，迁移行为有：由乡到城，由一个城市到另一个城市，年老伤病被迫返乡或主动返乡开展创业等。在农民工的循环迁移过程中，依赖个人不同的议价能力，农民工内部逐渐分化出了异质性的层级群体，处于不同层级的农民工对于定居城市或乡村或继续迁移的现实需求和承担能力是存在差异的。最终，农民工选择与个人能力相匹配的迁移行为方式，通过充分流动实现了乡村劳动力优化配置。

3. 农民工迁移的嵌入与脱嵌机制

结合决定农民工迁移动因与行为逻辑分析，我们构建了城乡融合发展视域下决定农民工迁移行为的嵌入与脱嵌的机制分析框架（见图 4-2）。

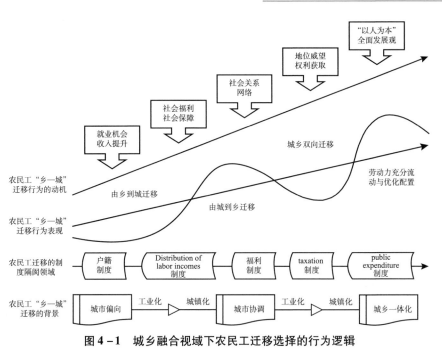

图 4-1　城乡融合视域下农民工迁移选择的行为逻辑

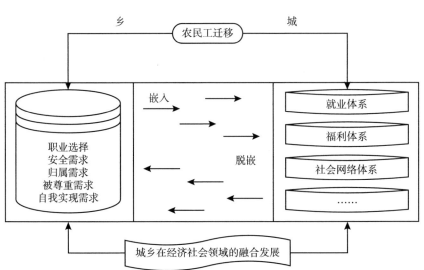

图 4-2　城乡融合发展视域下农民工迁移选择的嵌入与脱嵌的理论框架

农民工迁移行为选择与一系列复杂的经济和社会文化因素相结合。

在城乡二元分隔的状态下，在城乡地域居住的生活方式的差异是决定他们行为偏好的关键（Yang et al.，2020），与迁移农民工的多层次需求最密切的就是就业、福利与社会网络关系三大体系，这也是存在城乡差异最为显著的领域。城乡融合发展意在打破城乡隔离制度，在城乡二元分立的"生产—交换"系统中建立多元化联系，使农村流动人口嵌入城市就业体系、福利体系和社会网络体系，并去嵌入农村原有体系。可以认为，农民工迁移代表的嵌入与脱嵌的行为表现是城乡经济社会体系融合的指示器。理论上，我们分别探讨农民工在这三类体系中的嵌入与脱嵌情况。

在就业体系，首先，从农民工在城市就业市场的嵌入表现来看，传统农业生产力的提升，使得农村出现大量剩余劳动力，迫使这些劳动力外出寻找工作机会，城市为他们提供了大量的就业岗位，农民工的加入也为城市的发展壮大提供支撑。其次，农民工迁移与城市就业市场存在脱嵌情况。大多数农民工都是低技能劳动者，从事体力劳动，主要城市就业行业为建筑业、采掘业等传统工业，他们的收入与所属行业密切相关（Moilanen et al.，2021），例如建筑业的从业人员工资在全国差距不大，与所在的城市提供的岗位报酬关系不大，也意味着这类农民工在哪个城市就业都会获得同样的收入，往往需要随着工作机会的获取而不断迁移，也就是农民工迁移与特定城市就业市场是脱嵌的。而且随着中国产业升级转型，城市中的传统工业作为农民就业的主渠道变为排斥劳动力就业的主要部门，就业市场对农民工的需求发生变化，年长、受教育程度较低或收入较低的农民工比其他人面临更多的排斥，这些都加大了农民工的迁移与定居地选择不确定性。

在福利体系，农民工与城市基本公共服务供给的脱嵌是显现的，农民工最为受到关注的表现就是社会福利的缺失。农民工作为城市建设和发展不可缺少的劳动力群体，却不能与城镇职工同样享有社会保障，是社会不公正的体现，因此，改善农民工的福利成为解决农民工迁移与吸引定居的首选。福利的改善一方面会使得农民工嵌入城市福利体系，例如为农民工子女提供教育、为农民工提供保障房等做法会吸引农民工选择定居下来；另一方面，随着统一的城乡居民基本养老保险和城乡居民医疗保险等制度的陆续推出，解决农民工流入到城市的福利忧虑，然而，这种无差别的城乡福利政策并未改变农民工自由迁移的属性，选择迁移的农民工依然占据大多数，甚至表现为农民工同时享受城市的福利并保有在乡村的耕地耕作权以及宅基地等土地保障福利，这种土地的保障功能极大影响农民工在城市定居意愿（Hao & Tang，2015），甚至会鼓励农民工的返乡行为。这使得农民工在迁移选择上更加自由。

在社会网络体系，社会群体构成的网络是非常重要的社会资本，是一种非正式、非制度化、具有情感支持的联系，贯穿于农民工进城或再迁移的全过程，依托不同社会网络的农民工在生存需要、创造财富与应对危机等方面的选择不同，农民工社会网络的规模、强度和成员特征，决定了农民工的迁移选择，这使得农民工迁移行为具有较强的行为惯性。从农民工社会网络的嵌入表现来看，农民工的社会关系以亲缘、地缘为主，但是农民工同质性太强的关系网络对农民工融入城市有阻滞作用，农民工与流入城市的社会关系网络往往是弱嵌入甚至是脱嵌的，影响农民工就业机会获取、婚配、社会归属与认同等，农民工选择定居还是迁移的行为表现是一个不断重新建立新的社会联系的过程。

总体来看，农民工在就业体系的嵌入代表了城乡在经济产业领域的融合发展，在福利体系与社会网络体系的嵌入标志着城乡实现社会领域的融合发展。农民工与流入地的就业、福利与社会网络体系从脱嵌到嵌入的变化过程，也是城乡交互领域扩展的展现，反映了城乡在经济社会领域的融合。在就业市场替代或促进效应、社会福利的调节效应以及社会网络的榜样支持效应的影响下，农民工通过迁移，试图不断寻找嵌入的可能，并借由农民工的迁移，不断促使城乡实现全面的融合。

4.1.3　方法和研究材料

1. 数据来源

为了检验城乡经济社会领域的融合发展是否显著地影响了农民工迁移行为，以及这种影响对于不同年龄、流动时间和流入城市层级的农民工的差异，本研究使用了一个全国范围内的农民工迁移调查数据。这个数据来自用国家卫生健康委 2017 年的流动人口动态监测数据（China migrants dynamic survey，CMDS）。

调查内容：包括流动人口的基本人口学特征、就业和收支情况、健康状况、基本公共服务情况，流动人口主要聚居村/居委会人口基本情况、资源环境情况、社区管理情况等。

调查范围：全国 31 个省（区、市）流动人口较为集中的流入地。

调查对象：在抽取的流入地样本点中居住一个月及以上，非本区（县、市）户口的 15 周岁及以上流入人口。

调查方法：按照随机原则在全国 31 个省（区、市）流动人口较为集中的流入地，采取分层、多阶段、与规模成比例的 PPS 方法抽取样本点，开展调查。

2. 样本选定

我们选择小学文化的受教育水平样本代表低技能农民工群体，考虑到对这类人就业等关键变量的分析需要，我们去除了找工作难度等指标为空值的样本，选取了现居地归居委会管辖的样本，最终样本数为 960 人，这类人主要从事体力劳动，职业选择更为狭隘，收入偏低，生活支出压力大，定居意愿表现更为模糊不确定，数据表明，这类人的迁移意愿选项，有 78.44% 愿意定居城市，3.75% 愿意定居乡村，17.81% 表示没有想好。本节所用变量的基本分布如表 4－1 所示。

表 4－1 变量基本情况

变量	分布情况
农民工迁移意愿	78.44% 的农民工选择定居城市，3.75% 的农民工选择定居乡村，17.81% 的农民工没有想好
就业体系	
职业类型	生产运输人员占比 86.98%，无固定职业者占比 10.63%，从事其他职业人员占比 2.39%
所属行业	2.08% 的农民工在农林牧渔业工作，23.23% 的农民工在制造业工作，16.25% 的农民工在采掘、建筑、电煤水生产供应行业工作，24.17% 的农民工在批发零售、住宿餐饮、社会服务行业工作，7.71% 的农民工在金融保险房地产、交通运输通信行业工作，26.56% 的农民工在教育文化广播电影电视、卫生体育社会福利、科研技术服务、党政机关和社会团体以及其他行业工作

变量	分布情况
就业体系	
单位性质	5.1%的农民工在机关事业单位工作，4.17%的农民工在国有及国有控股企业工作，0.52%的农民工在集体企业工作，37.6%的农民工在私营企业工作，0.31%的农民工在外资企业工作，24.9%的农民工为个体工商户，27.4%的农民工在其他单位工作
社会福利	
是否有宅基地	71.56%的农民工有宅基地，26.04%的农民工没有宅基地，2.4%的农民工不清楚有没有宅基地
是否有承包地	64.79%的农民工有承包地，31.46%的农民工没有承包地，3.75%的农民工不清楚有没有承包地
是否有集体分红	2.08%的农民工有集体分红，94.9%的农民工没有集体分红，3.02%的农民工不清楚有没有集体分红
子女入学限制	67.29%的农民工在当前城市没有子女上学方面的困难，32.71%的农民工在当前城市有子女上学方面的困难
就医便捷性	80.73%的农民工从居住地到医疗机构的用时在15分钟以内，17.6%的农民工从居住地到医疗机构的用时为15~30分钟，1.67%的农民工从居住地到医疗机构的用时为30分钟至1小时
社会网络	
人际网络关系	28.54%的农民工很少与人来往，41.67%的农民工与同乡来往最多，8.96%的农民工与外地人来往最多，20.83%的农民工与本地人来往最多
是否参加工会活动	2016年以来有96.46%的农民工在本地没有参加过工会组织的活动，2016年以来有3.54%的农民工在本地参加过工会组织的活动
是否给所在单位/社区/村提建议	2016年以来有0.51%的农民工在本地经常会给所在单位/社区/村提建议，2016年以来有0.63%的农民工在本地有时会给所在单位/社区/村提建议，2016年以来有3.13%的农民工在本地偶尔会给所在单位/社区/村提建议，2016年以来有95.73%的农民工在本地没有给所在单位/社区/村提建议
是否向政府部门提建议	2016年以来有0.1%的农民工经常会向政府部门提建议，2016年以来有0.63%的农民工有时会向政府部门提建议，2016年以来有2.5%的农民工偶尔会向政府部门提建议，2016年以来有96.77%的农民工没有向政府部门提建议

变量	分布情况
个人特征	
性别	39.37%的农民工是男性，60.63%的农民工是女性
年龄	35岁以下的农民工占比22.29%，35~55岁的农民工占比70.52%，55岁以上的农民工占比7.19%
留城时间	留城时间3年及以下的农民工占比50.1%，留城时间3年以上的农民工占比49.9%
健康状况	身体健康的农民工占比69.48%，身体基本健康的农民工占比25.1%，身体不健康的农民工占比5.42%
住房条件	月住房支出1000元以下的农民工占比80.31%，月住房支出1000~3000元的农民工占比18.65%，月住房支出3000元以上的农民工占比1.04%
家庭月收入	家庭月收入5000元以下的农民工占比47.29%，家庭月收入5000~10000元的农民工占比49.9%，家庭月收入10000元以上的农民工占比2.81%
家庭月支出	家庭月支出3000元以下的农民工占比46.04%，家庭月支出3000~5000元的农民工占比48.85%，家庭月支出5000元以上的农民工占比5.11%

3. 模型构建

由于本章被解释变量是离散型排序变量，因此采用国内外相关文献中通用的处理方式，采用有序概率模型（ordered probit，Oprobit）将农村移民的流动行为与反映城乡社会经济一体化系统中"嵌入"和"去嵌入"特征的变量联系起来，这使我们能够明确地结合经验来判断城乡融合发展对低技能农村移民的影响。模型成功地再现了农民工流动行为的动态特征（Clark et al.，2008）。

基于"嵌入"和"脱嵌"理论框架下的农民工流动行为逻辑，建立行为模型：

$$Mb_i = \beta_1 + \beta_2 E_i + \beta_3 W_i + \beta_4 S_i + \sum \beta_k X_{k,i} + \varepsilon_i \qquad (4.1)$$

在式（4.1）中，Mb_i代表单个农村外出劳动力的迁移选择，$Mb_i = 1$农村外出劳动力返乡，$Mb_i = 3$农村外出劳动力留城，$Mb_i = 2$农村外出劳动力没有想好，β_1 代表截距项，$\beta_2 \sim \beta_k$ 代表各解释变量的系数，E_i 代表就业体系，W_i 代表福利体系，S_i 代表社会网络，$X_{k,i}$ 为若干控制变量，反映农民工的个人特征，ε_i 为随机扰动项。

4. 变量选取

被解释变量。迁移是农民工的天性（Moraga，2013），随着乡村振兴战略和新型城镇化的协调推进，农民工为了自身生存和发展，通过不断地在城乡之间、城市之间往返，选择与个人能力和定居意愿相匹配的迁移行为方式，或留在城市，或返乡创业，使得自身利益达到最大化。农民工乡城迁移意愿的分化使得劳动力生产要素能够充分流动，促进城乡融合发展目标导向下的劳动力生产要素的合理配置，故研究聚焦于农民工这一群体在城市或者乡村定居的心理预期与行为选择，深入分析农民工留城、返乡、摇摆不定的迁移选择。农民工迁移意愿为离散型排序变量，按照居留意愿将被访者分解为"打算留在本地者""不打算留在本地者"和"没想好者"，分别赋值为 3、1 和 2，参数设置如表 4 - 2 所示。

表 4 - 2　　　　　　　　　　　变量定义与测度

变量	定义	测度方法
农民工迁移意愿	今后是否打算继续留在本地	否 = 1，没想好 = 2，是 = 3
就业体系		
职业类型	目前的主要职业类型	管理者及办事员 = 1，专业技术人员 = 2，商业服务人员 = 3，生产运输人员 = 4，无固定职业者 = 5，其他 = 6
所属行业	目前在哪个行业工作	农林牧渔业 = 1，制造业 = 2，采掘、建筑、电煤水生产供应 = 3，批发零售、住宿餐饮、社会服务 = 4，金融保险房地产、交通运输通信 = 5，教育文化广播电影电视、卫生体育社会福利、科研技术服务、党政机关和社会团体以及其他 = 6
单位性质	目前就业的单位性质	机关事业单位 = 1，国有及国有控股企业 = 2，集体企业 = 3，私营企业 = 4，外资企业 = 5，个体工商户 = 6，其他 = 7

变量	定义	测度方法
社会福利		
是否有宅基地	在家乡是否有宅基地	没有 = 1，不清楚 = 2，有 = 3
是否有承包地	在家乡是否有承包地	没有 = 1，不清楚 = 2，有 = 3
是否有集体分红	在家乡是否有集体分红	没有 = 1，不清楚 = 2，有 = 3
子女入学限制	在当前城市是否有子女上学方面的困难	有 = 1，没有 = 0
就医便捷性	居住地到医疗机构的用时	1 小时以上 = 1，30 分钟 ~ 1 小时 = 2，15 分钟 ~ 30 分钟 = 3，15 分钟以内 = 4
社会网络		
人际网络关系	日常交往对象	很少与人来往 = 1，同乡 = 2，其他外地人 = 3，其他本地人 = 4
是否参加工会活动	2016 年以来在本地是否参加过工会组织的活动	是 = 1，否 = 0
是否给所在单位/社区/村提建议	2016 年以来在本地是否给所在单位/社区/村提建议或监督单位/社区/村务管理	没有 = 1，偶尔 = 2，有时 = 3，经常 = 4
是否向政府部门提建议	2016 年以来是否通过各种方式向政府有关部门反映情况/提出政策建议	没有 = 1，偶尔 = 2，有时 = 3，经常 = 4
个人特征		
性别	劳动力性别	男 = 1，女 = 0
年龄	劳动力年龄（岁）	2017 – 出生年份

变量	定义	测度方法
个人特征		
留城时间	本次流动待在目的地的时间	2017 - 本次流动年份
健康状况	劳动力健康状况自评	不健康（不健康，但生活能自理/生活不能自理）=1，基本健康=2，健康=3
住房条件	过去一年在本地平均每月住房支出	月住房支出的自然对数
家庭月收入	过去一年家庭平均每月总收入	家庭月收入的自然对数
家庭月支出	过去一年家庭平均每月总支出	家庭月支出的自然对数

核心解释变量，分别代表就业、福利、社会网络等类别的指标。就业体系方面，城乡的收入差异是农村劳动力迁移至城市的根本原因，而这种收益差异是由农民工的职业类型、所属行业和单位性质造成的，本节将职业类型划分为管理者及办事员、专业技术人员、商业服务人员、生产运输人员、无固定职业者和其他，所属行业划分为农林牧渔业、制造业、采掘、建筑、电煤水生产供应、批发零售、住宿餐饮、社会服务等行业，单位性质划分为机关事业单位、国有及国有控股企业、集体企业、私营企业、外资企业、个体工商户和其他，以区别出农民工的收入水平、工作环境以至社会地位的差异，分析农民工在城市就业市场的嵌入情况。福利体系方面，农民工面临的社会风险和其所拥有的抗风险能力与机制之间存在严重不对称的情况，在选择定居城市的时候会综合比较他能享受到福利，其具有农村户籍人口和城镇流动人口双重身份，在享受乡村土地等方面的福利的同时，也可以享受到城市医疗、教育等服务，故农民工涉及乡村和城市两个方面的福利供应，其中农民工的乡村户籍带来的福利有宅基地、承包地和集体分红，可以享受的城市福利有子女就近入学、就医便捷性等。社会网络体系方面，农民工积极参与到城市社会公共活动中可以增加与市民群体的联系，双方为实现共同目标而进行的互动，可以消除农民工和市民两个群体之间的偏见与刻板印

象，防止农民工成为城市中一个固化的社会群体，提高社会融合程度，本节将与当地人的友谊关系、是否参加工会活动、是否参加当地社区或单位的集体活动、是否向政府部门提建议作为衡量社会融合的标准，分析农民工与流入城市的社会关系网络关联度。

控制变量选择农民工个人特征指标，包括性别、年龄、留城时间、健康状况、住房条件、家庭月收入、家庭月支出。人们因个体特征的差异而导致迁移倾向的不同，如年龄对农民工迁移意愿有负向影响、家庭收入对农民工迁移意愿有正向影响（Ma et al.，2019）。个体特征对农民工迁移意愿的基础性影响已为学界所认可，因此本节选择个人特征作为控制变量，以便重点研究农民工在就业体系、福利体系和社会网络的脱嵌和嵌入情况。

4.1.4　实证结果

1. 基准回归结果

在基准模型中，本章分析就业体系、福利体系、社交网络对农民工迁移选择的影响，运用 Probit 方法，检验农民工在流动地的就业、福利与社会网络体系的嵌入与脱嵌情况，具体回归结果如表 4-3 所示。

表 4-3　　　　　　　　　　基准回归结果

变量	(1)	(2)	(3)	(4)
就业体系				
职业类型		0.2160 * (0.1216)	0.2091 * (0.1223)	0.2136 * (0.1227)
所属行业		0.0771 ** (0.0305)	0.0832 *** (0.0309)	0.0815 *** (0.0310)
单位性质		-0.0551 ** (0.0279)	-0.0547 * (0.0281)	-0.0562 ** (0.0282)

续表

变量	（1）	（2）	（3）	（4）
社会福利				
是否有宅基地			0.0714 （0.0566）	0.0787 （0.0571）
是否有承包地			－0.0109 （0.0540）	－0.0121 （0.0541）
是否有集体分红			－0.1946 （0.1270）	－0.2125 * （0.1271）
子女入学限制			0.0626 （0.1011）	0.0615 （0.1018）
就医便捷性			0.1480 （0.0969）	0.1632 * （0.0976）
社会网络				
人际网络关系				0.0981 ** （0.0434）
是否参加工会活动				－0.0282 （0.2520）
是否给所在单位/社区/村提建议				0.0641 （0.1643）
是否向政府部门提建议				－0.0017 （0.2212）
个人特征				
性别	0.0446 （0.0922）	0.0346 （0.0930）	0.0395 （0.0940）	0.0214 （0.0950）
年龄	－0.0071 （0.0049）	－0.0102 ** （0.0050）	－0.0107 ** （0.0051）	－0.0104 ** （0.0052）
留城时间	0.0244 *** （0.0078）	0.0244 *** （0.0079）	0.0242 *** （0.0079）	0.0232 *** （0.0079）
健康状况	0.0739 （0.0790）	0.0725 （0.0795）	0.0684 （0.0800）	0.0564 （0.0805）

变量	（1）	（2）	（3）	（4）
个人特征				
住房条件	0.2252 *** (0.0597)	0.2003 *** (0.0611)	0.1962 *** (0.0617)	0.1928 *** (0.0618)
家庭月收入	0.0339 (0.1122)	0.0681 (0.1139)	0.0424 (0.1183)	0.0539 (0.1185)
家庭月支出	−0.2423 ** (0.1123)	−0.2380 ** (0.1134)	−0.2527 ** (0.1166)	−0.2464 ** (0.1170)
Pseudo R^2	0.0223	0.0332	0.0387	0.0433
Observations	960	960	960	960

注：括号内为标准误，*** 表示 $p < 0.01$，** 表示 $p < 0.05$，* 表示 $p < 0.1$。

低技能农民工的迁移选择受到职业选择、社会事务参与程度的高度影响，说明农民工在就业体系和社会网络体系的嵌入性较强，与福利体系是脱嵌的。具体分析如下。

就业方面，职业类型的回归系数在模型（2）～（4）中均在10%的水平上显著为正，这表明表现为越是自我经营者，留城的可能性越大，而越是工资收入者，越倾向于返乡，这说明缺乏经济实力、人力资本存量较低的农村劳动力大多从事技术含量较低、待遇较差的工作，在流入地的就业体系的嵌入不强。所属行业的回归系数在模型（2）～（4）中均在1%或5%的水平上显著为正，单位性质的回归系数在模型（2）～（4）中均在5%或10%的水平上显著为负，这表明向上的职业流动能够增强农民工的迁移意愿，相对于蓝领阶层的农民工，白领阶层的农民工永久迁移的意愿更强，因为白领阶层的农民工的阶层地位更高，与城市就业体系的嵌入更强，在生产资料、财产或收入、职业、政治权力、文化、社会资本、社会声望等资源的获取方面更占优势，永久迁移意愿相应越高。这意味着，如果农民工的职业具有较低的社会和经济地位，那么他的定居的意愿就很低（Hunt，2004；Pekkala，2003）。

福利制度方面，从影响农民工迁移意愿的乡村福利供应来看，是否有集体分红的回归系数在模型（4）中在10%的水平上显著为负，这表明集体分红对农民工的定居城市意愿起阻碍作用，对于这些村民来说，

60

多数户口转变意愿并不强烈，这一结果与孟和赵（Meng & Zhao，2018）的研究结论一致，即农村土地持有对永久和临时迁移都有负面影响。从城市为农民工提供的福利来看，就医便捷性的回归系数在模型（4）中在10%的水平上显著为正，这表明就医便捷性能够有效提升迁移意愿，在大城市以合理的价位享受到专业的医疗服务能够提升农民工的永久迁移意愿。结果显示，是否有集体分红的回归系数为 −0.2125，高于就医便捷性的回归系数 0.1632，集体分红对农民工迁移意愿的影响要大于就医便捷性的影响，相对于城市福利，乡村福利对农民工迁移决策有更加重要的作用。这表明城市对农村外出劳动力实行的是一种"经济接纳，社会排斥"的做法，表现为农村劳动力可以进城打工获得一定的经济收入，却不承认他们在城市的社会成员身份，在医疗、住房、养老和子女教育等方面存在歧视性政策，将他们排斥在社会保障、公共服务体系之外。

社会关系方面，显著的变量仅有人际关系网络，回归系数在模型（4）中在5%的水平上显著为正，这表明农民工的社交圈对农民工迁移行为有正向影响，从数据来看，41.67%的农民工与同乡来往最多，说明农民工自身的乡村属性非常鲜明，农民工与流入城市的社会关系网络仍属于弱嵌入的状态，农民工在城市社会网络的融入水平以及城市社区事务的参与程度等方面还有待提高，这与刘等（Liu et al.，2012）观点一致。应该鼓励农民工打破同乡社交圈，特别是与本地城市居民共同参与社区治理、共同分享权利与责任等。农民工对流入地社会网络的参与性越强，对城市生活认同感和归属感越强，会促使农民工的迁移行为从短期迁移转变为最终真正在城市留居。

控制变量方面，年龄的回归系数在模型（2）~（4）中均在5%的水平上显著为负，这表明年龄对农民工迁移行为有负向影响，可能的原因是随着年龄的增长，农民工体质开始下降，有效劳动时间减少，收入相应减少，而在子女教育、健康医疗、父母养老等方面支出增加，加之中国人传统的落叶归根的思想，外出劳动力更倾向于返乡；留城时间的回归系数在模型（1）~（4）中均在1%的水平上显著为正，这表明留城时间对农民工迁移行为有正向影响，可能的原因是外出打工年限较长的农村劳动力在信息获得、工作经验、社会观念、学习技能、思想等方面都具有优势，对城市生活方式也已逐渐适应，如果其他方面的条件允许，他们定居城市的意愿将会比较强烈；住房条件的回归系数在模型（1）～（4）中均在1%的水平上显著为正，这表明住房条件对农民工迁移行为有正向影响，住房决定着农民工在城市的生活和居住物理空间，较高的住房条件在一定程度上反映农民工的较强支付能力以及稳定的工作状况；家庭支出的回归系数在模型（1）～（4）中均在5%的水平上显著为负，这表明家庭支出对农民工迁移行为有负向影响，家庭支出的增多会提高农民工在城市的定居成本，降低农民工的定居意愿。比较以上几个变量，家庭支出和住房条件的回归系数的绝对值均大于0.1，而年龄和留城时间的回归系数的绝对值小于0.1，家庭支出和住房条件对农民工迁移意愿的影响更大，这说明不同定居地点生活成本的差异是农民工迁移决策主要考虑的因素。

总体上，农民工迁移的最主要动因为非农经济收入和城镇居民收入，其次为城乡在资源、信息、社会公用品等方面的差距，农民工迁移动因包括了谋生、子女教育、职业发展和社会地位提升等。从农民工的定居意愿来看，尽管迁移目的地多指向城镇、城市，但在决定是否定居方面，态度模糊，获取收益最大化使得农民工在迁移决策时更为摇摆。农民工自身的乡村属性仍然鲜明。

2. 稳健性检验

（1）稳健性检验：缩尾。为了排除少量异常值对计量模型的干扰，需要通过双边缩尾处理异常值。故对住房条件、家庭月收入、家庭月支出在1%分位上进行双边缩尾处理。通过表4-4不难发现，核心解释变量系数符号并未发生改变且均通过显著性检验，这表明在对住房条件、家庭月收入、家庭月支出变量处理后，核心解释变量对农民工迁移选择的影响效应依然与基准回归保持高度一致。

表4-4   稳健性检验：缩尾后的回归结果

变量	（1）	（2）	（3）	（4）
就业体系				
职业类型		0.2194 * (0.1218)	0.2123 * (0.1224)	0.2170 * (0.1229)

变量	（1）	（2）	（3）	（4）
就业体系				
所属行业		0.0767 ** （0.0306）	0.0825 *** （0.0309）	0.0807 *** （0.0311）
单位性质		− 0.0552 ** （0.0280）	− 0.0549 * （0.0281）	− 0.0564 ** （0.0282）
社会福利				
是否有宅基地			0.0706 （0.0567）	0.0779 （0.0571）
是否有承包地			− 0.0111 （0.0540）	− 0.0122 （0.0541）
是否有集体分红			− 0.1982 （0.1271）	− 0.2165 * （0.1272）
子女入学限制			0.0613 （0.1011）	0.0604 （0.1018）
就医便捷性			0.1476 （0.0969）	0.1627 * （0.0976）
社会网络				
人际网络关系				0.0992 ** （0.0435）
是否参加工会活动				− 0.0286 （0.2519）
是否给所在单位/社区/村提建议				0.0638 （0.1643）
是否向政府部门提建议				0.0005 （0.2213）
个人特征				
性别	0.0452 （0.0922）	0.0353 （0.0930）	0.0403 （0.0940）	0.0221 （0.0950）
年龄	− 0.0071 （0.0049）	− 0.0102 ** （0.0050）	− 0.0108 ** （0.0051）	− 0.0105 ** （0.0052）

变量	（1）	（2）	（3）	（4）
个人特征				
留城时间	0.0244 *** （0.0078）	0.0243 *** （0.0079）	0.0242 *** （0.0079）	0.0232 *** （0.0079）
健康状况	0.0736 （0.0791）	0.0720 （0.0795）	0.0681 （0.0800）	0.0560 （0.0805）
住房条件_w	0.2310 *** （0.0607）	0.2060 *** （0.0622）	0.2028 *** （0.0629）	0.2004 *** （0.0629）
家庭月收入_w	0.0387 （0.1152）	0.0758 （0.1171）	0.0493 （0.1216）	0.0610 （0.1219）
家庭月支出_w	−0.2415 ** （0.1143）	−0.2380 ** （0.1155）	−0.2531 ** （0.1186）	−0.2476 ** （0.1191）
Pseudo R^2	0.0224	0.0334	0.0389	0.0435
Observations	960	960	960	960

注：括号内为标准误，*** 表示 $p < 0.01$，** 表示 $p < 0.05$，* 表示 $p < 0.1$。

（2）稳健性检验：将高中及以上样本和小学样本进行对比。为了对比，我们同时筛选了具有高中及以上学历的农民工群体（见表4-5），通过表格不难发现，单位性质、就医便捷性、人际关系网络的系数符号并未发生改变且均通过显著性检验，这表明在分样本回归之后，核心解释变量对农民工迁移意愿的影响效应依然与基准回归基本保持一致。

表4-5　　　　　　　　稳健性检验：高中及以上样本回归

变量	（1）	（2）	（3）	（4）
就业体系				
职业类型		−0.0251 （0.0663）	−0.0208 （0.0664）	−0.0223 （0.0670）
所属行业		−0.0256 （0.0198）	−0.0238 （0.0198）	−0.0238 （0.0199）

变量	（1）	（2）	（3）	（4）
就业体系				
单位性质		−0.0344 * （0.0184）	−0.0348 * （0.0185）	−0.0272 （0.0188）
社会福利				
是否有宅基地			0.0273 （0.0356）	0.0357 （0.0358）
是否有承包地			0.0367 （0.0334）	0.0339 （0.0336）
是否有集体分红			−0.0634 （0.0651）	−0.0685 （0.0654）
子女入学限制			0.1978 *** （0.0763）	0.2096 *** （0.0767）
就医便捷性			0.1070 * （0.0636）	0.0968 （0.0639）
社会网络				
人际网络关系				0.0967 *** （0.0259）
是否参加工会活动				0.1414 （0.1091）
是否给所在单位/社区/村提建议				0.1039 （0.0759）
是否向政府部门提建议				−0.0067 （0.1046）
个人特征				
性别	−0.0283 （0.0584）	−0.0425 （0.0589）	−0.0460 （0.0597）	−0.0506 （0.0601）
年龄	−0.0014 （0.0044）	−0.0009 （0.0044）	−0.0037 （0.0045）	−0.0030 （0.0045）
留城时间	0.0199 *** （0.0074）	0.0197 *** （0.0075）	0.0178 ** （0.0075）	0.0161 ** （0.0076）

续表

变量	(1)	(2)	(3)	(4)
个人特征				
健康状况	0.0907 (0.0795)	0.0885 (0.0796)	0.1055 (0.0803)	0.1009 (0.0807)
住房条件	−0.0145 (0.0454)	−0.0102 (0.0458)	−0.0017 (0.0460)	−0.0020 (0.0464)
家庭月收入	0.1702 ** (0.0753)	0.1633 ** (0.0756)	0.1535 ** (0.0762)	0.1270 * (0.0765)
家庭月支出	0.2125 *** (0.0815)	0.2084 ** (0.0815)	0.1834 ** (0.0826)	0.1961 ** (0.0829)
Pseudo R^2	0.0222	0.0241	0.0291	0.0363
Observations	2955	2955	2955	2955

注：括号内为标准误，*** 表示 $p < 0.01$，** 表示 $p < 0.05$，* 表示 $p < 0.1$。

（3）分组分析。

①所属城市的分组。不同层级的城市对应的就业、福利与社会网络体系不同，为进一步分析农民工迁移行为是否因流入城市的不同而存在异质性，按照农民工流入地的城市层级，将研究样本分为设区的大城市、县市级中等城市和县级小城市两类，从数据来看，大城市吸纳的农民工人数要高于中小城市，迁移意愿更为不明确。运用 Probit 模型，检验农民工在不同类型的地域的就业、福利和社会网络的嵌入与脱嵌情况，结果如表 4 -6 所示。

表 4 -6　　　　　　　　所属城市异质性的估计结果

变量	大城市	中等城市	小城市
就业体系			
职业类型	0.3414 ** (0.1561)	−0.0230 (0.3464)	−0.0239 (0.3631)
所属行业	0.0711 * (0.0367)	0.2559 ** (0.1074)	−0.0234 (0.0998)

变量	大城市	中等城市	小城市
就业体系			
单位性质	-0.0841 ** (0.0342)	-0.1349 (0.0840)	0.0097 (0.0896)
社会福利			
是否有宅基地	0.1601 ** (0.0673)	-0.2734 (0.1683)	-0.0045 (0.2378)
是否有承包地	-0.0044 (0.0641)	0.3106 * (0.1683)	-0.4687 ** (0.2037)
是否有集体分红	-0.0742 (0.1707)	-0.6794 *** (0.2556)	-0.6517 (0.5872)
子女入学限制	0.1049 (0.1217)	0.1229 (0.2804)	-0.3389 (0.3787)
就医便捷性	0.1364 (0.1173)	0.0900 (0.2715)	0.3890 (0.3800)
社会网络			
人际网络关系	0.0644 (0.0510)	0.1459 (0.1353)	0.2183 (0.1476)
是否参加工会活动	0.3709 (0.3455)	-0.3154 (0.7964)	-1.7741 * (1.0392)
是否给所在单位/社区/村提建议	0.0677 (0.1722)	3.7260 (310.8035)	0.9274 (0.9205)
是否向政府部门提建议	-0.0937 (0.2370)	4.4414 (336.8660)	-1.2194 (1.0499)
个人特征			
性别	-0.0235 (0.1143)	0.3044 (0.2899)	0.6021 * (0.3354)
年龄	-0.0127 ** (0.0063)	-0.0071 (0.0137)	-0.0119 (0.0194)
留城时间	0.0174 * (0.0089)	0.0327 (0.0308)	0.0348 (0.0329)

续表

变量	大城市	中等城市	小城市
个人特征			
健康状况	0.1146 (0.0933)	0.3371 (0.2649)	-0.3329 (0.3070)
住房条件	0.1902** (0.0741)	0.5624** (0.2258)	-0.0312 (0.2107)
家庭月收入	-0.0886 (0.1479)	0.6583* (0.3372)	-0.1241 (0.3889)
家庭月支出	-0.1940 (0.1460)	-0.8805** (0.3473)	0.0566 (0.3502)
Pseudo R^2	0.0463	0.1994	0.1933
Observations	721	148	91

注：括号内为标准误，*** 表示 $p<0.01$，** 表示 $p<0.05$，* 表示 $p<0.1$。

就业体系方面，在大城市，就业体系的职业类型、所属行业对农民工迁移行为有显著正向影响，单位性质对农民工迁移行为有显著负向影响；在中等城市，所属行业对农民工迁移行为有显著的正向影响；而在小城市，就业体系的各个变量对农民工迁移行为影响都不显著。

这表明农民工在不同类型地域的就业体系嵌入情况是有差异的，农民工容易融入大中城市的就业体系，却脱嵌于小城市的就业体系，这是因为小城市的经济发展水平较低，工作岗位相应较少，农民工受限于自身较低的文化水平和以同乡为主的社会网络关系，在与当地人竞争的过程中处于弱势地位，难以实现职业的向上流动，长期处于次级劳动力市场。

福利体系方面，乡村的福利对农民工迁移意愿的影响最为显著，其中，是否有宅基地在大城市显著为正，是否有集体分红在大中小城市为负值，且在中等城市作用显著，是否有承包地在中小城市是显著的，但系数符号不稳定，影响效力具有不稳定性，而城市福利的各变量对农民工迁移意愿的影响不显著，这表明农民工在不同类型地域的福利体系嵌入情况是无差异的，农民工脱嵌于城市的福利体系，主要受乡村福利的影响。

是否参加工会活动对流入中小城市农民工的迁移行为有负向影响，且对流入到小城市的农民工作用显著，而对流入大城市的农民工的迁移行为有正向影响但不显著，该变量的系数符号不稳定，且 2016 年以来仅有 3.54% 的农民工在本地参加过工会组织的活动，故不考虑该变量对农民工迁移行为的影响。除此之外，社会网络的各个变量对流入不同层次城市的农民工的迁移行为影响不显著，这表明农民工在不同类型地域的社会网络嵌入情况是无差异的，进一步验证了农民工自身具有非常鲜明的乡村属性，其脱嵌于城市的社会关系网络。

控制变量方面，住房条件对流入大中城市的农民工的迁移行为有显著的正向影响，家庭月收入对流入中等城市的农民工的迁移行为有显著的正向影响，家庭月支出对流入中等城市的农民工迁移行为有显著的负向意愿。

总体上，农民工在大、中城市中最容易融入就业体系，较难融入城市福利体系与拓展社会网络体系，在小城市中较难融入就业体系、城市福利体系和社会网络。结合农民工个体特征的显著变量结果，发现对于流入大城市的农民工，决定其选择定居或迁移的关键因素是就业与房价，大城市为农民工提供的就业岗位多，但是包括住房等在内的生活成本过高，难以吸引农民工定居；对于流入中等城市的农民工，就业与住房、收入与生活支出等显著影响农民工选择定居或迁移，乡村的福利供应的这类农民工迁移选择发挥了重要作用，而总体的福利政策在影响农民工迁移方面效果不显著，来自乡村户籍带来的福利极大的影响农民工的迁移选择。对于流入小城市的农民工，因缺乏就业支撑，并不能起到吸引农民工定居的作用。总体上，流入中等城市的农民工群体对当地就业、福利与社会网络体系等领域的政策调节最为敏感，是促进农民工定居，城乡劳动力合理配置，实现融合发展的主要载体。

②代际变化的分组。不同代际的农民工对城市就业、福利与社会网络体系的融入情况不同，为进一步分析农民工迁移行为是否因代际变化而存在异质性，本节通过年龄指标刻画代际差异，最终将农民工划分为 55 岁以上、35～55 岁之间以及 35 岁以下老中青三代，运用 Probit 模型，检验不同代际农民工的就业、福利和社会网络的嵌入与脱嵌情况，结果如表 4 - 7 所示。

表4-7   代际变化异质性的估计结果

变量	35 岁以下	35 ~ 55 岁	55 岁以上
就业体系			
职业类型	0.0629 (0.3039)	0.2141 (0.1413)	0.5459 (0.6981)
所属行业	0.1394 (0.0853)	0.0797 ** (0.0358)	- 0.1061 (0.1606)
单位性质	- 0.1600 ** (0.0795)	- 0.0400 (0.0330)	- 0.0883 (0.1006)
社会福利			
是否有宅基地	0.2116 (0.1346)	0.0806 (0.0684)	- 0.1984 (0.2662)
是否有承包地	- 0.1163 (0.1286)	- 0.0006 (0.0637)	- 0.1503 (0.2840)
是否有集体分红	- 0.0047 (0.2512)	- 0.4006 ** (0.1638)	3.9723 (298.5193)
子女入学限制	- 0.0010 (0.2337)	0.1062 (0.1182)	- 0.3861 (0.6888)
就医便捷性	- 0.3104 (0.2495)	0.1969 * (0.1156)	0.5742 (0.6253)
社会网络			
人际网络关系	0.0056 (0.1068)	0.1227 ** (0.0519)	0.2804 (0.2277)
是否参加工会活动	- 0.4436 (0.6059)	- 0.0320 (0.2963)	4.0955 (449.3145)
是否给所在单位/社区/村提建议	4.9718 (175.9549)	0.1448 (0.2040)	- 2.5384 (243.9656)
是否向政府部门提建议	- 0.5756 (0.5348)	0.0920 (0.2771)	0 (omitted)
个人特征			
性别	- 0.3639 (0.2265)	0.1061 (0.1130)	- 0.2218 (0.5100)

变量	35 岁以下	35~55 岁	55 岁以上
个人特征			
留城时间	0.0509 * (0.0278)	0.0283 *** (0.0090)	−0.0433 (0.0366)
健康状况	0.1953 (0.2440)	0.0388 (0.0917)	0.3645 (0.3317)
住房条件	0.3641 ** (0.1491)	0.1472 ** (0.0736)	0.0603 (0.3023)
家庭月收入	0.3711 (0.3258)	0.0005 (0.1375)	0.4200 (0.5879)
家庭月支出	−0.6736 ** (0.3168)	−0.1355 (0.1332)	−0.4924 (0.5907)
Pseudo R^2	0.1286	0.0525	0.2386
Observations	214	677	69

注：括号内为标准误，*** 表示 $p < 0.01$，** 表示 $p < 0.05$，* 表示 $p < 0.1$。

就业体系方面，单位性质对三类农民工的迁移行为有负向影响，且对于青年的农民工迁移行为作用显著，所属行业对中年农民工迁移行为有显著的正向影响，而就业体系的各变量对老年农民工的影响均不显著，这表明不同代际的农民工在就业体系的嵌入情况是有差异的，中青年农民工对城市就业体系的嵌入性较高，而老年农民工脱嵌于城市就业体系，这是因为老年的农民工因体质较弱、技能水平较低，不能承受较高的劳动强度，多从事保安、门卫、清洁工等工作，失业或就业压力增大，返乡意愿强烈。

福利体系方面，是否有集体分红对中年农民工的迁移行为有显著的负向影响，就医便捷性对中年农民工的迁移行为有显著的正向影响，其中，是否有集体分红的回归系数为 −0.4006，高于就医便捷性的回归系数为 0.1969，对于中年农民工而言，集体分红对其迁移意愿的影响要大于就医便捷性的影响，也就是说，相对于城市福利，乡村福利对中年农民工迁移决策具有更加重要的作用。这表明不同代际的农民工在福利体系的嵌入情况是无差异的，都脱嵌于城市福利体系。

社会关系方面，人际关系网络对老中青农民工的迁移行为有正向影响，且对中年农民工作用显著，社会关系中的其他变量对老中青农民工的迁移行为影响不显著，这表明不同代际的农民工在社会关系的嵌入情况是有差异的，中年农民工对城市社会网络嵌入性较高，而其他年龄段的农民工脱嵌于城市社会网络，中年农民工在生产资料、财产或收入、职业等各方面资源的获得情况要优于老年和青年农民工，这使得其可以参与的社会活动的数量和质量更高，与当地居民交往的机会更多，拥有更加稳定的城市社会网络。

控制变量方面，住房条件对各年龄段农民工迁移行为有正向影响，且对于中青年农民工作用显著，家庭月支出对各年龄段农民工迁移行为有负向影响，且对于青年农民工作用显著。

总体上，中年农民工最容易融入就业体系、社会网络，较难融入城市福利体系，青年农民工容易融入就业体系，较难融入社会网络和城市福利体系，老年农民工脱嵌于就业、福利与社会网络体系。结合农民工个体特征的显著变量结果，发现对于青年农民工，决定其选择定居或迁移的关键因素是就业、房价与生活支出；对于中年农民工，就业与房价显著影响农民工选择定居或迁移，社会网络对农民工迁移选择影响显著，福利体系方面主要受到乡村福利的影响，城市的福利政策对农民工迁移选择的作用不明显；对于老年农民工，就业、社交网络和福利体系对农民工迁移选择影响均不显著。总体上，中年农民工群体对当地就业、福利与社会网络体系等领域的政策调节最为敏感，中年农民工多是个体工商户，为了方便家庭团聚和共同经营店铺，以家庭迁移的模式为主，生存和发展的需求多元，更容易嵌入到就业、福利和社会网络关系中。

③留城时间的分组。在城市居住时间的长短会影响农民工对就业、福利与社会网络体系融入情况，为进一步分析农民工迁移行为是否因留城时间的不同而存在异质性，本节将以 3 年为界，将农民工分为短期流动的农民工和长期流动的农民工，运用 Probit 模型，检验农民工因留城时间不同在就业、福利和社会网络的嵌入与脱嵌情况，结果如表 4-8所示。

表 4 - 8　　　　　　　　留城时间异质性的估计结果

变量	留城时间 3 年及以下	留城时间 3 年以上
就业体系		
职业类型	0.0610 (0.1747)	0.3764 ** (0.1861)
所属行业	0.1073 ** (0.0512)	0.0745 * (0.0410)
单位性质	- 0.0791 * (0.0457)	- 0.0534 (0.0376)
社会福利		
是否有宅基地	0.0693 (0.0915)	0.0602 (0.0771)
是否有承包地	0.0166 (0.0805)	- 0.0568 (0.0759)
是否有集体分红	- 0.1445 (0.1938)	- 0.2993 * (0.1766)
子女入学限制	0.2030 (0.1637)	- 0.0793 (0.1374)
就医便捷性	0.2017 (0.1410)	0.0620 (0.1409)
社会网络		
人际网络关系	0.1539 ** (0.0712)	0.0803 (0.0572)
是否参加工会活动	- 0.7606 ** (0.3292)	4.4371 (92.0787)
是否给所在单位/社区/村提建议	- 0.3436 (0.3572)	0.1947 (0.2090)
是否向政府部门提建议	0.2191 (0.4538)	- 0.1155 (0.2796)
个人特征		
性别	0.0950 (0.1410)	- 0.0183 (0.1358)

73

续表

变量	留城时间 3 年及以下	留城时间 3 年以上
个人特征		
年龄	−0.0009 (0.0074)	−0.0164 ** (0.0077)
健康状况	0.0135 (0.1315)	0.0949 (0.1080)
住房条件	0.2239 ** (0.0968)	0.1523 * (0.0824)
家庭月收入	0.0053 (0.1734)	0.1112 (0.1668)
家庭月支出	−0.2262 (0.1648)	−0.2940 * (0.1731)
Pseudo R^2	0.0595	0.0529
Observations	406	554

注：括号内为标准误，*** 表示 $p<0.01$，** 表示 $p<0.05$，* 表示 $p<0.1$。

74

就业体系方面，职业类型对两类农民工迁移行为有正向影响，且对长期流动农民工迁移行为作用较为显著，所属行业对两类农民工迁移行为有显著的正向影响，单位性质对两类农民工迁移行为有负向影响，且对短期流动农民工迁移行为作用较为显著，这表明在城市居住时间不同的农民工就业体系的嵌入情况是无差异的，短期流动和长期流动的农民工在城市就业体系的嵌入性较高。

福利体系方面，是否有集体分红对农民工有负向影响，且对长期流动农民工作用显著，而表征城市福利的各变量对农民工影响均不显著，这表明在城市居住时间不同的农民工福利体系的嵌入情况是无差异的，短期流动和长期流动的农民工脱嵌于城市福利体系。

社会关系方面，人际关系对两类农民工的迁移行为有正向影响，且对短期流动农民工作用显著，是否参加工会活动对短期农民工的迁移行为有显著负向影响，而对长期流动农民工的迁移行为有正向影响但不显著，该变量的系数符号不稳定且 2016 年以来仅有 3.54% 的农民工在本地参加过工会组织的活动，故不考虑该变量对农民工迁移行为的影响，社会关系的其他变量对两类农民工影响不显著，这表明在城市居住时间不同的农民工社会网络的嵌入情况是有差异的，短期流动的农民工对社会网络体系嵌入性较高，而长期流动的农民工脱嵌于社会网络体系，这与杨等（Yang et al.，2020）的观点不一致。原因是短期流动的农民工为了尽快适应城市生活，寻找到合适自己的工作，会积极地参加社会活动，与当地人、外地人互动频繁，扩大自己的交际圈。

控制变量方面，住房条件对两类农民工均有显著的正向影响，家庭支出对两类农民工均有负向影响，且对于长期流动的农民工作用显著。

总体上，短期流动的最容易融入就业体系和社会网络，较难融入城市福利体系，长期流动农民工容易融入就业体系，较难融入社会网络和城市福利体系。结合农民工个体特征的显著变量结果，发现对于短期流动的农民工，决定其选择定居或迁移的关键因素是就业与房价，社交网络对农民工迁移选择影响显著；对于长期流动的农民工，就业、住房与生活支出等显著影响农民工选择定居或迁移，城市福利体系和社会关系对农民工迁移影响不显著。总体上，短期流动的农民工群体对当地就业、福利与社会网络体系等领域的政策调节最为敏感，可以通过增加公共住房供给、提供职业技能培训、开展各种社区公益性活动等方式影响新进城农民工的迁移行为。

4.1.5　结论

根据理论研究与实证分析结果，得出以下结论：

1. 农民工迁移行为选择是农民工个体适应能力与流入地生产生活体系适配的结果

通过基准回归分析，发现农民工在就业、福利和社会网络体系的嵌入性表现不同，就业市场体系与社会网络体系是影响农民工迁移行为选择的关键因素，福利体系中来自城市或乡村的福利都会影响农民工迁移行为决策，说明农民工迁移行为受到生存与发展层面的多重动因驱动。从农民工迁移的初始意愿来看，获取更多的发展机会和更好的收益是富有冒险精神的农民工的天性，农民工的迁移行为选择往往是可以获得的就业机会、福利待遇与社会网络扩大等收益的综合权衡。

通过对不同农民工子群体迁移行为影响因素进行比较分析，发现随着宏观制度和政策的变化，以及农民工自身因素的作用，农民工从产生之初的具有高度同质性的群体逐渐转变为异质性群体，农民工的群体分化主要体现在流向区域分化、代际分化和留城时间分化三个方面。研究发现，在流向区域分化方面，农民工在大、中城市的就业体系嵌入较强，在小城市的福利与社会网络体系方面嵌入理想，城市提供的丰富的就业机会、来自乡村户籍带来的福利与社会网络的归属对这类群体的迁移行为影响显著；从代际分化来看，青年的农民工在就业体系的嵌入较强，中年农民工在就业、福利与社会网络体系的嵌入都较强，老年农民工与就业、福利与社会网络体系是脱嵌的。从不同年龄层次的农民工需求来看，中年农民工迁移模式以举家迁移为主，生存与发展的需求多元，更容易嵌入到各类城乡关联体系中，是引导定居城市的敏感人群。

从留城时间的分化来看，流动时间在 3 年以内的农民工在就业与社会网络体系中的嵌入性较强，超过 3 年以上的农民工在就业和来自乡村户籍的福利供应的嵌入联系强，相应的调控策略，可以通过创造就业岗位，创造社区参与机会影响新进城的农民工的迁移行为；对流动经验丰富的农民工提供更充分的福利供应对这类群体的迁移行为调控是有效的。

综合来看，农民工在就业、福利与社会网络体系的嵌入与脱嵌表现，决定了农民工的迁移行为，正如德哈恩和罗格利（De Haan & Rogaly，2002）指出的那样，劳动力流动通常在确保劳动力供应和分配方面有利于资本的利益。农民工迁移行为的分化要求相关政策更有针对性，针对特定人群，在合适的地域搭建以就业、福利、社会关系为牵引的城乡联系，有助于流动人口实现有序的分层次定居。

2. 农民工迁移是城乡融合发展水平的指示器

数量庞大的农民工是产业工人的主体，他们在各个行业和不同地域的分布广泛，代表了城乡之间的劳动力要素交换。农民工迁移行为选择是农民工个体嵌入流入地生产生活体系的结果，也展现了乡村劳动力资源与不同层次不同领域的城市生产生活体系的融合情况，代表了有效的城乡人口联系，决定城乡融合发展的走向。

从中国的城乡二元制度体系演变来看，随着捆绑在户籍制度上就业、福利供应、社区事务参与等限制的松动，农民工在一定程度上嵌入城市就业市场体系、福利体系与社会网络体系中，嵌入比较好的领域是就业体系，城乡之间形成了一体化的就业市场体系，但在福利与社会网络领域尚存在脱嵌现象，城乡统一的社会福利体系与社区治理体系还未建成，这也是当下城乡融合发展的状态。鉴于中国产业转型期间劳动力就业处于震荡期，社会不平等加剧，城乡的制度壁垒和僵化联系机制对以农民工为代表的体力劳动者迁移选择依然会产生影响，在生存需求与发展需求的驱动下，农民工继续在城乡之间迁移仍然是主流，要促进乡村劳动力资源全面嵌入城市生产生活体系，这需要进一步打破城乡二元的制度壁垒，放开农民工嵌入城市生产生活体系的准入限制。同时嵌入不仅仅需要放松进入管制，还需要针对特定农民工群体提供满足需求的精准政策供应，从就业、福利与社会网络等多领域搭建联系通道，建立摆脱脱嵌局面、有利于嵌入的机制。

4.1.6　政策启示

城乡融合发展的目的是促进要素合理流动和高效配置，通过流动，农民工可以发现与自身能力相匹配的定居地，实现城乡融合发展过程中劳动力高效配置，因此要充分保障农民工的自由迁徙权利。结合农民工分化的事实，让想定居在城市的留下，返乡的返乡，或者继续迁移，这种自由的迁移能够保证农民工这类劳动力要素得到充分流动，使得乡村劳动力资源更全面多层次地嵌入城市生产生活体系中，提高了城乡劳动力资源的配置效率，是城乡融合发展实践的重要领域。本节的结论对制定农民工乡城迁移调控政策有两点启示。

1. 引导农民工迁移定居需要发挥城乡政策的联动效应

促进流动的农民工选择合适的地方定居，推动农民工实现全面发展与共享社会发展成果，既满足农民工改善自身条件的需求，促进了新型城镇化的发展，又激发农村内部发展活力，促进乡村振兴，这就要求城乡出台的调控农民工迁移行为的政策相互呼应。

从行业对乡村劳动力的需求来看，目前中国劳动力市场高技能人才只占4%，普通技能人才占20%，没有技能的占到76%。传统工业化阶段劳动密集型产业仍占多数，对低技能的劳动者需求大，随着产业升级与机器换人等技术变革，对低技能农民工的需求总量越小，而对高级技能农民工的供需差是最高的，高技能人才的缺口将是中国经济转型升级的一大隐忧。从农业生产的人员需求来看，要求从事农业的劳动力数量越少，有数据显示，中国的劳动力分布已经形成第三产业＞第二产业＞第一产业的格局，第三产业占比已超过40%。但农业农村现代化发展对高学历劳动力的需求强劲，例如大专以上学历占比逐年提高，各行业对待低技能的农民工是一种排斥。

这种对低技能的农民工排斥是一个双刃剑的"过程"，虽然甩掉了低素质劳动力的就业保障包袱，但也带来了人口外流，本地消费市场规模受到局限，制约创新创业活力。同时，低生育率使得中国新增人口下降，原有城市居民老龄化、少子化形势严峻，年轻人稀缺，事实上，城市之间和城市与乡村之间的"抢人"大战愈演愈烈。

缓解这一问题只有两个方案：一是长期策略，提高生育率，加大对低技能劳动力的培训与技能提升；二是短期内见效的政策更多需要改善劳动力供需结构，采用系统化思维，综合考虑解决地区结构性就业矛盾，统筹城乡各类政策资源，实现城乡社区的"共建、共治、共享"等多元目标，以及满足农村人口改善生活条件、跃升发展的需求，实现就业政策与福利政策、社会治理政策等协同联动。研究发现，来自乡村的福利供给，一方面有助于农民工进城迁移的顺利进行以及其迁移后初期的经济适应；但另一方面，乡村网络的持久包裹，不利于农民工在城市的社会和心理适应，加大了农民工在城乡间迁移的摇摆心理，出于提升资源利用率、转移既往资源积累的目的，应建立城乡统一的福利体系，让乡村土地的社会保障功能用城市保障体系进行代偿，打通城乡要素交换通道，实现城乡的协同治理。

2. 依据不同地域所处的城乡融合发展阶段制定差异化的调控农民工迁移行为政策

农民工迁移行为的分化与其所处的外部环境关系密切，从流入地分组、代际分组与留城时间分组影响因素表现来看，流入地的经济社会结构特征与农民工个体的匹配性是重要的。不同地域的城乡融合发展的阶段性表现不同，相对而言，处于大城市周边的地域城乡融合度要高于小城市周边地域（Yang et al.，2021）。结合农民工迁移选择，为农民工创造就业条件，提供适当的福利覆盖，创造不同社会群体之间建立社交联系的机会，有助于农民工实现分层次定居，更加有助于寻找更多产业合作载体、共享城乡公共服务设施、推进乡镇基层治理和传统文化的更新与重建，为激发区域发展活力提供新途径。

特别是当前我国农业剩余劳动力减少，人口老龄化程度提高，工业化、信息化、城镇化和农业现代化发展不同步，导致城乡区域差距过大、产业结构不合理等问题突出，农民工作为生产者和消费者的统一体（Offer，2008），其在乡城之间的迁移正深刻影响着城乡发展格局（De Haan & Rogaly，2002）。农村移民日益增长的消费需求和能力已经开始改变中国城市的商业格局，可能有助于中国向消费驱动型经济转型。这与唐等（Tang et al.，2020）的研究一致。

因此，对农民工迁移行为的调控需要因地制宜，以自下而上的方式传递信息和调解社会、经济和政治利益，对于农民工流入的各层级城市应该结合自身发展制定适合的政策，稳妥推进有经济能力的农民工在大城市的定居，加快补齐中等城市的公共服务设施、环境基础设施、市政公用设施等弱项，加强小城市产业就业配套建设短板，以满足不同农民工子群体的定居意愿。并通过整合利益分歧促使城乡经济社会系统内实现效率与公平的协调，充分促进地方资源的重新配置，避免城市与农村发展的两个基本社会政治制度之间的脱节倾向。

本节的研究不仅有助于我们对低技能农民工迁移行为的实证理解，还以农民工迁移为主线展示了嵌入与脱嵌方法在综合理解城乡融合发展进程的理论价值。本节强调了农民工的自由迁移属性，提出从农民工迁移这一微观视角观察城乡融合发展变局的理论分析体系，实证验证了经济社会体系的嵌入性对于理解社会现象如何呈现以及如何调控是至关重要的。

总体上，农民工的研究将人民的现实需求与地区发展演化进程结合在一起，是一种自下而上的方式的驱动逻辑，而不是基于完美构想的自上而下的方式的逻辑，未来的研究需要结合科技带来的社会变革，例如数字经济引发的就业、福利共享、人际交往方式等变化，探索低技能农民工的迁移行为的适应性，这种见解将有助于顺应人口流动新趋势，提高低技能农民工的生存发展能力。

4.2　乡村土地利用转型对城乡融合发展的影响

土地是区域社会经济活动的重要载体，也是乡村可持续发展的重要生产要素之一（Liu，2018）。近40年以来，工业化与快速城市化严重影响了农村地区，导致农村土地利用转型。一方面，大量耕地转化为建设用地，乡村地域变为城市地域，表现为城市蔓延和乡村的退缩（Brueckner，2000）；另一方面，为适应城市规模扩大和功能需求的变化，乡村地域功能变得更为多元化，不仅包括农产品生产，还包括在农业生产基础上延伸出的文化传承、景观、社会保障、生态保护等功能。它反映了农村地区可以从食品安全、最低生活水平保障、景观价值、环境保护等方面获得的市场回报或政策支持（Kydd & Dorward，2004；Woods，2009；Torreggiani et al.，2012；Long et al.，2018）。这种多功能性演化必然引发乡村地域空间结构和土地利用形态的变化，也就是乡村土地利用转型。乡村土地利用转型既是城市功能疏解的结果，也是乡村发挥比较优势、激发自身活力的过程，代表着城乡之间形成了良性促进机制，意味着融合发展。

当下，城乡共同繁荣成为普遍发展共识。《乡村振兴战略规划（2018—2022年）》提出乡村振兴要走城乡融合发展道路，构建城乡要素充分流动的机制。以往的研究表明，乡村地域土地利用变化过程往往是由涉及城乡发展的国家及地方政策触发的（Stellmes et al.，2013），特别是城乡关系由城乡分割逐步走向城乡一体化。城乡融合发展成为城乡之间最为理想的相处方式。乡村土地利用的转型展现了城市和乡村的同步发展情况，是观察城乡融合发展的重要窗口。

4.2.1　研究现状

大量研究表明，土地利用转型与城乡发展关系密切。隆等（Long et al.，2008）通过分析1995～2006年重庆市土地利用变化及其政策驱动力，提出了对城乡一体化改革新政策的启示；李（Li，2012）证明在城乡不平等扩大的背景下，土地资源流动与城乡互动模式的变化之间存在着密切的联系；塞拉等（Serra et al.，2014）提出与人类活动相关的土地利用集约化程度的巨变导致传统的城乡二元关系发生了重大改变。土地利用转型会影响城乡经济、社会、生态等多个维度的融合，如乡村人口和就业（Williams & Schirmer，2012）、地区经济增长（Li et al.，2014）、农村产业结构调整（Zhang & Ke，2018）、乡村工业（Zhu et al.，2018）、公共卫生设施建设（Kathleen，2018）和生态环境退化（Prabhakar，2021）等方面。这些研究认为土地利用转型在城乡转型过程中发挥着至关重要的作用，如李等（Li et al.，2015）通过2000~2010年间环渤海地区的实证研究发现，耕地土地流转率与城乡转换强度之间存在着很强的相关性，快速的土地流转通常发生在城乡转换初始水平较低的县/区，初始社会经济水平高、转化强度低的地区土地转化缓慢；陈等（Chen et al.，2020）进一步分析了中国土地利用变迁和城乡融合发展的演化规律和时空格局，提出目前土地利用转型对城乡融合发展产生了负面影响，可以通过收入效应、资源效应和城市化效应促进城乡融合发展；李成友等（2020；2021）研究发现更健全的社会养老保障能够乡村人口从事非农就业岗位，从而促进农用地流转。这为乡村土地利用转型与城乡融合发展的关联机理分析提供了研究架构。

　　然而，现有研究较多关注乡村土地转为城市建设用地的转型过程对于城乡融合发展相关领域的影响，较少思考（缺乏）乡村内部土地利用转型对城乡融合发展的指示作用以及背后的机制，对从乡村维度出发的土地利用转型与城乡融合发展之间的关联的关注不够。而且，主要从城乡发展差距角度选取城乡人均收入比和城乡人均消费比等指标构建城乡融合发展水平的测度指标体系（Wang et al.，2021；Ma et al.，2019），较少考虑城乡之间的分工合作联系对乡村地域的影响，从乡村视角观察城乡融合发展的表现，对城乡依存的表征不足，更缺少相应的实证量化分析。

　　在中国，经过近40年的城镇化高速发展，以城市蔓延为主要形式的快速城镇化发展势头已经减缓。随着城市存量建成用地的再利用政策的推出，乡村土地逐渐摆脱作为后备城市建设用地的命运，乡村从被动向城市提供资源的"输血式"发展逐渐走向主动与城市合作的"融合式"发展，乡村土地利用的转型更多体现为面对城市化、市场、政策等调控乡村内部用地结构的调整（Brown et al.，2005；Bakker et al.，

2015），如曲等（Qu et al.，2019）提出农村土地整理应遵循土地利用转型规律，建立面向多目标的区域差异化战略体系；严等（Yin et al.，2020）从微观视角探索了非正规工业化驱动下农村土地利用和实际功能的形成和变化；邹等（Zou et al.，2020）基于可持续发展中被广泛认可的"生态—生产—生活"功能，为中国农村土地利用规划和管理建立了统一的土地利用功能分类和价值评估体系，这为加快城乡融合进程提供了条件，凸显了乡村自身发展动力的变化，也彰显了城乡融合的发展态势。

因此，在参考已有研究的基础上，本节聚焦于乡村内部的土地利用转型，探究乡村土地利用转型与城乡融合发展的关联机理，选择地处中国北方的山东省作为研究区开展实证分析。主要回答"乡村土地利用转型与城乡融合发展是否存在关联"和"乡村土地利用转型与城乡融合发展如何关联"两大问题，研究内容框架包括：（1）引言；（2）机理分析，分析建立在城乡联系基础上的乡村土地利用转型与城乡融合发展的关联关系；（3）研究区与方法，选择山东省作为案例区，构建乡村土地利用转型与城乡融合发展的动态关联模型；（4）结果分析，测度不同类型乡村土地利用转型对应的城乡融合发展的阶段性表现；（5）结论与讨论。

4.2.2　乡村土地利用转型与城乡融合发展的关联机理

作为社会化大分工的产物，乡村是农业生产的集中地和城市工业发展的重要腹地。一般而言，乡村地域的用地类型主要包括：耕地、林地、草地、水域、农村居民点用地和未利用地等，各类用地承载了农产品生产、居住、就业保障、景观价值、文化传承和生态保护等不同的功能，而这些乡村用地多功能表现是建立在城乡分工合作基础上的，体现了城乡在经济社会领域的多重共生和互惠联系。从城乡联系的分类来看，多数城乡联系归属于农业与非农业产业分工形成的互利关系，如农产品供应、工业制成品流通、乡村人口进城务工等（Potter & Unwin，1995；Tacoli，1998）；也有研究发现交通改善、经济结构调整、实际收入增加和自然便利设施的融合会引发新的城乡相互依存关系（Partridge et al.，2007；Irwin et al.，2009）；随着城市功能由生产基地向控制中心转变，城市群显现与区域一体化格局的形成，构成了"城市—区域"网络体系，城乡互动更为多样化和频繁，城乡联系拓展为在公共服务产品供给（Arnaiz‐Schmitz et al.，2018）、生态环境合作（Ji et al.，2019）等领域的多重共生和互惠联系。这些城乡联系不断影响乡村地域的多功能演进，例如集循环农业、创意农业、农事体验于一体的田园综合体，以休闲旅游为主的观光农业园区，以及农业全产业链运作的农产品产销体系等（Bittner & Sofer，2013），是城乡在多个维度融合发展的映射。

　　城市和乡村从来都不是独立存在的，共享区域内的产品市场和要素市场，互为生产与消费主体，是城乡二元结构体系的组成部分（Douglass，1998）。城乡融合发展将城市和乡村视为一个有机体，强调促进城乡要素平等交换和公共资源均衡配置的过程（刘彦随，2018；Ji et al.，2019；Zhu et al.，2019）。基于城乡融合的发展目标，统筹城乡的规划与要素配置政策会打破乡村传统的发展模式，试图统筹城乡的政策打破了传统乡村的发展惯性，调动所有乡村参与到城乡融合发展进程中，通过城乡之间的商品供应、人口流动、设施联通、服务共享、技术溢出以及环境保护等活动，带动城乡在经济、社会、生态等多个领域的合作。加强乡村地域的原有城乡联系强度或者植入新的城乡联系，从而驱动乡村土地利用转型，使乡村土地利用转型与城乡融合发展处于同一发展进程中。在这一过程中，在城乡联系松散的农村地区，劳动力、土地、资金等生产要素向城市单向流动，反映了城市与乡村不平等的经济、社会和政治地位；而在城乡联系紧密的乡村地域，其重要性不断上升，实现了城乡之间要素的双向流动，刺激农村地区发展的政策应考虑农村社区如何与附近城市中心互动。

　　可见，乡村土地利用转型是城乡融合发展进程的重要表现，能捕捉到城乡地域演化过程中来自产业链效应和社会福利效应等，见证了在城乡联系影响下，乡村社会经济结构的重新塑造与地域空间格局的优化，是城乡融合发展实现的基础。乡村土地利用转型与城乡融合发展的关系机理如图4-3所示。

83

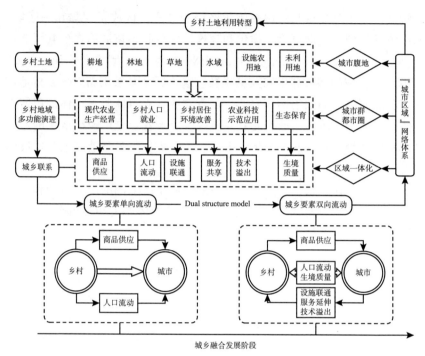

图 4-3　乡村土地利用转型影响城乡融合发展的机理

基于此，我们提出如下假设：

H1：建立在城乡联系传导机制基础上的乡村土地利用转型与城乡融合发展显著相关。

乡村土地利用转型展现了乡村物质空间和社会结构的变化，能够捕捉建立在产业协作、市场开拓、技术溢出、公共物品与服务供应等领域的城乡联系，所决定的城乡融合发展表现。城乡融合发展是进入到城市化高级阶段后的必然选择，反映城乡融合发展过程的变化曲线是一个非线性的、呈 S 形增长的曲线，

从现实情况来看，基于地理区位和资源禀赋的差异，不同的乡村地域在城乡分工体系中的地位和角色不同，乡村土地利用转型呈现出不同特点，其对应的城乡联系也不相同，城乡融合发展也具有阶段性（见图 4-4）。

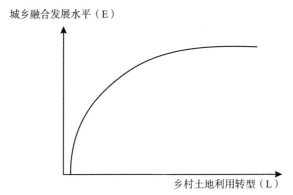

图4-4　乡村土地利用转型与城乡融合发展的动态关系模型

由此，本节提出如下假设：

H2：乡村土地利用转型与城乡融合发展之间的关联呈现出动态的阶段性变化。

相对而言，处于传统农耕状态的乡村地域，乡村用地主要承担农产品生产功能，城乡联系类型少，联系强度低，以生产要素向城市的单向流动为主，城乡融合发展处于低水平阶段；对处于城市经济发达的乡村地域，乡村地域生产功能随着城市规模和职能的演化而不断丰富，城乡联系多样化且频繁，生产要素在城市乡村之间的双向流动，城乡融合发展处于高水平阶段。

4.2.3　研究区域、数据和方法

1. 研究区域

山东省地处中国北方沿海，2018年末全省人口10047.24万人，土地面积为157965平方千米，GDP达到76469.67亿元[①]，包括平原、山地、丘陵等地貌类型，山东省是工农业同步发展的典型地区。

以占全国6%的耕地和1%的淡水资源，贡献了8%的粮食产量、9%的肉类产量、12%的水果产量、13%的蔬菜产量、14%的水产品产

① 资料来源：山东省统计局编：《山东省统计年鉴2019》，中国统计年鉴出版社2019年版。

85

量和19%的花生产量（2018年），在全国农业发展中占有重要地位。同时，山东省也是工业大省，交通便利，已经形成了以济南、青岛为核心的都市圈与城市群，城镇化率已达到61.18%，随着城镇化进程的推进，城市空间的外延式扩张的发展势头逐渐式微，2009～2018年间，山东省城市建成区面积由251.06平方千米上升到291.54平方千米，年增速由16%不断下降，目前稳定在2%，乡村土地利用转型更多表现为乡村内部用地结构的变化，是开展本研究的理想区域。

2. 数据来源

本节研究选择山东省县级行政单位作为研究样本，共有137个样本。社会经济类数据来源2010～2019年的《山东统计年鉴》《中国城市统计年鉴》《山东省城镇化发展报告》，以及社会调查数据——中国流动人口动态监测调查数据（CMDS 2009～2018）；土地利用数据来自中国科学院资源环境科学数据中心（http：//www.resdc.cn）的遥感数据解译，解译的土地利用类型包括耕地、林地、草地、水域、农村居民点用地、未利用地等土地利用类型。

3. 方法

（1）乡村土地利用转型的测度。

土地利用形态有显性形态和隐性形态两种，乡村土地利用的显性形态表现为数量、结构和空间格局（龙花楼，2012）。多年来，结合乡村建设开展的土地综合整治、生态工程治理和土地流转等活动，乡村用地的细碎化问题得到有效解决，显性转型明显；乡村土地利用的隐性形态表现为相应的质量、产权、经营方式等，随着以小农户经营为代表的传统农业生产方式向机械化和规模化的现代农业转型，隐形转型同样处于快速变化过程中，但是，衡量这种隐形转型的数据难以统计获取，本书更多考虑土地利用的显性转型，从耕地、林地、草地、水域、农村居民点用地、未利用地面积及其增长率变化，考察乡村土地利用的内部结构变化，以此反映乡村土地利用转型的情况，各类乡村用地的面积增长率的具体计算公式为：

$$\Delta s_{ijt} = \frac{S_{ijt} - S_{ijt-1}}{S_{ijt-1}} \tag{4.2}$$

其中，S_{ijt}为第 i 个样本 j 类乡村土地 t 年的面积，Δs_{ijt}为第 i 个样本 j 类乡村土地 t 年的面积增长率。

为了方便对不同地区乡村土地利用转型情况进行比较，进一步对不同地区乡村土地利用情况进行量化测度。首先，在某一区域内，根据 2009～2018 年的乡村土地面积，计算出各个样本 10 年间乡村土地面积的平均增长率；

$$\overline{\Delta s_{ij}} = \frac{\sum_{t=2010}^{2018} \Delta s_{ijt}}{9} \qquad (4.3)$$

其中，$\overline{\Delta s_{ij}}$为第 i 个样本 j 类乡村土地面积的平均增长率。

然后，对区域内样本的乡村土地面积平均增长率$\overline{\Delta s_{ij}}$取平均值，以此反映不同研究区域的乡村土地利用转型情况。

$$S_A^j = \frac{\sum_{i=1}^{k} \overline{\Delta s_{ij}}}{k} \qquad (4.4)$$

其中，k 为 A 地区所包含的样本数量，S_A^j为 A 地区 j 类乡村土地面积的平均增长率，以此反映各类地区乡村土地利用转型情况。

（2）城乡融合发展水平评测。

依据机理分析，研究认为多样化的城乡联系为城乡要素流动和高效配置提供了更多的机会，是城乡融合发展得以实现的基础，为乡村土地利用转型与城乡融合发展的关联性评判提供依据。基于此，研究从城乡联系出发构建测度城乡融合发展水平的指标体系。通过梳理现有城乡联系的种类，基于数据可得性、系统性、代表性等原则，将城乡融合发展划分为城乡商品供应、人口流动、设施联通、服务共享、技术溢出、生境质量 6 个维度，选取代表性指标，如表 4－9 所示。

表 4－9　　　　　城乡融合发展水平测度指标体系

维度	指标	计算方法
商品供应	农产品商品化率（％）	（粮食总产量－乡村人口×人均粮食年消耗量）/粮食总产量
人口流动	本地流动人口中农业人口所占比例（％）	流动人口中农业人口数/总流动人口
设施联通	道路网密度（公里/平方千米）	道路里程/总面积

维度	指标	计算方法
服务共享	人均医疗卫生机构床位数（%）	医疗卫生机构床位数/总人口
技术溢出	农业机械化水平（万千瓦/公顷）	农业机械总动力/农业耕作面积
生境质量	生活垃圾无害化处理率（%）	生活垃圾无害化处理量/生活垃圾总量

　　商品供应，特别是以食品供应为主，是城乡联系的最主要形式之一，体现了城乡生产的分工体系。乡村作为农产品的主要生产地，承担着城乡食品供应和重要农产品供应功能，以杨小凯为代表的新古典经济学理论很好地解释了建立在工业化基础上的城乡生产专业化分工所表现出的城乡联系，并随着城乡市场开放、农产品生产链的延伸而不断增强（Bosworth & Venhorst，2018）。研究选择农产品商品化程度作为代表性指标，反映了乡村农产品供应能力和融入城市经济体系的组织化水平，农产品商品化越高，城乡商品供应越强，城乡融合发展水平也越高。

　　人口流动，是乡村人口为获得就业机会和提升收入而选择在城乡地域间流动。现阶段城乡人口流动主要表现为乡村人口向城市迁移，农业生产劳动力需求的减少和城市较高的收入预期使得乡村人口在经济利益的驱使下进入城市，促进了城乡经济的繁荣和社会结构转型，提供了从微观的家庭和企业等生产单元视角观察城乡融合发展的视角（Veneri & Ruiz，2016）。研究选择本地流动人口中农业人口所占比例作为代表性指标，是乡村人口作为城市劳动力供给的直接表现，有效反映了城乡人口流动程度的高低。

　　设施联通，是道路、桥梁、交通、供水系统、电网和通信网络等类设施串联而成的网络，搭建起了城乡人员、物质、信息交流的桥梁，是城乡融合的物质保障。现代化的交通、通信和信息技术条件带来了地理空间的时空压缩效应，改变了城乡人口和货物的流动方式，降低运输成本，提高流通效率，并为落后乡村带来发展机遇（Olsson，2012）。研究选择道路网密度作为代表性指标，反映了城乡联系紧密度，密度越高，城乡融合发展水平也越高。

　　服务共享公共服务提供是指公共产品和服务的可用性。由于乡村社区地域广阔，居民聚居程度不高，造成公共服务设施使用效率低，目前普遍采取的措施是推动城市公共服务设施向乡村延伸，增大公共服务设施服务半径，提高乡村社区的公共服务水平（Arnaiz – Schmitz et al.，2018）。研究选择人均医疗卫生机构床位数作为代表性指标，体现了城乡公共服务的均等化程度，也即正向指标。

技术溢出，指现代化工业生产技术创新带来的溢出效应。技术进步会促进全社会的生产率提升，农业和乡村都从中受益，对以农业为主的乡村生产来说，在技术诱导下农业生产效率和收益得到提升，城市作为技术创新中心起到了引领乡村发展的作用，而农业生产力的提升实现了城乡融合发展的客观需要，预示了在统筹城乡发展过程中促进了产业结构高级化。研究选择农业机械化水平作为代表性指标，代表农业现代化程度，数据越高，城乡融合越高。

生境质量，指城乡在生态环境方面的联合治理水平。城市和乡村在地域空间上毗连，属于同一个生态系统。城乡需要在废弃物减量化与资源化、污染治理、生态多样性和开敞空间的保护等方面紧密合作，以确保区域生态系统稳定健康，合作控制生态环境风险（Capps et al.，2016；Ji et al.，2019）。研究选择生活垃圾无害化处理率作为代表性指标，一定程度上反映了城乡双方为保护人居环境、维护生态安全所采取的协同治理行动，是正向指标。

从整体表现来看，各种城乡联系交织在一起，构成了城乡之间的物质联系与社会支持网络，并随着城乡经济社会发展阶段的不同而不断变化，这种变化既启发了对已有发展路径的反思，也为把握未来城乡融合发展趋势提供线索。根据构建的指标体系框架，利用熵值法，计算出 2009～2018 年各县（区）的城乡融合发展指数，测度其城乡融合发展水平，以此反映各类地区城乡融合发展情况。

（3）变量设定与模型构建。

为了测度乡村土地利用转型与城乡融合发展之间的关联，选择乡村各类用地面积作为自变量，代表乡村土地利用转型，以城乡融合发展指数为因变量，代表城乡融合的发展情况，构建模型，对原始数据进行对数变换，进行回归分析。

为避免遗漏变量，研究综合考量决定城乡融合发展的经济社会等驱动因素，选择与城乡融合发展指数相关系数较大的地区 GDP、财政收入和城市化水平等指标作为控制变量，一般而言，经济发展水平越高的地区，城市经济越发达，集聚规模经济的溢出效应越显著，城市带动乡村发展的能力越强，城乡联系越广泛，城乡融合发展水平越高；如同 GDP 指标，财政收入也是研究地区发展关键指标之一，一个地区的财政收入更多地反映出政府进行资源的再次分配的能力，特别是用于提供满足社会需要的公共物品和服务，评估在平衡预算中提高边际税收单位的福利成本，代表了政府在平衡城乡发展差距、推动城乡融合发展的能力；城市化水平多用城镇居民人口占总人口的比例来衡量，代表了地区城市体系的发育程度，与地区工业化水平、产业结构及经济增长潜力密切相关，决定了对乡村土地、劳动力等生产要素的吸纳情况，同时，城市作为乡村最主要的销售市场，城市化水平也代表了以产品上下游关系推进城乡融合发展的力量。

具体模型设定为：

$$F_{it} = \partial_0 + \partial_1 cultivated + \partial_2 forest + \partial_3 grassland + \partial_4 water + \partial_5 residential$$
$$+ \partial_6 road + \beta_1 gdp + \beta_2 revenue + \beta_3 urbanization + \mu_i + \gamma_t + \varepsilon_{it}$$

$$(4.5)$$

其中，i 和 t 分别表示第 i 个样本和第 t 年；cultivated、garden、forest、grassland、water、residential、road 分别为耕地、林地、草地、水域、农村居民点用地、未利用地用地面积的对数值，revenue、urbanization 分别为 GDP、公共预算财政收入和人口城镇化率的对数值；F_{it} 表示 i 地市 t 年的城乡融合发展指数；∂_i 和 β_i 为待估系数；μ_i 为个体效应；γ_t 为时间效应；ε_{it} 为随机扰动项。

4.2.4 实证分析

1. 乡村土地利用转型与城乡融合发展的相关性分析

利用 2009～2018 年的时间序列数据计算出山东省各县级行政样本的城乡融合发展指数，观察其数值变化规律，根据本节中建立的关于乡村土地利用转型与城乡融合发展二者关系的理论模型，进行面板回归分析，判断两者之间的联系。经过 Hausman 检验，选择使用固定效应模型，在控制了控制变量后，模型的 F 检验结果为 Prob > F = 0.0000，表明乡村土地利用转型与城乡融合发展显著相关。具体的回归结果见表 4 - 10。

表 4 - 10　　　　　　　　回归结果

变量	城乡融合发展指数
自变量	
耕地	0.745 *** (2.67)
林地	− 0.571 *** (− 3.73)
草地	0.017 (0.39)
水域	− 0.467 *** (− 3.34)
农村居民点用地	− 0.574 * (− 1.77)
未利用地	0.405 ** (2.25)
控制变量	
GDP	0.078 ** (2.01)
公共财政预算收入	0.015 (1.28)
人口城镇化率	0.043 ** (2.52)
Constant	0.313 (0.20)
Observations	1370
Pseudo R^2	0.352
County FE	YES
Year FE	YES

注：括号内为标准误，*** 表示 $p < 0.01$，** 表示 $p < 0.05$，* 表示 $p < 0.1$。

从关系系数来看，耕地、林地和水域的转型是与城乡融合发展联系最为紧密的地类，未利用地和农村居民点用地转型与城乡融合发展联系呈现弱相关，草地转型关联系数较小且不显著。这一表现与各类用地承载的城乡联系有关。

耕地转型的系数显著为正，与城乡融合发展指数呈现强正相关。作为旱作农田、菜地、果园、果园、树林和苗圃等土地类型的总称，耕地出产粮食和蔬菜、水果、肉、蛋等农产品，体现了城乡之间以食品供应为代表的最稳定的供应联系，因吸纳乡村人口就业引发的城乡人口流动联系，促进现代农业发展的城乡技术溢出联系以及城乡之间的货流或人流的交通运输联系。耕地数量的变化会影响供应给城市的农产品的生产量，同时，城市规模的扩大，对农产品需求的上升也会促进乡村地域调整农产品种植规模，影响耕地面积发生变化发生耕地转型。乡村地域作为以农业为根本地域，农业生产构成了城乡产业领域的融合发展的基石。

相比之下，林地、水域的转型均与城乡融合发展负相关且在1%的水平上显著。林地、水域的开发利用，一方面会促使乡村地域走向多功能，例如历史体验、人文观光、休闲等功能，增强城乡以第三产业服务品为主的商品供应；另一方面，这些地类承担了保持生态系统完整性的功能，担负重要的生态服务功能作为区域生态系统中的一部分，这些用地面积的变化会影响包括城市在内的整个生境的质量和环境适宜性，决定城乡生态领域的融合发展水平。

农村居民点用地转型与城乡融合发展之间呈弱、负相关。作为乡村建设用地，农村居民点用地是乡村人口重要的生活空间与居住场所，农村居民点用地规模、空间分布综合展现了城乡合作框架下的产业、就业、耕作半径、交通网络和公共设施的服务范围等方面，体现了城乡商品供应、人口流动、服务共享、设施联通等多样化联系。当前，在美丽乡村建设政策主导下，通过空心村整治、中心村建设、中心镇迁移，大量传统乡村聚落被改造为新型乡村社区，农村居民点数量不断减少，但存在"建新住宅不拆旧住宅"现象，农村宅基地闲置问题突出，农村居民点用地规模不断增加，这种空间资源置换型模式利用效率低下，不利于城乡地域空间的集约高效利用、生态环境和乡土文化保护，与城乡融合发展目标相背离。

未利用地转型与城乡融合发展显著正相关。未利用地包括尚未开发的荒山、荒沟、荒丘、荒滩等，一方面，作为后备耕地资源，是补充耕地的重要途径，对于使用"四荒地"发展休闲农业和乡村旅游的行动，多持鼓励和支持的态度；另一方面，在严格的耕地保护政策约束下，要求城乡建设要充分利用低丘缓坡等未利用地资源，尽量不占或少占耕地。所以，未利用地间接承载了城乡商品供应、设施联通等联系。山东省作为耕地后备资源匮乏的省份，未利用地的开发维系了城乡建设用地的占补平衡，对城乡融合发展的持续推进影响较大。

草地与城乡融合发展关联度低，且不显著。草地主要生产畜牧业农产品，同时草地的生态敏感度高，承载城乡商品供应、生境质量等联系。然而，山东省是传统种植业生产基地，不是畜牧业主产区，草地资源规模小且空间分布散乱，对城乡融合发展不构成关键影响，两者之间的关联不明显

可见，各类乡村土地的转型与城乡融合发展的联系密切，这种关联主要通过多样化的城乡联系得以实现，结果验证了"建立在城乡联系传导机制基础上的乡村土地利用转型与城乡融合发展显著相关"的研究假设。

2. 乡村土地利用转型对应的城乡融合发展阶段性表现

由于不同乡村地域的地理环境、自然资源禀赋和产业基础等的不同，乡村土地利用转型展现的城乡联系也不同，对应的城乡联系的表现也不相同，乡村土地利用转型与城乡融合发展的表现也必然存在差异。为了对乡村土地利用转型与城乡融合发展的关联性进行更全面的分析，研究对样本进行分类处理。考虑到城乡融合发展更多体现为城市带动乡村发展，乡村地域依托的中心城市决定了当地的城乡融合发展表现。参考李（Li，2012）和贝德格等（Berdegué et al.，2015）的研究，研究依据乡村地域所依托城市规模进行类型划分，乡村地域可分为大城市周边的都市型乡村地域、靠近中等城市的城郊型乡村地域和靠近小城镇的偏远型乡村地域三类。分类标准按照中国大中小城市的划分标准，大城市（100万人以上）、中等城市（50万~100万人）和小城市（20万~50万人）。

其中，RRA主要位于小城镇周边，因区位原因与大城市联系少，可植入的城乡联系较少，依托城市对乡村的带动力量弱；相比之下，

URA 多位于大中型城市的周边，乡村生态基底相似，社会文化相近，地理联系紧密，与城市生态基底相似，出于城市扩张与乡村主动寻求发展机遇的需求，乡村逐步打破传统孤立的发展局面，与城市经济联合，纳入区域统一的发展体系中；MRA 主要位于都市区，都市的经济带动力强，人口众多，市场广阔，居民可支配收入高，交通便利，城乡间往来密切，具备实现深度城乡融合发展的可能性。

  分别计算出 2009～2018 年三类地区城乡融合发展指数和分维度指数，分析不同类型乡村地域的城乡联系表现，见图 4－5，进一步为乡村土地利用转型与城乡融合发展的关联性评判提供依据。

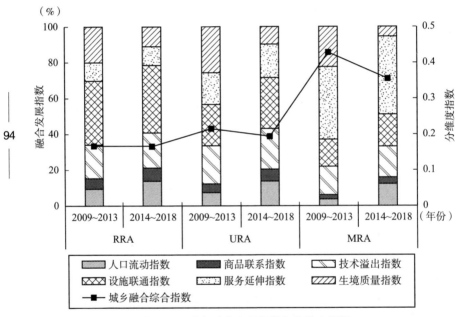

图 4－5　城乡融合发展指数与分维度指数

  依次对 RRA、URA 和 MRA 三类乡村地域土地利用转型与城乡融合发展指数进行回归分析，判断两者之间的联系。模型通过了一致性检验，不同类型乡村地域土地利用转型与城乡融合发展指数的相关关系显著。具体的回归结果见表 4－11。

表 4 - 11   回归结果汇总

变量	RRA	URA	MRA
自变量			
耕地	- 0.323 (- 0.59)	0.803 *** (2.06)	0.760 * (1.81)
林地	0.155 (0.34)	- 0.660 *** (- 3.96)	- 0.140 (- 0.39)
草地	- 0.047 (- 0.77)	0.083 (1.43)	0.006 (0.04)
水域	- 0.089 (- 0.35)	- 0.603 *** (- 3.16)	- 0.325 (- 1.22)
农村居民点用地	0.182 (0.39)	- 0.297 (- 0.76)	- 0.976 (- 1.66)
未利用地	- 0.034 (- 0.08)	0.356 ** (2.31)	0.435 (0.81)
控制变量			
GDP	0.024 (0.28)	0.080 * (1.80)	0.109 (1.13)
公共财政预算收入	0.050 (1.48)	0.010 (1.29)	0.037 (0.59)
人口城镇化率	0.042 ** (2.27)	0.028 (1.07)	0.044 * (1.71)
Constant	3.453 (1.23)	- 1.705 (- 0.65)	0.577 (0.15)
Observations	360	630	380
Pseudo R^2	YES	YES	YES
County FE	YES	YES	YES
Year FE	0.372	0.295	0.661

注：括号内为标准误，*** 表示 $p < 0.01$，** 表示 $p < 0.05$，* 表示 $p < 0.1$。

表 4 - 12 报告了 RRA、URA 和 MRA 三类的乡村土地利用转型与城乡融合发展指数的表现，并结合参考不同类型乡村地域的城乡融合发展

的分维度指数，判断主导各类乡村地域土地利用转型的城乡联系的变化，分析不同类型乡村土地利用转型与城乡融合发展阶段的对应关系。

表4-12　　　　　乡村土地利用转型与城乡融合发展对应关系

分类	乡村土地利用转型		城乡融合发展指数平均值	主导的城乡联系	关联性	城乡融合发展阶段
	具体地类	变化范围				
RRA	耕地、林地、草地、水域、农村居民点用地、未利用地不变	变动幅度大	0.1665	设施联通	不相关	低水平
URA	耕地、林地、草地、水域、农村居民点用地、未利用地	变动幅度小	0.2047	设施联通、技术溢出	强相关	中等水平
MRA	耕地、林地、草地、水域、农村居民点用地、未利用地	变动幅度小	0.3918	服务共享、设施联通和技术溢出、生境质量	强相关	高水平

　　以上结果显示，处于大城市、中小城市周边的乡村地域的土地利用转型具有不同的特征，主导的城乡联系不同，对应的城乡融合发展阶段也不同，具体来看：

　　（1）RRA。

　　2009～2018年，RRA的土地利用转型最剧烈，主要表现为耕地、林地、草地快速减少，农村居民点用地增长速度较快，各类用地的变化幅度大；该类区的城乡融合发展水平最低，平均指数得分0.1665，这与李等（Li et al.，2015）所提出的"快速土地转换通常发生在城乡转换初始水平较低的区县"一致。说明该类地区还处于与城市分离式的发展阶段，难以分享城市的就业创业机会、个人消费服务和公共服务等，依托城市发展对乡村的带动作用很小，SRA与依托城市的融合程度低。

　　从分时段（2009～2013年和2014～2018年）的城乡融合发展的分维度得分来看，分值较低，城乡联系松散，影响该类地区城乡融合发展的最重要的城乡联系为设施联通，说明物理上的联通是城乡之间要素流动的首要条件，其他依次是技术溢出、生境质量、人口流动。意味着乡村的传统基础和自然基底为搭建城乡联系更为重要提供了原始动力。

尽管商品供应联系是最明确的城乡联系，但是占比最小，原因在于农业在城市经济决策中的比例太轻，在推进城乡融合发展方面的支撑力有限。

从回归结果来看，该类地域乡村土地利用转型与城乡融合发展的无关联性，各类乡村土地利用转型与城乡融合发展的相关性均不显著，且各类乡村土地利用转型与城乡融合发展的关联系数与其他类型区的相反，这意味着 RRA 地域尚未形成城乡一体化发展的局面，农村更多受城市扩张的侵扰，在带动乡村发展方面建树不大，属于低水平城乡融合发展阶段。这类地域的城乡融合发展更多需要首先提升城镇化水平，壮大城市规模，完成积累，实施以农业剩余完成产业积累的政策，才有实现城乡融合发展的可能性。

（2）SRA。

SRA 的乡村土地利用转型中，耕地、林地、草地的面积仍呈现下降态势，但减少速度比 RRA 慢，水域和未利用地的减少速度加快，农村居民点用地增长速度变为缓慢，该类地区的城乡融合发展指数平均得分为 0.2047，说明依托城市发展与 URA 之间存在围绕产业壮大的要素有序转移与促进同群效应的社会互动，形成了推进城乡融合发展的内驱力。

城乡融合发展的分维度得分显示，URA 城乡联系的紧密度提高，城乡之间的联系更加紧密，主导的城乡联系包括设施联通与技术溢出，但重要性下降，服务共享联系的影响力提升，说明除经济领域的合作效率外，追求社会领域的公平也是城乡融合发展的重要组分。

回归结果显示，URA 乡村土地利用转型与城乡融合发展的关联性最强，耕地、林地、水域、未利用地转型均与城乡融合发展显著相关，其中林地、水域和农村居民点用地的关联系数为负值，这验证了陈等（Chen et al.，2020）提出的观点"以建设用地扩张为主的土地利用转型对城乡融合发展产生了负面影响"。该类地区处于中等水平城乡融合发展阶段，城乡治理分割现状被打破，乡村振兴与城市发展带动能力密切相关，由过去自发的转向/走向有组织的植入和加强 URA 的城乡联系，该地域在理念、规划、政策、法规等方面开展行动，推进城乡融合发展。

（3）MRA。

MRA 乡村土地利用转型主要表现为耕地缓慢增加，林地、草地和未利用地缓慢减少，农村居民点用地持续增长。对应的城乡融合发展指数最高，平均值为 0.3918，部分地区高达 0.709。区域内部样本的得分差距非常大，得分最高的样本为 0.7，如青岛的市中区，在本地域大多数样本得分为 0.3～0.5，碎片化的功能性的土地得到连片开发，乡村土地利用转型更多体现在结构优化方面，农业生产方式更加现代化，乡村生活更加宜居，城乡实现实质性的融合。

分维度指数显示，这类地区城乡联系最紧密，服务共享成为主导城乡融合发展的关键联系，设施联通和技术溢出在城乡融合发展过程的作用有所下降，这意味着设施等建设完善后，相应的赋能效应也会下降，农业生产决定的商品供给联系影响力进一步下降，城乡之间差异城乡社会特征重叠，人口密度、人际关系、产业发展、精神状态等城乡特征界限变得模糊，乡村不仅是食物的重要生产地，也逐渐变成休闲娱乐、提供公共品的主要场所。2014～2018 年的城乡融合发展指数下降明显，主要是受生境质量指标的影响，自 2014 年，乡村环境治理得到改善。根据熵法的权重规则，时间序列值的差异越大，该指标的重要性越大，这些指标的影响会降低整体增长势头。这表明，MRA 中的 URID 更重视生态环境领域。

回归系数显示，MRA 乡村土地利用转型与城乡融合发展之间呈现弱关联性，只有耕地转型与城乡融合发展之间存在显著的正相关关系，说明该类地区已经迈过依赖乡村土地要素投入的发展阶段，处于高水平城乡融合发展阶段。依托城市的带动力量，乡村产业不断复兴，非农人口开始向乡村流动，社会设施和自然设施等不断融合，城乡呈现深层次融合状态。

总体上，以上结果说明，RRA、URA 和 MRA 三类乡村土地利用转型剧烈程度逐渐减弱，城乡融合发展水平也相应提高。代表了随着城市化水平的提升，城乡关系从分隔、对立竞争走向融合互补，基于城市带动乡村的城乡融合发展逻辑，以城市为核心形成的产业链效应、人口迁移效应、社会福利效应等溢出效应，是城乡融合发展的具体表现，越靠近大城市中心，城乡经济、社会的相互依存度越高，城乡融合发展的水平越高，验证了假设 H2：乡村土地利用转型与城乡融合发展之间的关联呈现出动态的阶段性变化。

上述结果表明，传统农业区、城郊农业区和都市农业区的乡村土地利用转型通过城乡联系作用于城乡融合发展，随着城乡融合发展阶段的提升，乡村土地利用转型与城乡融合发展之间的关联性也相应出现阶段性变动。

4.2.5　进一步分析

1. 城乡融合过程的基本特征

根据研究结果，乡村土地利用转型与城乡融合发展水平有密切关系。在乡村振兴与新型城镇化战略的背景下，城市和乡村的发展不应被看作分别独立的过程，而应作为深层次的经济社会结构转变的产物集合体现，有关城乡融合发展的探索代表着向新发展模式的艰难过渡。基于城乡融合发展的动态性特点，要求乡村地域要打破固有的发展路径依赖，推动城乡经济共同体建设、村镇基层治理、传统文化更新与再造等，倒逼现行的乡村土地利用模式做出改变和新的选择，乡村土地利用转型是城乡空间结构再组织的过程，为推进城乡融合发展、激活乡村发展潜力的机制提供线索。

基于乡村土地利用转型的视角，研究发现，乡村地域走城乡融合发展道路具有长期性和阶段性。相应的结果揭示了乡村地域走城乡融合发展道路存在阶段性，不同类型乡村地域的城乡融合发展与乡村土地利用转型之间存在对应关系，但是两者并非保持简单的线性增长关系，而是与城乡联系的多样化和强度有关，这一表现不光取决于建立在乡村特点基础上不同乡村地域导入、承载城乡联系的可能性，也会受到地区经济社会发展水平等外部环境的影响。总体而言，城乡融合发展是激活乡村发展潜力的首要策略，这种发展理念也符合大多数人对未来乡村发展的预期。

2. 政策启示

为进一步探究不同乡村地域城乡融合发展的来自外部环境的驱动力，寻找推动城乡融合的有效政策，对控制变量进一步解析。

GDP 对 URA 城乡融合发展具有正向影响，说明对于城郊附近的农村地区，地区经济发展水平越高，城市规模经济的集聚带动效应越显著，城市为乡村人口提供的发展机会和提升空间大，城市带动乡村的力量强，城市为乡村地区提供的发展机会越多，城乡联系越紧密，这也意味着壮大地区经济是促进该类地区的城乡融合发展的可行途径。

在 RRA 和 MRA 中，人口城市化率对 URID 有积极影响。随着城市化水平的提高，中心城市和城市群已成为承载经济和人口的主要空间形态，形成了城市群发展的增长极，具有较强的驱动力。以人口集聚为代表的高质量城市化缩小了城乡经济社会发展差距，为生产要素在城乡之间的流动和有效配置提供了更多的机会。城市和农村地区通过采用"将城市消费引入农村地区"的理念实现了发展政策的一致性，这促进了农村向"城市日常系统"的空间功能结构的演变（Torreggiani et al.，2012），并实现了优化的 URID。

公共财政预算收入指标的作用不显著，公共财政预算收入代表政府对于公共服务的供应力度，是政府力量的代表，与之相反，没有充分证据来支持这一观点。这预示着对推动城乡融合发展来说，单靠政府力量推动是不足的，需要借助更广泛的市场力量搭建起城乡多样化联系，才真正有利于城乡融合发展的推进。这在很多地方实践中得到验证，如瓦洛（Walo，2016）提出提高农村小额供资的供给和市场信息的获取将加强地方经济发展的城乡联系。单一依靠政府主导的乡村试点建设沦为"景观秀"，缺乏可持续的发展机制。

可见，经济发展水平和城市化水平是推动城乡融合发展的重要驱动力，并在城乡融合发展的不同阶段发挥关键促进作用，也意味着促进城乡融合发展的相关政策需要考虑不同乡村地域的经济发展和城市化水平差异。各地区需要因地制宜，制定推进城乡融合发展的针对性策略。不同类型的农村地区可以采取不同的行动，通过加强或引入城市经济规模效应、城市化以及公共产品和服务提供驱动的城乡联系，来促进城乡一体化发展。

4.2.6 结论

进入 21 世纪后，发展中国家的城市化增长率继续高于发达国家。

快速的城市化进程引发了一系列问题，如过度城市化、城市化滞后、农村经济衰退等。要解决发展中国家城市化的发展困境，必须在充分考虑城乡资源合理配置和利用的前提下，重新探索城市化道路。作为一种理想的发展理念，城乡融合的提出是为了探索从传统的城乡二元结构体系向城乡一体化结构体系的转变过程。本章从不同类型的乡村地域入手，在分析城乡关系传导机制的基础上，提出了乡村土地利用转型与城乡融合发展阶段的动态关系。通过研究发现，城乡地域之间在功能、结构、形态演化方面存在密切的互馈作用，多种城乡联系的叠加效应将对地域空间起到促进或干扰的作用，是实现城乡融合发展的现实基础。乡村土地利用转型是乡村地区对各类用地经济社会收益对比后做出的策略选择，为植入或加强城乡联系打下基础，它会诱导城乡联系向多样化、深层次发展，通过多种传导机制作用于城乡融合发展。研究结果表明：

乡村土地利用转型与城乡融合发展密切相关，不同乡村用地的规模结构变化是城乡多元化联系的产物，如商品供应、人口就业、设施联通、服务共享、技术溢出和生态环境等领域的合作，乡村土地利用转型展现了在城乡联系作用下的乡村地域多功能演化，多种城乡联系体现了城乡在经济、社会、生态等多个领域的融合，构成了城乡之间的物理空间联系与社会支持网络，并随着城乡经济社会发展阶段的不同而不断变化，因此两者之间存在明确的指示关系。其中，耕地、林地和水域的转型是与城乡融合发展联系最为紧密的一类，未利用地和农村居民点用地转型与城乡融合发展联系呈现弱相关。这种变化既体现了已有以土地城镇化为主要形态的土地利用转型路径依赖，也为把握城乡融合发展新趋势下乡村土地利用转型提供线索。

乡村发展的本地条件不同，导入和存在的城乡联系也不同，乡村土地利用转型的表现不同，所处的城乡融合发展阶段也不相同。依据乡村地域所处的区位，越靠近大城市的乡村地域，其城乡联系越多元，城乡联系越紧密，城乡融合发展水平越高。乡村土地利用转型与城乡融合发展之间的关联性也相应出现阶段性变动。乡村地域可以在发挥自身发展优势的基础上，寻找与城市合作的契合点，这为激发乡村内生活力、走本土化发展道路提供了参考。

研究结果发现城乡融合发展是一个多重建构的复合系统，与地区发展阶段息息相关，不是依靠政府力量能推动的；乡村地域通过壮大地区经济、持续提升城镇化水平，增强以市场为主导的政策设计，可以导入或加强城乡联系，进而提升乡村地域的城乡融合发展水平，这为探索推动城乡融合的路径提供了参考。

从用地政策来看，建成区用地规模限制越来越严格，大量农用地转为建设用地的土地利用转型已经成为过去式，乡村土地利用内部的结构调整将成为土地利用转型研究的重点。随着区域集群/网络的发展，乡村地域逐步纳入这一体系，建立在城乡天然功能互补和共同繁荣目标下的城乡融合发展成为必然趋势，乡村地域的发展与土地利用转型是城乡融合发展状态的直接映射。受制于数据，乡村土地利用的隐形转型没有纳入分析框架，在实践中，通过土地综合整治等行动，乡村土地的显性转型最容易实现，但是体现乡村土地利用转型的质量、经营方式、治理组织等难以快速达成目标，这恰恰是城乡融合发展最终实现的关键。未来需要选择村落、农民组织等微观样本，分析乡村土地隐性转型与城乡融合发展的关联性，探寻城乡由物质空间延伸到更高层次的社会空间的融合发展进程。

第5章 适应国土空间保护开发的城镇化格局

空间治理现代化是确保现代化实现的重要一环，也是落实优化新型城镇化发展主体形态与空间布局的要求。面对加快推进生态文明建设和经济高质量发展的新形势，自然资源管理工作对于推进城镇化持续发展、服务经济社会高质量发展具有重大意义。对标城镇化高标准高质量高效能建设目标，在不触及国土空间规划底线下进行弹性管理，协调好自然资源保护与合理开发的关系，构建支撑新型城镇化高质量发展的国土空间开发保护新格局，优化城镇化发展格局、城乡空间布局形态和城镇用地功能布局，为推动以人为核心的新型城镇化建设提供更高质量、更有效率、更加公平、更加可持续的空间保障。

本章首先分析了新时期国土空间保护开发形势，选择烟台市开展实证分析，总结烟台市在"十四五"期间国土空间保护开发方面存在的问题，提出相应的应对举措，以期推动烟台市新型城镇化的高质量发展。

5.1 新时期国土空间保护与开发局面

当前，国土空间保护与开发有了许多新的内容，特别是随着经济的发展，我国产业结构的不断优化和调整以及信息化技术的不断发展，新时期的国土空间保护与开发在内容、形式等方面也与早些时期有了较大区别。探究新时期下国土空间保护与开发相关事项更有助于自然资源综合利用与保护，更加有利于土地改革和土地综合整治，尤其是土地确权、土地综合开发、土地资源保护等各项土地资源开发与保护措施的开展，有利于经济持续健康发展，进而惠及民生，实现全面进步。

随着自然资源机构改革加快推进，国土空间规划编制全面启动，空间治理现代化的机遇与挑战并存。中共中央、国务院于 2019 年 5 月 23 日正式印发了《关于建立国土空间规划体系并监督实施的若干意见》（以下简称《意见》），提出了逐步建立"多规合一"的规划编制审批体系、实施监督体系、法规政策体系和技术标准体系，明确了"五级三类"空间规划依次递进、各类型空间规划层层衔接、规划编制与审批职责清晰的总体框架。此次《意见》特别将"监督实施"提升到和规划体系同等重要的位置，表明了未来国土空间规划的体系，不再是单纯的编制体系，而应成为围绕监督和实施的体系，这和规划从原来的管理增量为主变为管理存量为主的转变是相一致的，这就要求新的"国土空间规划体系"要从传统的编制为核心转向审批监管为核心。作为行政区级别的空间规划编制首先应结合中心城市功能定位，准确界定市级灵活掌握的空间，根据相应的事权确定重点内容，科学设定刚性的实施监管规则，并依据规则完成各类空间转换的优化组合，最终形成有利于促进经济社会发展，实现资源集约高效、永续利用的空间布局，也为城镇建设打下基础。

5.1.1 新理念

必须树立和践行绿水青山就是金山银山的理念，统筹山水林田湖草系统治理。规划先行，是既要金山银山，又要绿水青山的前提，也是让绿水青山变成金山银山的顶层设计。充分挖掘绿水青山的经济效益，不是权宜之计，而是应对风险挑战、实现高质量发展的长久之策。当前，受新冠肺炎疫情冲击和世界经济衰退影响，我国发展面临前所未有的困难挑战。然而，越是面临困难挑战，越要增强生态文明建设的战略定力，越要向绿色转型要出路、向生态产业要动力。抓住机遇、放眼长远、务实行动，我们定能克服困难、化危为机，充分运用生态优势应对变局、开拓新局。

牢牢把握统筹山水林田湖草系统治理的新要求。党的十九大报告指出："建设生态文明是中华民族永续发展的千年大计。"统筹山水林田湖草系统治理，实行最严格的生态环境保护制度，形成绿色发展方式和生活方式，坚定走生产发展、生活富裕、生态良好的文明发展道路。山水林田湖草是一个生命共同体。生态是统一的自然系统，是各种自然要素相互依存而实现循环的自然链条。是新时代推进生态文明建设、实现人与自然和谐共生的行动指南。统筹山水林田湖草系统治理是生态文明建设的重要内容，是贯彻绿色发展理念的有力举措，是破解生态环境难题的必然要求。

5.1.2 新举措

着眼于永续发展，履行好"两统一"职责。2019 年中央对自然资源部门进行整合，整合后的自然资源部门统一行使全民所有自然资源资产所有者职责，统一行使所有国土空间用途管制和生态保护修复职责，着力解决自然资源所有者不到位、空间规划重叠等问题。进一步转变政府职能，坚决破除制约使市场在资源配置中起决定性作用、更好发挥政府作用的体制机制弊端。进一步严格限定政府和市场的边界，防止权力过分集中导致的问题。自然资源部作为我国全民所有自然资源的"大管家"，在具体业务上进一步提高"放管服"的水平，最大限度减少政府对市场资源的直接配置，减少微观事务管理和具体审批，激发各类市场主体活力。

提高规划科学性，合理划定"三区三线"。2019 年，《意见》明确要求，为了提高规划的科学性，要明确国土空间规划是可持续发展蓝图、空间发展的行动指南、高质量发展的基础保障和开发保护建设活动的基本依据。首先，在空间规划编制过程中，一方面要深刻认识资源开发利用与保护现状，另一方面将可持续发展、高质量发展以及以人民为中心的发展观落在空间上。其次，国土空间规划强调生态优先、"底线"思维，以高水平保护倒逼高质量发展。要从传统"重开发、轻保护"的规划理念转变为"生态优先、保护优先"的规划理念，以底线思维谋划未来国土空间的开发利用，以"红线"管理落实底线约束，将人类经济活动限制在资源环境承载力范围内，为可持续发展预留空间，为生态文明建设提供保障。从编制角度来看，要明确优先保护的"底线"，合理划定"三区三线"，落实刚性约束空间，同时，着力协调生产性空间布局与保护性格局之间的关系。"三区三线"的划定作为国土空间规划编制的核心工作，对科学布局生产、生活和生态空间，形成绿色的生产、生活方式，建设生态文明、推进美丽中国建设都具有重要意义。

引导形成科学适度有序的"多规合一"国土空间布局体系。在国家发展规划统领下，将原来的主体功能区规划、国土规划、土地利用总体规划、城乡规划等融合为"国土空间规划"，由自然资源部门管理和监督实施，是党中央作出的重大决策部署。要科学布局生产空间、生活空间、生态空间，体现战略性、提高科学性、加强协调性、强化规划权威，改进规划审批，健全用途管制，监督规划实施，强化国土空间规划对各专项规划的指导约束作用。"多规合一"是解决当前中国国土空间利用管理问题的根本措施，对实现各规划之间的有效衔接、优化国土空间布局、增进经济社会的可持续发展具有重要意义。推进"多规合一"，构建空间规划体系，已成为推进国家治理能力和治理体系现代化，助力生态文明建设和新型城镇化的重要举措。

5.2 "十四五"期间烟台市国土空间保护与开发环境分析

烟台市地处山东半岛中部，东连威海，西接潍坊，西南与青岛毗邻，北濒渤海地形以低山丘陵区为主，整体地貌呈现出中部高、南北低的特点。优质耕地资源集中分布于土壤肥沃、农业发达、粮棉油主产地的南部平原区。园地主要集中分布在林果业发达、重要水源保护地的中部低山丘陵区，其中以栖霞市尤甚；各类林地、草地等基础性生态用地主要分布于中部低山丘陵区以及东部的牟平区。城镇工矿用地多分布于水路交通便捷、人口密度较大、湿地资源丰富的北部沿海区域。宜开发低丘缓坡未利用地主要分布在北部的福山区和南部的莱阳市、海阳市。全市海岸（岛）线绵长，水产资源多样，并且沿海大陆架储有丰富的石油和天然气资源。①

从空间上看，烟台市国土空间适宜建设区呈现出显著的"小集

---

① 烟台市整体概述的资料来源：中共烟台市委党史研究院，http：//dsyjy. yantai. gov. cn/art/2014/4/30/art_1309_377086. html。

聚"，较适宜建设区呈现出"大分散"的空间分布特征。适宜建设区主要以片状形式分布于主城区和各县市区的中心城区。这些地区是烟台市现有国土空间开发建设强度最高，人口密度最大，经济活动最活跃，发展潜力最大的区域，在烟台市未来的发展中，需要做好建设用地资源的充足保障。除此之外的适宜建设区也零星分布于中心城区周围，这意味着评价结果可以为将来烟台市城镇体系规划布局建设提供一定的科学参考。较适宜建设区的分布比较分散，一般空间镶嵌在不适宜建设区和较不适宜建设区之间。由此可见，烟台市大部分现状建设用地的开发建设适宜性为较适宜和适宜。其中，各区县的现状建设用地开发建设适宜性主要是适宜，均占到全市建设用地总面积的 50% 以上，不适宜开发建设的面积相对较少，这些地区的建设用地分布较为合理，适宜建设的区域都得到了很大程度的开发利用。

就目前来看，烟台市处于适宜开发建设和较适宜开发建设的用地主要分布在栖霞市、海阳市和牟平区，规划期间可以根据经济发展条件适当取用，但应当充分考虑其资源环境承载力。芝罘区大部分适宜建设和较适宜建设区的用地都开发成了建设用地，剩余还可开发的规模与其他区县相比较小。

107

5.2.1　面临的问题

1. 生态保护修复形势严峻

烟台作为资源大市、海洋大市，生态保护形势十分严峻。修山、治水、造林、护田等工作之间联系不够紧密，缺乏从生态系统的完整性和结构连通性角度对国土空间生态保护修复关键区域进行诊断和识别。生态功能区生态修复局面严峻，历史遗留的废弃矿山导致严重的景观破坏和环境污染问题，地质灾害风险高，威胁人民群众财产和生命安全。海岸带保护修复需要加强，人工岛、多突堤、区块组团等高效岸线利用方式未得到有效推广，导致海岸线的再生机制受到了制约。地质灾害综合治理能力有待提升，需要充分运用避险搬迁、工程治理、专业监测等综合治理手段，全面排查整治地质灾害隐患点，增建应急救援等工程设施，提高抵御风险能力。

2. 资源环境约束趋紧

面对新旧动能转换迫切，城乡建设历史欠账较多的局面，烟台的资源环境约束趋紧，自然资源供应形势严峻。其中，较为突出的是土地资源利用粗放问题，存在土地开发强度较低、工业用地分布零散破碎、工业用地利用效率不高等一系列问题，低效问题突出，"城中村""棚户区""空闲地"等再开发方式单一，市场化程度有待提升，存在利益难调、力量难聚、资金难筹等诸多现实困难。国土绿化可拓展空间减少，通过连续多年开展大规模国土绿化行动，烟台市现有荒山荒滩等宜林地越来越少；矿产行业多处于初级加工阶段，优质潜在矿产和稀缺矿种开采技术水平有待提升。

3. 国土空间格局有待优化

面对烟台市高标准高质量高效能建设要求，更需要提升城市品质，充分体现城市文化魅力。城市综合承载能力有待增强，老城区的发展相对滞后，人口密度高、建筑密度高、交通密度高的"三高"现象较为突出，公共服务及基础设施品质有待提升。森林城市建设有待深入，城市、村镇内部生态用地所占比例较小。城市综合整治与有机更新有待统筹，未能全面实现城市功能与自然资源高效利用的有机统一。城市地下空间开发利用和综合管廊建设缺乏整体布局和长远谋划。线性基础设施用地缺乏整合，高速公路、铁路等无序穿越分割生态、农业、城镇三类空间。

4. 海洋资源开发空间有待整合

烟台市是环渤海的重要经济区，居于山东半岛蓝色经济区的核心区段。其近海水域和海岸带空间广阔，海洋资源丰富，海洋经济一直是全市国民经济的重要组成部分。烟台市地处北温带，沿岸众多河流入海，营养盐丰富，饵料生物充足，是多种经济鱼虾的产卵、索饵、洄游通道，也是我国优势水产品主产区。同时，烟台市滨海旅游岸线优良，海洋旅游资源以海滨和近海岛屿为主，拥有众多天然沙滩浴场，近海水域海岛海岸海蚀地貌丰富独特。海岸沿线拥有蓬莱历史文化、烟台山开埠文化、庙岛妈祖文化、秦皇东巡、徐福东渡、海上丝绸之路、东海神庙等海洋文化旅游资源，是开展综合性海洋观光和休闲度假旅游的理想目的地。在海洋资源开发方向与空间利用上存在一定的冲突，需要对港口、岸线、海岛等资源进行统筹安排。

5. 治理能力建设有待推进

沿海局部地区开发布局与海洋资源环境承载能力存在冲突重叠现象，海陆开发利用有待统筹。海陆开发利用协调性不足，岸线保护要求与陆域开发活动不符，海陆主导功能缺乏有效衔接，本该优化利用的岸线两侧未能高效开发。海域生态保护红线与现状陆域存在交叉，导致部分城镇开发边界、镇、村等人类活动密集区划入海域红线，限制了当地经济发展同时也给红线管理造成了一定难度。

5.2.2　原因分析

国土空间保护与开发相关工作协调能力较弱。虽然新时期下国土空间保护与开发工作取得了一些骄人的成绩，但在一些方面还是存在着一些典型的问题，特别是在国土空间保护与开发协调能力方面，存在着协调能力较弱等情况。主要体现为：一是由于自然资源的开发与保护涉及诸多领域，因此在职能部门划分上，部分职能部门存在着自然资源所有权主体虚位等情况，而所有权主体虚位则会造成部门与部门、部门与各级政府、部门与站所、站所与各级政府之间存在着职责划分不清，协调能力较弱，国土空间保护与开发权责不统一等现象。解决方法是，在新时期下的自然开发与保护中，要根据"一岗双责"以及相关法律法规要求，完善各级政府、自然资源职能部门、站所等组织机构，并进一步确定自然资源职能部门所有权的责任主体，将各个部门的职责细分化，制定严格的奖惩制度，进一步建立健全相关国土空间保护与开发中各级政府以及职能部门之间的协调机制，综合协调开展国土空间保护与开发相关工作。

自然资源市场效应不明显。自然资源的市场效应，主要指以市场为主导，来决定国土空间保护与开发中的资源分配，利益分配等问题。近年来，我国在自然资源的开发与保护中，逐步增加了市场对于自然资源的开发与保护的比重，但就现阶段而言，自然资源的市场化还存在地区发展不均衡，有偿使用制度不完善，对于现阶段的市场规则没有统一的可参考的标准，以及市场效应不明显，行政调控手段偏多等问题。解决办法是：第一，尽快完成自然资源的确权工作，特别是土地资源的确权，建立健全自然资源的档案管理工作，为国土空间保护与开发的市场化发展奠定良好基础；第二，尽快完善相关的自然资源市场化方面的法律法规，为自然资源使用权、收益权等提供明确的法治保障；第三，简政放权，在合理合法的基础上，进一步放宽国土空间保护与开发的市场限制条件，优化市场配置；第四，尽快建立自然资源使用权有偿使用制度，建立健全全民所有自然资源国家权益金制度等；第五，强化职能部门的监督与执法作用，要通过对职能部门人员培训等方式，进一步提升职能部门的人员综合素质，对自然资源市场中的不规范交易行为，相关职能部门要做好监督、执法等工作。造成自然资源资产流失的，要依法依规进行相关的责任追究。创新不足，落实国家、省政策为主，缺乏体制机制创新。

5.2.3　应对策略

以"十四五"规划建议为基本遵循，构建新发展格局。构建新发展格局，一是要加快构建以国内大循环为主体、国内国际双循环相互促进的新发展格局，要打通从生产分配到流通消费等诸多环节的堵点，要优化土地、劳动力等生产要素宏观配置的结构。二是要突出社会经济高质量发展、高水平发展、和谐发展和绿色发展的目标，自然资源部门要加强对空间布局、优化配置、生态治理、高效利用、确权登记等工作重点的划定。这些重点是推进国家治理体系和治理能力现代化的要求，具有鲜明的时代性。三是明确加强国内油气勘探开发、加强自然资源调查评价监测、提高海洋资源以及矿产资源开发利用保护水平等目标任务。其中，保障能源和战略性矿产安全的任务尤其繁重，对加强国家地质工作、矿产资源管理、地学科技攻关要有更新更高的要求。

应对新时期新挑战，须加强系统性统筹谋划。进入新发展阶段，要坚定不移贯彻新发展理念，加快构建新发展格局，要加强前瞻性思考、全局性谋划、战略性布局和整体性推进。认真落实中央的要求，解决自然资源管理领域的诸多问题，加强系统性统筹。

在自然资源开发利用方面，在以往自然资源开发利用强度较高的时期，主要侧重自然资源开发利用的管理和规范，后续应加强对自然资源开发后的修复治理，在保障质量的前提下高效解决自然资源和生态修复历史欠账问题，健全生态修复机制。同时，烟台市存在一定程度上的土地利用粗放、整治不足问题，在快速推进城镇化进程中，如何提高土地利用效率，优化土地利用结构和空间布局，是自然资源管理工作中的重点。

对于矿产资源领域，新时期预期达到的诸多发展目标，对保障能源和战略性矿产资源安全提出了更高的要求。例如，强化国家战略科技力量、实施一批前瞻性战略性国家重大科技项目。同时，要统筹推进基础设施建设，在推进交通水利等重大工程建设的过程中，急需提高黑色金属和砂石土等建筑材料矿产的供给能力；推进能源革命，发展绿色建筑，需要加快洁净能源的勘查开发与推广利用。

针对国土空间规划和用途管制领域，需真正把绿色、共享的新发展理念落实到位，在空间规划编制过程中要严格管控开发边界扩大、永久基本农田布局调整、生态保护红线面积划定等事项。此外，探索各类标准在修订和整合、管制要求、管制内容、管制标准方面的内容，进一步健全完善用途管制激励惩处等机制。优化国土空间布局是一个动态过程，也是一个不断创新探索的过程。

乡村振兴战略是我国继扶贫攻坚战略之后又一全局性重大发展战略，关乎 2035 年基本实现社会主义现代化全局，这个行动的内容与自然资源的工作高度契合，高度关注和重点部门职能交叉和农村土地管理弱化迹象等问题。

秉承新发展理念，坚守人与自然和谐底线。切实做好"十四五"期间谋篇布局，重点是保障供给，难点在统筹协调，出路是绿色发展，关键在制度创新。保障安全、统筹协调、绿色发展和制度创新是"十四五"自然资源领域的关键词。

"十四五"时期要在进一步强化耕地保护和保障经济社会发展的资源供给的同时，重点促进资源优化配置、实行自然休养生息。国家能源和战略性矿产资源安全保障工程十分重要，建议研究设立国家能源和战略性矿产资源安全保障区和保护区，统筹协调地质找矿与生态保护修复的空间关系。从多维空间与中长期时间等维度上，给国家战略资源的绿色有序开发留出合理的空间和制度接口。

处理好人与自然的关系，应从加强自然资源严格管理抓起，把保护与发展、人与自然的辩证统一关系落实到自然资源保护和合理开发利用的各个方面、各个环节。当前国土空间规划编制处于关键阶段，必须树牢人与自然和谐共生的理念，充分考虑县城、中心镇、中心村的区划布局，自然禀赋、城镇化趋势等要素，科学判断人口规模，合理配套基础和公共文化设施。充分考虑民工潮现象、农业转移人口市民化趋势，合理布局产业，吸引农村劳动力就地就业。统筹协调好生态保护区红线划定后勘查开采的进退政策，有效实现与"三区三线"的有机衔接和有机融合。

5.3 "十四五"期间烟台市国土空间保护与开发举措

当前，烟台市城镇发展处于从外延式发展向内涵式发展转变的历史时期，面对经济发展新常态和新旧动能转换要求，国土空间总体规划将用于指导未来城市发展的施政纲领，是新时期城镇开发建设的主要指导性规划，将对烟台在新的历史时期中的城镇化发展发挥重要作用。"十四五"期间烟台市城镇化发展格局的具体构想如下：

集约节约，明确城镇开发边界底线。国土空间规划的"三区三线"边界出现的初衷就是控制城市蔓延，保护耕地和生态环境，特别是对于烟台来说，市域范围内山体众多，山地占总面积的1/3以上，同时作为沿海城市，也需要对海洋生态环境进行合理保护，因此烟台的生态保护需求较为迫切。一方面，在划定城镇开发边界时，坚持底线思维，在资源环境承载能力和国土空间开发适宜性评价的基础上，明确适宜、一般适宜和不适宜城镇开发的地域空间，为城镇开发边界的划定确定基础。优先识别城镇发展的限制因素和突出问题，明确需要保护的生态底线与各类法定管控区，优先划定不能进行开发建设的范围，保护生态空间，促进形成山水林田湖草与城乡之间和谐共生的格局。要统筹划定生态保护红线、永久基本农田、城镇开发边界，保证城镇开发边界尽量不触碰生态保护红线和永久基本农田。另一方面，在划定城镇开发边界时，要以最小的自然资源消耗取得最大的效益，提高土地利用效率，这也是促进经济繁荣和可持续发展的重要取向。要优先研判城镇土地利用效率，识别低效用地和存量用地，在严控增量的同时盘活存量，科学设置土地的开发强度，提高城镇用地的利用效率。另外，也要通过优化城镇结构等方式综合提升城镇用地的利用效率，提高城镇建设用地集约化程度。

顺应规律，积极打造核心园区载体。国土空间开发与保护不是为了限制城镇发展，而是要通过这一手段，倒逼城镇转型发展，提高土地利用效率。因此要顺应城镇发展，通过合理划定，保证城镇土地的高效利用，推动城镇转型发展。烟台作为一个工业强市，工业园区实力强劲，除增强工业用地的集约高效利用外，也要明确强大的工业需要充足的土地供应。并在综合承载能力的基础上，科学研判烟台市未来城镇化的发展需求，优化城镇形态和布局，促进城镇有序、适度、紧凑发展，实现多中心、网络化、组团式、集约型的城乡国土空间格局。

战略引领，上下联动纵深推进新型城镇化建设。城市工作会议报告指出城市建设要让居民"望得见山，看得见水，记得住乡愁"，美丽、合理的国土空间将形成良好的人居环境，会给人带来身心的舒适和安逸的感受。在新型城镇化建设时，要把人的体验和感受融进去，统筹安排城镇生产生活生态空间，突出烟台自然与人文特色，体现山、海、城、岛、河的风貌特征和历史人文特色，充分考虑以人为本，因势利导，塑造烟台高品质人居环境，把城市放在大自然中，让居民望得见山、看得见水（海）、记得住乡愁。同时，分析行政辖区内不同城镇的人口和用地规模，综合研判城镇主要发展方向，平衡全域和局部、近期和长远、供给和需求，提出城镇空间结构和功能布局。根据烟台实际，划定特别用途区，包括对城镇功能和空间格局有重要影响、与城镇空间联系密切的山体、河湖水系、生态湿地、风景游憩空间、防护隔离空间、农业景观、古迹遗址等地域空间。做好与城镇集中建设区的蓝绿空间衔接，形成完整的城镇生态网络，是提升城市品质的重要功能区域。

合理布局，预留城镇未来发展的弹性空间。空间增长因为经济、社会、技术、政治等因素的影响，使其前景充满了不确定性。针对烟台现状城镇化发展水平和阶段特征以及挑战，以主体功能定位为导向，兼顾保护和发展需求、兼顾近期和长远发展，在严格实行建设用地总量控制的同时，实现强度控制；同时，要充分考虑城镇未来发展的不确定性，适当增加布局弹性，合理设置一定比例的弹性发展区，在集中建设区中科学预留少量比例的留白区。体现"规模刚性，布局弹性"的原则，在与城镇集中建设区充分衔接、关联的基础上，在适宜进行城镇开发的地域空间合理划定城镇弹性发展区，做到规模适度、设施支撑可行。城镇弹性发展区面积尽量不超过城镇集中建设区面积约15%。在城镇的发展过程中不断检视城镇功能结构和生态系统的变化状况，判断其是否朝着优化完善的方向演进，并通过弹性发展区和留白区进行合理修正。

面对新时代、新起点，全面落实烟台市"十四五"期间构建"制造业强市、海洋经济大市、宜业宜居宜游和现代化国际滨海城市"的目标要求，依据烟台市国土空间双评价、国土综合整治等专题确定的"十四五"时期工作重点项目库，全面把握烟台市自然资源开发面临的生态保护红线、环境质量底线、资源利用上线约束，统筹推进自然资源保护开发的各项工程。烟台市"十四五"期间自然资源领域面对和解决的主要重大事项如下。

5.3.1　强化国土综合整治与生态修复

1. 综合整治与生态修复分区

为合理布设烟台市国土综合整治空间，推进各类区域高效、协调、可持续开发，促进生产空间集约高效、生活空间宜居适度、生态空间山清水秀，构建"三生"空间合理格局。依据山东省功能区划安排，按照自然条件和社会经济条件的差异性以及土地利用结构、方向等一致性，以乡镇级行政区为单元，将烟台市分为"三区一带"国土综合整治区，三区即北部城乡统筹整治区、中部绿色发展生态空间治理区和南部多功能生产空间优化区，"一带"即南北海岸生态修复带。

（1）北部城乡统筹整治区。

统筹发展经济建设与生态保护。北部城乡统筹整治区位于烟台市北部沿海，地貌以平原和低丘为主，海岸线曲折漫长，海洋资源丰富。该区大部分在国家、省确定的优化开发区内。陆海交通便捷，高等级公路纵横交错，港口众多，空运产业发展迅速，区位优势明显，是"环山东半岛发展带"北部重要组成部分，区内经济发展水平较高，城乡建设拓展迅速，是全市经济社会发展主要区域，形成以烟台市中心城区为领先增长极，蓬莱、龙口、招远、莱州城区为崛起增长极的区域发展格局。

区域整治要处理好与经济发展、生态保护等关系，考虑"多极"发展需要，推进"城中村"、空闲土地等城镇低效用地再开发，加快城乡增减挂钩、工矿废弃地调整利用等存量用地整治，保障区域"多极"和镇村建设用地拓展需要；协调农用地整理、建设发展与北部沿海滨海保护带等生态建设，优化"三生"空间。

（2）中部绿色发展生态空间治理区。

在维持生态环境的同时发展特色农业。中部绿色发展生态空间治理区位于烟台市中部，地形地貌复杂，以山地、丘陵为主。该区大部分在省主体功能区的限制开发区域和禁止开发区域内。区域内山清水秀、生态良好，是全市森林公园、自然保护区和水源保护地的主要分布区；同时区内矿产资源丰富，矿产产业布局广泛，产业规模较大。区域内形成以林果生产为主的特色农业，以机电、环保、食品、建材、纺织等为主的工业和以旅游为主的服务业为主的产业发展格局。区域整治注重区域生态环境建设与保护，对中部低山丘陵区进行科学、合理、适度整治。合理布设高标准农田示范区，发展节水农业，强化区域农田水利设施建设；适当推进低效园地整理，推进"烟台苹果"为主的特色林果基地建设，发展高效生态农业；加大矿区地质环境生态治理与土地复垦，提升矿山环境恢复率，强化山区水土流失治理；构建并保护好以基本农田等农用地为基质，以山体为屏障，以河流、道路林网为廊道，以自然保护区、森林公园、水源地等为保护核有机生态网络格局。

（3）南部多功能生产空间优化区。

建设高标准农田，开展土地整理。南部多功能生产空间优化区以平原和丘陵为主，地势相对平缓。区内土地肥沃，农业基础设施完善，灌排条件良好，是烟台市粮、油、菜的主要产区。区域地处蓝烟铁路、同三高速和荣乌高速廊道，同时又是"青烟发展轴"和"环山东半岛发展带"交叉地带，被授予烟台"南部崛起带"称号。区域整治以推进农业现代化建设和提升粮油菜供给功能区地位为目标，大力推进以莱阳示范县为主的高标准农田建设，开展"田、水、路、林、村"综合治理。做好村镇规划，适度开展农村建设用地整理，引导农村住宅向中心村布设，村镇企业向园区集中；协调南部丁字湾旅游产业集聚区、海洋旅游度假区发展与南部滨海保护带生态保护，推进区域土地生态整治。

（4）南北海岸生态修复带。

大力开展生态修复工作。烟台海岸生态修复带分为南、北两部分，该区域包含了岸线受损区域、海水质量低区域（三类海水）、海浪灾害危险性高区域（四级灾害区）、海水入侵区域及海岸带侵蚀高风险区域五类待修复区。该区域生态修复应大量开展涉及沙滩养护、海岸侵蚀防护、滨海湿地修复、海岛整治修复、海岸景观修复、污染治理等诸多方面的海岸整治修复工程，通过拆除不合理人工设施恢复海岸原始面貌，通过淤积清理、海滩人工养护、污水处理、海岸加固与防护工程建设、人工湿地构建、植被修复等多重手段，恢复烟台市南北海岸带生态环境，并加强海岸带开发利用监管和生态修复监察，持续推进烟台海岸带生态修复。

2. 国土综合整治与生态修复重点区域

国土综合整治不能脱离自然系统、经济系统和生态系统的框架，由于各区域的经济发展水平、土地资源利用方式与土地利用结构具有明显的差异性，需要制定差别化的国土综合整治目标、模式及对策，落实重点区域内土地整治任务并形成规模集聚效益，保障国土综合整治规划达到良好的预期效果。

（1）农用地整治重点区域与策略。

以发展生态农业和节水农业为重点。烟台市中南部山地丘陵地区的农用地整治潜力整体上较大，其山地耕作的产出率有待进一步提高。但对于生态环境相对脆弱的山地丘陵地区来说，不合理的开发极易引发水土流失等生态问题，需通过科学、合理的整治来重点发展生态农业和节水农业，加强农业水利设施建设，充分发挥区域传统特色农业的优势，合理安排作物和耕作制度，进一步扩大"烟台苹果""烟台大樱桃"等特色农产品的品牌知名度，延长农产品产业链，积极与知名电商进行合作，依托先进的物流业和保鲜技术，拓宽市场，在谋求农业经济发展的同时兼顾可持续发展与绿色发展。

利用科技手段提升农业现代化水平。南部的莱阳市、海阳市和莱州市的部分乡镇以平原和丘陵地形为主，地形相对平坦，土壤肥沃，灌溉水源充足，更适宜于布局连片耕地，这种地区也将成为未来烟台市农用地整治的重点区域。通过土地平整、小田并大田、减少田坎等工程措施和生物措施可以提高农业生产效率，有利于引进农业机械，不断推进农业现代化。进一步提升农用地整治数量潜力的挖掘和质量，巩固和提升其粮油菜供给功能区地位。

协调优化三生空间，维持土地生态保育功能。北部沿海地区以平原和低丘地形为主，海岸线曲折漫长，是烟台市市区和经济较为发达的区域，大部分位于国家和省划定的优化开发区内，未来这些区域的产业类型将以第二、第三产业为主，农用地比重较低，未来需要处理好生态保护与经济发展之间的关系，对滨海保护地带进行生态建设，进一步优化三生空间。

（2）农村建设用地整治重点区域与策略。

推进高效生态农业建设，因地制宜进行土地整治。中部低山丘陵重点整治区域境内地势起伏和缓，沟谷浅宽，地下水资源丰富，生态环境良好，具有较大的整治潜力。遵循合理开发、适度整治与加强区域生态环境保护建设的原则，在综合研究资源环境承载能力的基础上，采用工程和生物措施，选择土地条件较好的待整治建设用地进行开发，加强农田水利基础设施建设，补充高质量有效耕地面积。按照优质高效农业的发展定位，在调整农村经济结构的基础上，适当推进低效园地改造，推进烟台苹果、大樱桃、草莓为主的优势特色农业产业带建设，发展高效生态农业。强化丘陵地区水土流失治理，因地制宜采取整村搬迁、并村自建等多种整治模式，分期分批实施农村建设用地整治。加大对农村垃圾、污水治理、农村环境卫生日常管护、村庄规划编制、村容村貌提升等工作的统筹布局，加强特色景观与特色村庄的保护，全面推进美丽乡村建设。

协调"多极"发展需求，优化城乡建设用地格局。北部沿海重点整治区境内地貌以平原和低丘为主，资源丰富，交通发达，地理位置优越，经济发展水平较高。以优化城乡建设用地格局，统筹城乡发展为目标，在保证项目区内各类土地面积平衡的基础上，在可控的区域范围内合理划分城乡建设用地增减挂钩区域，以点带面，通过建新拆旧和土地综合整治，挖掘城乡建设用地潜力，促进土地资源节约集约利用。在规划城镇发展区内，优先考虑城乡接合部地区，严格限制现有村庄旧房扩建，鼓励农民腾退宅基地。区内建新和拆旧地块要相对接近，便于实施和管理，并避让基本农田。区域整治要考虑"多极"发展需要，协调农用地整治、建设发展与北部沿海滨海保护带等生态建设，对不同级别的生态敏感区实施不同的空间管制措施，促进区域资源的合理开发利用。

（3）城镇低效用地再开发重点区域策略。

积极开展旧城镇改造。依据烟台市节约集约用地和城镇建设规划要求，制定改造计划，科学规划城镇改造单元，明确城镇职能、用地布局、主导产业，做好城镇改造的时序安排，做到改造单元功能用途协调、建设集中连片、产业关联发展，避免由于规划控制不力而造成混乱。积极开展城镇更新改造，重点做好基础设施落后、人居环境恶劣、畸零细碎或与城镇功能定位不符区域的更新改造，挖掘用地潜力。探索挂钩周转指标安排与中心城区用地效率提高的联动机制，加大财政、土地等政策的支持力度，形成城镇更新改造的促进机制，针对福山区重点开展下夼、西山等旧城镇改造项目。

引导工业集聚发展。烟台市城镇低效用地再开发重点区域的待整治土地性质多为工业用地，应制定工业用地节约集约利用的激励政策，推广应用多层标准厂房，盘活土地资产，提高工业用地经济密度，实现从粗放型向集约型转变。制定合理的产业用地政策，积极发挥用地标准和价格手段的调控作用，建立产业发展的协调推动机制，科学配置不同类型、规模的企业用地，实现产业整体协同发展，提升整体功能和综合效益。探索建立工业园区建设和管理新模式，积极引入社会资金，引导分散企业向工业园区和生产基地集中，促进集中布局、集约用地。还需加强工业用地使用监管，严格落实闲置土地处置办法，抑制土地的低效、闲置和不合理利用。

推进城镇用地内部结构调整。积极引导烟台市城镇低效用地再开发重点区域内部用地结构调整，合理调整城镇用地供应结构，针对福山区供地空闲的土地项目进行重点开发建设，优先保障基础设施、公共服务设施、廉租住房、经济适用房及普通住宅建设用地，切实保障民生用地。充分利用城市土地的极差效益，将高耗能、高污染企业迁出，发展以金融、贸易为主体的第三产业和高新技术产业，改善城镇环境质量，提高土地利用效益。这一整治措施需充分发挥专项规划的统领作用，要求重点整治区域人民政府结合地方实际，提出低效用地的具体认定标准，做好调查摸底、标图建库和项目实施方案编制等基础工作，重点组织编制低效用地再开发专项规划，加强规划对开发规模、布局、用途、时序的统领。此外，还需制定激励措施，在一定程度上鼓励原国有土地使用权人自主或联合改造开发，积极引导城中村集体建设用地改造开发，鼓励产业转型升级优化用地结构，鼓励集中成片开发，并加强公共设施和民生项目建设。

（4）土地复垦重点区域策略。

重视生态修复，加强废弃地污染治理。对于重点区域内全面复垦生产建设新损毁土地，分期有序复垦历史遗留生产建设损毁土地，及时复垦自然灾害损毁土地，强化复垦区域生态环境治理，推进损毁土地有效利用，对塌陷、采空区进行填充，对危岩、危石进行削（清）方和坡面整形，达到消除隐患和减载降坡的效果，削方后的碎石以不外运为原则，就地堆放，用以挡土墙支护。注重修复生态环境，对压占地块表层碎石、废渣进行清理，尽量深翻土层，加强土壤改良的综合治理，对于部分存在污染的废渣场、尾矿库等地块施加土壤改良剂，防治重金属污染。视废弃地破坏情况，开展稳固地表、危房搬迁避让、污染治理平整场地。

（5）宜耕未利用地开发重点区域策略。

结合农田防护生态建设合理开发。土地开发中注重农田水利等基础设施建设，从土地开发技术和农业利用多元化的角度缓解该地区农业发展的压力。以宜农未利用地开发为主，因地制宜开垦宜耕未利用地，适度增加园地、林地和其他农用地，鼓励农用地多用途利用，强化土地开发与环境保护。土地开发与土地保护并重，结合农用地整治和农村居民点整治工程，在开发未利用地的同时重视生态环境的保护，依托丘陵地区优势，大力培育生态经济，实现土地的多种用途共存以及人与自然的和谐共生。

（6）生态修复重点区域与策略。

加强重要水源地保护。保持门楼水库、沐浴水库、龙门口水库、王屋水库、高陵水库、庵里水库总体水质优良水平。严格控制莱州—龙口、福山—牟平浅层地下水开采，防止沿海地区地下水过量开采以及海水入侵。开展地下水环境状况调查评估，划定地下水污染治理区、防控区和一般保护区，开展地下水污染治理和生态修复。优化全域水生态系统，以大沽夹河、黄水河、五龙河、界河、王河、辛安河、黄垒河和大沽河等主要河流及其上游水库湿地为重点，推进湿地自然保护区功能恢复和湿地公园建设。因地制宜开展退耕还湿，对改为他用或功能退化的湿地，实施湿地还原、生态补水、生物水质净化、生态自然修复等措施，逐步恢复湿地功能。加大滨海湿地、河口和海湾典型生态系统保护力度，有效保护重要、敏感和脆弱海洋生态系统。重点加强长岛国家级海洋公园和芝罘海域岛屿生态系统，莱阳五龙河口和莱州、蓬莱登州等滩涂湿地生态系统保护。

加强重点污染区生态治理与修复。以芝罘区、莱山区和牟平区为重点，进一步开展全市城镇建成区黑臭水体排查，以解决城市建成区污水直排环境和垃圾沿河堆放问题为重点，采取控源截污、内源治理、生态修复等措施，制订实施方案和整治计划。以城市周边、重污染工矿企业、集中污染治理设施周边、重金属污染防治重点区域、集中式饮用水水源地周边、废弃物堆存场地等区域被污染耕地和被污染地块为重点，按照"风险可接受、技术可操作、经济可承受"原则，实施土壤污染治理与修复试点示范项目，探索适合本地土壤污染治理与修复技术。

5.3.2　优化城镇空间格局

1. 完善空间结构

分主次有序完善市区空间总体结构。在市域层面，结合烟台发展条件，落实新时期发展要求，构建海陆统筹、生态保育共同发展的市域空间总体结构。一是明确烟台城市空间发展的重点方向，主动对接东北振兴、"一带一路"等国家发展重大议题，建设滨海城镇发展带，突出烟台滨海一线的特点，聚焦突出海洋文化和经济，依托环渤海高铁等交通通道在大区域上融入环渤海湾。二是依托国家东部沿海通道在延续传统烟青发展轴基础上创新拓展，在陆地走向基础上加入海上因素，促进海陆统筹发展，强化将烟台融入国家东部沿海走廊，利用已有基础彰显对接日韩优势以及"21世纪海上丝绸之路"的新区域关系。三是加强城市生态保育功能，在市域中部位置突出生态绿心，持续推进烟台的生态森林城市建设进程，坚持集中、集聚、集约发展，促进形成环境优势互补的差异空间协调发展格局。

按照有序发展思路，形成融合发展新格局。在市辖区层面，结合各区功能定位，发挥比较优势，突出地域特色，科学有序统筹布局生态、农业、城镇等功能空间，统筹地上地下空间综合利用，形成融合发展的局面，由原本单纯的带形城市结构走向更加趋于网络化的组合城市结构。一是在中心城区做优做强存量空间，注重生态建设与文脉传承，综合提高生活品质，空间上构建港城和谐、产城一体、功能混合的用地布局；二是全方位推动市辖区高质量一体化发展，加快规划布局、产业协同、交通体系、公用事业、公共服务、绿色发展一体化建设，促进城区融合；三是不断完善市级公共服务职能，提升城市品质和产业层次，加快老城区有机更新改造，提升重点功能区品质，不断改善人居环境。

2. 优化功能布局

立足自身优势和发展条件，统筹优化功能布局。在市辖区功能布局上，从大尺度立足优化产城和港城关系，结合现状组团式的建设情况与烟台地形地貌特征，不拘泥行政边界划分的固有束缚，以整合功能为导向，以山水生态格局为基底，进一步分成大小不一的多个功能组团，强调特色化、差异化发展。组团适度打破行政区划的束缚，统筹功能配置。组团功能的划分立足体现烟台特色，涵盖生态服务、生活及综合服务、生产创新三类主题，各自具备相对主导和专业化职能，相互之间密切联系，形成功能联动与融合。

5.3.3　细化海陆统筹发展

"十四五"时期烟台市细化海陆统筹方面的重点事项报告如下：

1. 开展海洋空间功能分区

海洋生态保护区以生态保护修复为主。区内严格执行《关于划定并严守生态保护红线的若干意见》《生态保护红线划定指南》《海洋生态保护红线划定技术指南》以及国家和地方自然保护区、海洋特别保护区等有关法律法规，应加强用海活动监督与环境监测，严格限制保护区内影响干扰保护对象的用海活动，维护、恢复、改善海洋生态环境和生物多样性，保护自然景观，提高保护水平。加强海洋生态保护区功能区运行质量的监控、管理，整治区内的不合理用海工程，修复受损的海洋生态系统。

海洋生态保护区应对构成该海洋生态系统完整性的生态空间结构单元进行重点保护。如岛屿生态区应保护岛体、水下岸礁、海岛滩涂，滨海湿地生态系统区要保护潮上带、潮间带和潮下带的完整生态系统。海洋生态保护区的环境保护重点是根据空间区所处的区位，防治陆源排污、河流污染以及相邻海洋空间开发分区的污染物输入。

自然保留区以严格保护自然生态功能为主。区内应依据海洋空间的区位特征和现状，保护其海洋自然生态功能，如沿岸区要保护海岸防护功能、浅海区要保护海洋环境功能、近海区要维护海洋航运功能等。环境保护目标重点是保护自然自净能力和水质自然恢复，控制新增污染源。保留区严禁随意开发，禁止改变海域自然属性的用海活动，允许开放式、不排他、不固定地临时用海，不得擅自改变海岸、海底地形地貌其他自然生态环境原有状态。

海洋发展区根据具体发展方向适度开发。海洋发展区是指允许集中开展开发利用活动的海域以及允许适度开展开发利用活动的无居民海岛，包括渔业利用区、交通运输用海区、工业用海区、矿产与能源用海区、旅游休闲娱乐用海区以及无居民海岛利用区。

渔业利用区主要用于渔业基础设施、开发利用和养护渔业资源的用海活动，限制近海捕捞，近岸围海养殖控制在现有规模，发展现代渔业，保障海洋食品清洁、健康生产。海岸基本功能区主要用于近岸渔港、渔业基础设施基地建设，近海基本功能区主要用于开放式养殖、捕捞、渔业资源养护、海洋牧场建设。禁止在规定的渔业利用区内进行有碍渔业生产、损害水生生物资源和污染水域环境的活动。其他用海活动要处理好与养殖、捕捞之间的关系，避免相互影响。逐步调整区内不符合功能区管理要求的海域使用项目，整治环境质量不达标海域，修复区内受损的海岛、海岸、河口海湾等生态系统，保护水产种质资源、重要经济渔业品种及其产卵场、越冬场、索饵场和洄游通道等重要渔业水域。

交通运输海区主要用于港口建设、海上航运及其他直接为海上交通运输服务的活动，禁止在港区、锚地、航道、通航密集区以及规定的航路内进行与航运无关、有碍航行安全的活动，避免其他工程占用深水岸线资源，锚地、航道应优先在港口航运区内选划。在未开发利用的港区内，无碍港口功能发挥的海洋开发活动应予以保留，但上述开发利用活动在港口开展建设时，应逐步予以调整和撤出。新建和邻近海洋生态敏感区的港口应根据周边海洋功能区的环境质量要求提高水域环境质量标准。逐步调整区内不符合功能区管理要求的海域使用项目，整治环境质量不达标海域。交通运输用海区应根据港口航运发展需要，合理有序开发和利用岸线资源，形成主次分明、功能突出、错位发展的现代化港口群。

工业用海区内的临海、临港工业和城镇开发建设应体现集中集约用海的要求，优先安排海洋工程装备、电力工业、生物医药等战略性新兴产业用海。加强港口、工业、城镇同步协调发展，提高海域空间资源的使用效能。填海造地等改变海域自然属性的开发活动应在科学论证的前提下进行，优化平面设计，倡导人工岛、多突堤、区块组团等对海洋环境影响较小的建设用海方式，河口区域围海造地应当符合防洪规划。加强功能区环境监测与评价，注重对毗邻功能区的保护，防止海岸工程、海洋工程污染海域环境。

旅游休闲娱乐用海区主要用于滨海旅游度假、观光、休闲娱乐、公众亲海等公益性服务，加强滨海旅游区自然景观、滨海城市景观和人文历史遗迹的保护和旅游服务基础设施建设，严格落实生态环境保护措施，保护海岸自然景观和沙滩资源，避免旅游活动对海洋生态环境造成影响。旅游休闲娱乐区开发建设要合理控制规模，优化空间布局，有序利用海岸线、海湾、海岛等重要旅游资源；开展城镇周边海域海岸带整治修复，形成新的旅游休闲娱乐区。

无居民海岛利用区允许适度开展开发利用活动，利用无居民海岛及周围海域的资源，应当进行科学论证，采取严格的生态保护措施，不得造成海岛地形、岸滩、植被破坏以及海岛周围环境污染或生态环境的损害。无居民海岛利用区指主导功能为旅游娱乐、工业交通、农林牧渔、公共服务的海岛，其中部分适度利用类海岛位于海洋自然保护区内，应严格按照保护区相关管理规定进行开发建设。

2. 统筹部署海陆生态修复

统一谋划海域、海岸带空间整治修复，衔接协调陆域重大工程空间整治。基于烟台市海域海岛海岸带资源环境问题受损成因及特征，依据烟台市海域海岛海岸带整治修复总体需求，规划在套子湾、四十里湾、龙口湾等海湾开展海湾空间整理、清淤疏浚、海岸侵蚀防护等整治修复工程，衔接国家"蓝色海湾"整治修复工程，以理顺海湾开发利用秩序，改善海湾生态环境，提升海湾开发利用价值；规划在招远黄金海湾、海阳万米海滩、龙口黄水河口等受损优质砂质海岸段开展沙滩资源整治与修复工程，衔接国家"银色沙滩"整治修复工程，以恢复砂质海岸自然景观，改善沙滩与近岸水体质量，提升砂质海岸旅游娱乐功能；规划在海阳马河港和莱阳五龙河口开展河口湿地整理与清淤，柽柳、碱蓬、芦苇等湿地植被恢复工程，衔接国家"南红北柳"整治修复工程，以整治河口水体污染、修复河口湿地环境，提升河口湿地生态功能；规划在北长山岛、大黑山岛、砣矶岛等海岛开展海岛岸线恢复、海岛景观整治与海岛滨海廊道建设工程，衔接国家"生态岛礁"整治修复工程，以打造烟台美丽海岛，提振海岛旅游产业发展。

第6章 城乡现代化同步下的村镇发展

工业化、城镇化和农业农村现代化是一个"串联式"的发展过程，离开农业农村现代化的城镇化是不完整的现代化，也是低水平的城镇化。农业农村现代化也离不开高质量的城镇化带动，特别是以村镇为主要增长节点的乡村地域。村镇的发展有很大的自发性，内在的需求和动力往往扮演了更重要的角色。在村镇自发发展的过程中，受到了来自中心城市的辐射带动影响，并衍生出来一系列社区建设问题，需要从区域城镇化发展策略出发，推动村镇内在问题的解决，以实现城镇化的健康发展。村镇发展不是以城镇化为终点，而是以实现现代化为目标，与农业农村现代化密切相关的农村经济是现代化村镇发展的重要表现形式，本章通过分析乡村活力与都市农业的发展，探索在村镇层面农业现代化的实现过程和农村现代化的实现途径，建立符合城乡现代化同步发展趋势的村镇城镇化规划理念，提出推动村镇规划建设与管理改革的建议。

6.1 乡村活力影响因素分析与长效机制建立

农村空心化和日趋严峻的"乡村病"等对乡村持续发展提出了挑战，要求改变农村衰退的现象（Woods，2009；Carr & Kefalas，2009）。扶贫、乡村振兴等行动计划相继开展，随着 2020 年中国如期实现脱贫，乡村振兴的工作重心转向了全面推进乡村发展阶段。如何激发乡村发展潜力、提升乡村活力的作用机制和模式成为乡村地理学研究的热点。

已有关于乡村发展的研究涵盖较为广泛，包括产业发展、人口就业、资源开发、空间重构、环境治理等方面（李婷婷和龙花楼，2015；陈秧分等，2019；Liu et al.，2017a；Liu et al.，2017b；Long et al.，

2019；Li et al.，2019；Lu et al.，2015）。围绕着如何破解乡村发展问题，激发乡村发展潜力，学者们给出了不同的观点。有学者认为产业振兴是乡村活力的核心（杨志恒，2019，2021），提出推进农业与二三产业融合，将有机题材、本地化标志等纳入休闲养生旅游等多元开发（温铁军，2015），结合多种作物和牲畜系统以及相关市场和政策发展智慧农业（Walter et al.，2017）等；有研究从乡村空间重构和土地利用转型等角度解决乡村发展问题，认为不同土地利用类型的扩张与收缩是改变乡村发展要素分布格局和影响乡村发展状态的重要因素（龙花楼等，2019），如宅基地利用转型与乡村转型发展时序错配导致部分地区乡村"空心化"问题严重（王国刚等，2015），并进一步从乡村土地利用多功能性出发，提出通过农用地整治和建设用地整治，强化乡村土地利用生产、生活、生态、文化等功能的供给与转换能力（姜棪峰等，2021）；有研究针对生态环境脆弱区乡村发展困局，提出开展乡村生态工程治理等系列探索（甄霖等，2019）；也有研究提出基于社区的模式（自下而上）和政府主导模式（自上而下）的混合治理结构的理论框架，探索乡村发展的公共治理模式（Liu et al.，2019），以制度让渡助推乡土共同体形成、以产权明晰增强产业发展内生动力和以专业化运营提升村庄品牌价值（张勇等，2020）；也有研究从入乡人才角度提出推进乡村振兴的生成逻辑，提出与之相匹配的运行机制，确保农民的主体性地位是增强人才吸引力的关键，其中增权赋能是有效破解农民主体性困境（王春光，2018）。

以上研究对解释和处理乡村发展存在问题以及促使乡村持续发展提供了较好的参考，但是很少有研究从综合角度关注乡村的整体发展，缺乏对乡村发展多样化的认识。从现实情况来看，乡村地域承载着农业生产、乡村文化传承、社会保障、生态保育等多重功能，乡村发展被寄予了农业转型升级、农民持续增收、农村全面进步等多项发展目标，乡村发展更为侧重激发释放乡村发展活力，本节将乡村视为一个生命有机体，从不同乡村的比较优势出发，全方位激发乡村资源要素活力，推进乡村走差别化、个性化发展的道路。基于此，本节以山东省 83 个乡村产业振兴特色镇为研究样本，界定乡村活力概念，分析乡村活力的表现特征与动力机制，探究不同类型乡村活力的激活模式与可行路径，为探索乡村发展的现实路径，构建乡村活力长效机制提供参考。

6.1.1　机制分析

活力是指旺盛的生命力，在对生命问题的追问与探寻中产生，活力论是生物科学史上对生命现象解释产生的派别，而后在社会科学领域得到广泛应用，如企业活力（于文超和梁平汉，2019）、经济活力（Shaul & Doig，1984；金延杰，2007）等。因此，参照一般生命体进化规律，活力被用来表达社会组织的生存力和发展力，以及生命体和外部环境的相互作用。

在人—地关系领域，活力一词展现了人在利用自然资源、环境基础上所营造的经济社会发展态势。城市作为人类活动的重要载体，城市活力（童明，2014；Jacobs，1961）受到广泛关注，在精明增长及新城市主义等理念指引下，研究学者将城市视为一个复杂的有机生命系统，将"人"作为城镇发展的出发点和落脚点，探究城市如何精致地谋求发展，实现城市活力的再生和可持续，更好地满足城市居民日益增长的美好生活的需要，体现了"以人为本"理念（Cheng，2019）。

作为城市活力中最易被感知的部分，城市社区活力立足于微观尺度关注城市存量发展，其相关文献研究主要围绕街道、街区和公共空间活力提升展开的。空间的活力代表了城市各类空间对人产生吸引并容纳多样性的、持续性的人类活动的综合能力，换言之，具有活力的空间则指人类乐于聚集和使用的，且产生活动聚集的空间。这便是代表了城市对居民的多样化需求的响应，缺乏多样性的城市或社区会失去活力，因为活力空间具有多种功能，可为空间使用者提供更多选择，并大大增加他们在空间活动的可能性，为市民提供人性化生存的能力，所以多样性造就了城市活力（Xia et al.，2020）。

1. 乡村活力的概念

乡村衰败问题使得乡村活力逐渐受到关注，因国内外乡村发展的水平和所处阶段的差异，学者对乡村活力存在不同认知。有研究将乡村活力视为乡村自身存在的发展问题，处于高水平发展阶段的地区对于乡村活力的认识更多集中在健康、人口、权利获取等方面，如有研究关注乡村独居老人身心健康问题，通过积极心理学和性格优势综合活动方案，降低农村独居老人的抑郁程度，提高其活力和生活满意度（Han & Ha，2016）；通过家庭保健服务为恢复期患者、慢性病患者等提供医疗和卫生服务，保持农村老年人的活力（Congdon & Magilvy，1998）；对于发展中国家或者地区，产业发展、舒适宜居是乡村活力的重要方面，如有研究认为人口活力与人力资源是农村发展的重要因素；通过分析农村人口对本地发展问题的态度和评估发展潜力的能力来观察，得出对大多数受访者来说，缺乏工作场所被视为一个关键的发展问题；农村旅游业发展和新农业实践发展作为最重要的发展机遇，传统的经济部门如农业或制造业已经失去了它们的重要性（Lampic & Potocnik - Slavic，2007）；从乡村宜居性角度探索提升乡村空间品质，破解乡村发展活力消极的难题（Li et al.，2020）；此外，传统的乡村景观代表了民族的文化认同和集体记忆，本地居民对传统地方环境的功能依恋和情感依恋使他们对传统景观的认知和保护意愿强烈，社区组织通过不断组织文化和仪式活动来团结社区，为交流与合作提供了广泛的机会，并加强了社区的凝聚力和能力，从而促进了自愿保护传统农村景观的意愿（Jia et al.，2020）。

　　也有研究从组织凝聚力、人口吸引力、土地承载力、产业发展力、设施支撑力、特色资源潜力6个方面选取指标，以建制村为基础单元、县为基础评价单位开展乡村活力分析（高世昌等，2021）；研究认为一个社区要成为重要的社区，就必须满足所有居民的需要（Combs & Xia，2000），以社区组织的活力、民间活动的频率、社区依恋的强度和居民文化认同的强度指标来表示社会文化活力，验证了某地社会文化活力与其传统景观完整性之间的正相关关系（Jia et al.，2020）。

　　综合来看，乡村活力的内涵包括农民、农业和农村等综合内容。如同城镇活力关注居住在城市的居民全面发展，乡村活力立足居住在乡村地域的居民需求，解决乡村存在的发展困局、促进乡村地域的活化，提升乡村空间品质，是引导乡村持续健康发展的重要议题。乡村活力指充分利用乡村的自然社会禀赋调节，充分发挥比较优势，坚持走多元化道路提升乡村活力，保持乡村地域特性。

　　本节基于上述分析，认为乡村活力来自内生发展动力与外部经济社会、政策环境等要素的互动，故从狭义和广义两个方面对乡村活力作出解释，明确提出现有发展阶段和背景下乡村活力的内涵。从狭义视角来看，乡村活力是对乡村发展状态的综合描述，是乡村生命有机体的生命力，是指乡村的生存力、自我发展力和再生力，表征的是乡村的内涵式发展，包含农民、农业和农村3个方面（见图6-1），其中，农民层面表现为农民主体性增强、农民稳步增收、农业从业者队伍优化、乡村治理有效等方面，农业层面表现农业产业融合、农业综合生产能力提升、农业科技创新、农产品质量提高等方面，农村层面表现为农村社会保障体系健全、农村基础设施升级、农村三生空间协调发展、农村文明程度提高等方面。农业、农村、农民是紧密联系、不可分割的有机整体。从农业方面来看，农业的基本构成要素、物质基础、运行主体及其功能载体是农村社区和农业劳动者，农村和农民数量多少、质量高低和效能状况是影响、制约和决定农业经济发展的最直接、最现实的因素；反之，农业也是农村、农民赖以产生、存在和发展的根本条件和前提。从农村的地位和作用来看，它既是农业现实生产力的聚集体和农业经济活动的场所，也是农民的生产空间和生存家园，一方面，农村作为一种既有的建设成果是农业经济的历史积累和农民劳动的客观产物；另一方面，农村作为一种既定的客观物质条件的综合体，又会对农业的生产方式与经济发展能力和农民的活动方式与素质水平产生重大的规定、转化、促进和制约。从农民的地位和作用来看，他们是农业经济活动的主体和农村

129

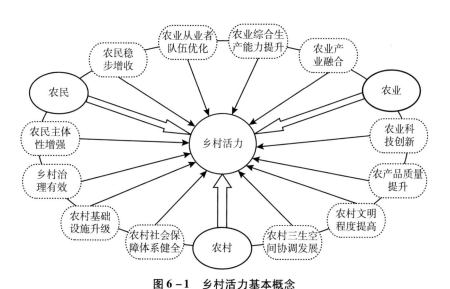

图6-1 乡村活力基本概念

建设的主体，是农业生物的调控者和土地的改造者，又是农业工具的运用者和农业产品的生产经营者，同时，农村中的物质设施、组织形式、风俗习惯等，都是广大农民群众的智慧和劳动的凝结。

从广义视角来看，乡村活力受到所在区域地理因素、区位因素、人均收入、财政收入、城镇化水平和 R&D 支出的影响。具体分析，第一，区域因素主要体现在离县中心的距离以及交通可达性。相比于镇，县拥有较高密度聚集的公共设施、公共建筑以及种类齐全完善的服务产业和公共活动，往往是经济活跃、人口密集的地区，具备强有力的带动周边地区活力的能力，乡镇离县中心越近，交通越便利，乡镇对人群及其活动的吸引力越强。第二，新型城镇化通过市场需求和供给的双重拉动，带动乡村在规模、品质、效益等方面的发展，在需求方面，新型城镇化的发展带来了人口和收入增加，促进了乡村旅游和农产品消费市场规模的扩大，进而引起了乡村发展要素的集聚和综合效益的提高；在供给方面，新型城镇化强调乡村发展要突出产业特色，塑造地域形象，在此背景下乡村地域特色得到彰显，生态环境因此优化，同时，随着新型城镇

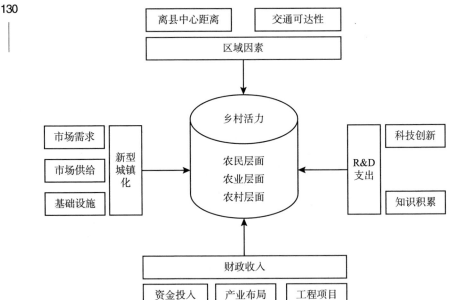

图 6-2　乡村活力概念（广义）

化的推进，乡村交通、水电、卫生、信息等设施得到改善，为乡村旅游的发展提供了良好条件。第三，政府通过行政力量影响乡村活力水平，具体来说，政府在该地区通过资金投入、产业布局、工程项目及配套设施建设引导更多要素向农村聚集，促进乡村发展。第四，R&D 支出在所有科技活动中居于核心位置，是推动技术进步的核心力量，能在一定程度上反映该镇所在地区的科技创新以及技术和知识的积累，通过知识的外溢性作用，推动该镇农业生产效率的提高。

2. 乡村活力的特性

根据对乡村活力的概念内涵界定，乡村活力的特性可以概括为创新性、系统性、动态性、产业特色性和人本性。

创新性。在创新性的作用下，乡村活力来自农村经济、社会和生态等方面的创新。经济方面，以现代生物技术、信息技术等为代表的高科技向农业渗透，衍生出生物农业、智慧农业、农业大数据应用等创新型农业新业态，彻底改变了现代农业的生产经营体系和资源开发利用模式，促进农业生产降低成本、提质增效、保护环境，促进农业业态由低端向高端转变。生态方面，在资源和环境双重压力下建设美丽乡村，以科技创新整治提升农村人居环境，针对农村区域分布广、地形气候差异大、改厕技术模式单一且适应性差、厕所粪污资源化利用率低、分散式污水收集处理难、生活垃圾处理方式粗放等问题，进行了包括厕改、粪污资源化、分散式污水处理、有机垃圾回收利用等技术创新，为改厕、污水、垃圾因地制宜处理处置提供科技支撑，提升农村人居环境水平。社会方面，主要表现为农业组织模式的创新和农业基础设施的现代化改造。现代农业产业化联合体作为一种新型的农业经营组织形式，是现代农业组织形式创新的最新表现，促进了从事农业生产经营利益主体的要素链接，实现产、工、贸和种、养、加一体化经营，农业产业链条不断延伸，产业关联性不断增强，产业的附加值不断提高。

系统性。乡村活力来自产业、生态、治理、生活、文化活力的全面释放与激发，为乡村活力的升发提供可能，实现经济、社会、生态等各方面协调发展。"生产—生活—生态"空间是农民一切活动的载体，三生空间之间存在紧密的相互联系和影响，生产空间是乡村发展的根本动力，为生活、生态空间提供经济驱动，良好的生产空间推进优化产业结构和乡村经济发展，也决定了生活、生态空间品质；生活空间是重要载体，"三生空间"协调优化的最终目标是提升农村居民的生活幸福感，而这一目标的实现主要体现在生活空间中；生态空间虽然不能直接提供物质产品，但却是生活和生产的坚实保障，为乡村的发展提供稳定的环境和充足的承载力，同时生态空间的质量也受到其他空间活动的直接影响。三者通过这种内在的逻辑，形成相互促进、相互制约的动态联系。乡村活力的激发得益于生态空间基底的优化、生产空间功能的丰富以及生活空间格局的重构，"三生空间"的统筹整合，奠定了乡村发展的基础。

动态性。乡村活力的发展是与经济社会发展相匹配的，依据其本身所处阶段、产业结构状况、资源禀赋情况以及环境承载能力的变化而变化，在不同的阶段体现出不同的动态特点，是一个不断调整和上升的过程。就中国乡村的发展阶段而言，1949年新中国成立以后，中国进入集体农庄的发展阶段，农业发展主要依靠不断提高集体土地上的农民劳动的"过密化"投入，将农民被牢牢"绑缚"于集体土地之上，限制其在城乡之间的自由流动和迁徙，乡村活力被压制。1978年改革开放之后，一方面进行以土地制度为核心的改革，实行双层经营体制，即集体所有、农户耕种，以及产权制度和生产组织方式的变革；另一方面，鼓励农民进行农业内部结构调整、发展农村商品经济、兴办乡镇企业，使得农民个体积极性得到释放，增大农村发展空间，乡村活力得到了极大的激发。随着工业化、城镇化的发展，乡村人口大量外流，出现农村空心化现象，乡村发展开始走规模经济的增长之路。2006年取消农业税后开始新农村建设阶段，聚焦"三农"问题，关注城乡发展失衡，农村的土地制度、城市资本、技术和人才下乡等制度性通道仍未打通，乡村活力的进一步激发存在问题。

特色性。在乡村发展过程中，各个乡镇形成自己的产业特色非常重要，产业发展与乡村活力之间存在着相互促进相互影响的关系，农村产业的优化升级能够促进乡村活力的发展，乡村活力的发展带来更多人口和资本的集聚，反过来又可以促进农村产业升级。产业的规划并不是随意选择，"特色"一词应当尤为重视，"特色"应是一种地方根源，其目的是避免特色小镇建设的千篇一律。乡村活力就是要解决乡村发展过程中可能出现的重复性建设问题，不同的乡镇以当地原有资源、文化、产业格局为依托，打造具有核心竞争力的产业，实现个性化、特色化的发展。根植性理论应用于特色小镇能够帮助建设者准确捕捉适合本地长久发展的特色产业，根植性可以理解为一种发展惯性，其扎根于本地性质中，包含资源、文化、知识、制度、地理区位等。基于根植性理论，特色小镇建设具备四种根植（王佳琪等，2018），分别为：自然资源根植、社会资本根植、地域文化根植、地理位置根植，相应地，每种根植对应发展不同的产业类型。

人本性。以人为本是乡村活力发展的核心。在乡村发展过程中必须处理好人的问题。乡村发展归根到底是要实现人的全面发展，如果缺少这一特征，乡村活力的研究将毫无意义。乡村活力的人本性，要求在乡村建设中尊重和确保农民的主体性，所谓农民的主体性，就是在经济、社会、政治、文化等方面都有主导权、参与权、表达权、受益权和消费权等（王春光，2018）。目前乡村发展在确保农民主体性地位上面临着体制、市场、社会和文化等多方面困境，增权赋能是有效破解这些困境、提升农民主体性的根本保证，一方面增权是使农民获得与城市居民同等的经济权利、公民权利、社会治理权利；另一方面赋能是赋予农民各项技能、文化反思和吸纳能力等。要尊重农民意愿，激发农民的积极性、主动性、创造性，激活乡村振兴内生动力，让农民在乡村振兴中有更多获得感、幸福感、安全感。

6.1.2 方法

乡村活力的评价指标体系具有可拓展性，例如，荷兰从社会经济角度，构建人口、经济活动、设施可达性 3 个维度的指标体系；日本提出地域活性度概念，从居住、经济、农业、林业 4 个方面筛选指标（高世昌等，2021）；德国的评价指标体系较为全面，依托长时序的地方数据库，建立了涵盖管理、人口、用地、供应与可达性、公众参与、经济与就业等 6 个维度的指标体系（高世昌等，2021）。可见，乡村活力评价指标很大程度上取决于基础数据库的完善程度，但是人口、土地和产业是乡村活力评估的基础要素。

在涵盖人口、土地和产业 3 个维度的基础上，重点考虑由农村居民点用地引发的乡村活力，并兼顾数据可获取性基础上，将指标聚焦，剔除不相关指标，选择人口吸引力、土地开发吸引力、经济发展吸引力 3 个方面的 4 项指标构建乡村活力评价指标体系（见表 6 - 1）。

表 6 - 1 乡村活力评价指标体系

目标层	准则层	指标层	指标特征	指标方向	指标权重
乡村活力	人口吸引力	乡村人口密度	农村常住人口/农村居民点用地面积	+	0.2463
	土地开发吸引力	农村居民点产业用地比例	（工业仓储用地面积 + 商服用地面积）/农村居民点用地面积	+	0.2335
	经济发展吸引力	农民纯收入	—	+	0.2081
		地均非农生产总值	二、三产业生产总值/农村居民点用地面积	+	0.3121

指标赋权法主要有客观赋权法和主观赋权法，客观赋权法的优点根据原始数据之间的关系通过一定的数学方法来确定权重，其判断结果不依赖于人的主观判断，有较强的数学理论依据，而主观赋权法在根据决策者意图确定权重方面比客观赋权法具有更大的优势。可见，两者从不同角度赋予指标以权重，来区分各指标对于最终结果的重要程度差别。但具体到本节的研究对象，乡镇因地形和历史积累的原因，资源配置不均衡，如果采用指标赋权法给各指标赋予一定权重，会放大因资源分配不均衡而导致的发展差异，会误导对乡村发展活力的评价。

首先，由于指标存在量纲的差异，为方便后续计算首先应对数据进行归一化。对于正向和负向指标应采用不同的公式进行处理。正向指标的标准化公式（6.1）和负向指标的标准化公式（6.2）为：

$$Y_{ij} = [X_{ij} - MIN(X_j)] / [MAX(X_j) - MIN(X_j)] \qquad (6.1)$$

$$Y_{ij} = [MAX(X_j) - X_{ij}] / [MAX(X_j) - MIN(X_j)] \qquad (6.2)$$

式中，$X_{i,j}$——i 镇的第 j 个指标的值；$MIN(X_j)$——各镇指标 j 的最小值；$MAX(X_j)$——各镇指标 j 的最大值；$Y_{i,j}$——i 镇的第 j 个指标归一化值。其次，以等权重计算各镇经济活力值、社会活力值、生态活力值和总活力值。

影响因素提取主要采取动态面板方法，运用固定效应模型加以分析。

6.1.3　研究区域与数据

研究区域选择了农业增加值长期稳居中国各省第一位的山东省，并以省内 83 个乡村产业振兴特色镇作为评价单元。2018 年，根据山东省乡村振兴战略规划部署要求，山东省发改委确定了乡村振兴"十百千"工程，探索打造乡村振兴特色镇的多元模式和成功经验，推动山东省乡村振兴战略健康有序进行。本节选择了其中 83 个镇的作为研究对象，根据其发展所依托的主导产业不同细分为 5 种乡村产业振兴类型，构建山东省乡村产业振兴特色镇发展活力评价指标体系，分析不同类型乡村产业振兴特色镇发展活力水平，在此基础上探索不同乡村产业振兴类型差异的原因，为山东省乡村振兴的发展提供针对性的对策建议。

乡村产业振兴主要依靠农业、旅游业和工业，农业包含农林牧渔产业，为了更好地区分农业兴村的乡镇，本节将农业兴村分为种植型和养殖型，种植型乡镇主要发展农林业，养殖型乡镇主要发展牧渔业；乡村相较城市而言，具有丰富的文化和美丽的自然风光，乡村旅游日益成为带动乡村发展、农民致富的主要路径之一，根据其发展依靠主导优势资源不同，本节将旅游型乡镇划分为人文旅游型和自然生态旅游型。

83 个镇 2019 年的社会经济统计数据来自 2020 年县级统计年鉴以及年度统计公报，土地利用数据来自中国科学院资源环境科学数据中心（http：//www. resdc. cn）的遥感影像数据解译，解译的土地利用类型包括耕地、园地、林地、草地、风景名胜及特殊用地、乡村居民点、水域等土地利用类型。

6.1.4　结果分析

1. 总体特征

83 个产业振兴专业镇分为种植型、养殖型、人文旅游型、自然生态旅游型、工业型这 5 种类型，其中有 25 个种植型乡镇，占比 30%；18 个养殖型乡镇，占比 22%；10 个工业型乡镇，占比 12%；20 个人文旅游型乡镇，占比 24%；10 个自然生态旅游型乡镇，占比 12%。总体来看，乡村产业振兴特色镇社会活力的均值最大，达 0.4158，生态活力和经济活力的均值依次降低，分别为 0.3542、0.3403，表明社会活力维度的集中趋势高于生态活力维度和经济活力维度，相应的发展水平整体高于其他维度，说明产业振兴在一定程度上推动了乡镇基础设施的完善和幼儿园等公共空间的建立，提高了农村社区内的人际网络密度，增强了区域内的社会发展活力水平。

2. 分类型特征

进一步地，基于上述评价方法，计算出了不同类型乡村产业振兴特色镇的经济活力值、社会活力值和综合活力值（见表 6-2 和图 6-3）。5 种乡村产业振兴类型的综合发展活力呈现出自然生态旅游型、人文旅游型、工业型、种植型、养殖型依次递减的趋势，综合活力值分别为 0.3677、0.3633、0.3623、0.3622、0.3593，标准差为 0.003，最大值和最小值的差值为 0.0084，表明 5 种乡村产业振兴类型的综合发展活力水平比较接近，相差不大，各产业振兴特色镇的发展活力均比较良好，验证了产业振兴是乡村振兴的基础。此外，绘制 5 种不同类型乡村产业振兴特色镇各活力维度箱线图，不同类型的活力数值异常值只有零星几个，各类型的乡村发展活力值集中度较高。

表 6-2　　　　　　　　　不同乡村产业振兴类型得分

乡村产业振兴类型	综合活力	经济活力	社会活力	生态活力
种植型	0.3622	0.3619	0.4097	0.3354
养殖型	0.3593	0.3516	0.4425	0.3194
工业型	0.3623	0.3103	0.4140	0.3837
人文旅游型	0.3633	0.3569	0.4194	0.3376
自然生态旅游型	0.3677	0.2628	0.3780	0.4666

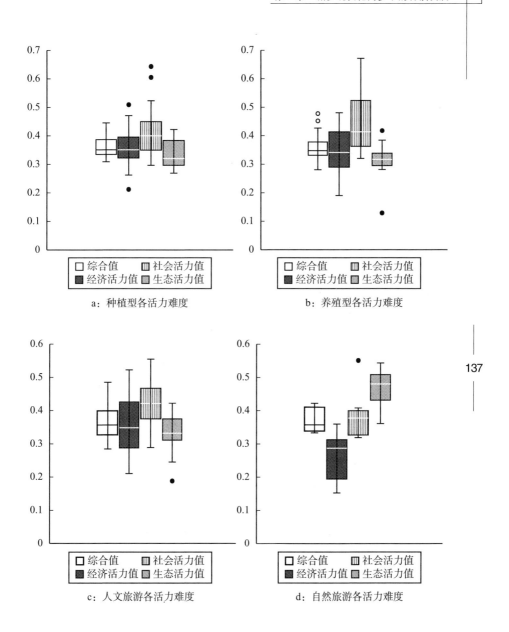

a：种植型各活力难度

b：养殖型各活力难度

c：人文旅游各活力难度

d：自然旅游各活力难度

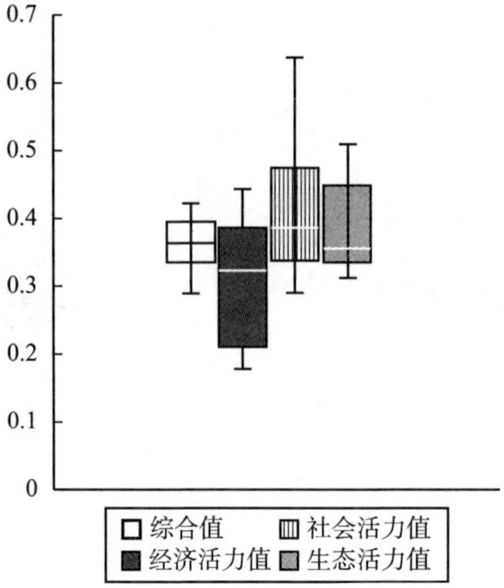

e：工业型各活力难度

图 6 – 3   各类型不同活力维度

据种植型乡镇的各活力维度箱线图所示，社会活力值 > 经济活力值 > 生态活力值，其经济活力值在 5 种乡村产业振兴类型中排名第一，达 0.3619，种植型乡镇因长期以种植业为主，土地利用率较高，且随着近年来市场需求的变化，在保持一定的粮食播种面积的前提下，不断调整种植业结构，种植特色经济作物、饲料作物等，实施多元种植，培育地方特色农业，提高土地产出率，增加亩均收益，乡村经济发展活力较强；其生态活力值在 5 种乡村产业振兴类型中排名第四，与最大值相差 0.1312，种植型乡镇在生产过程中使用较多的农药、化肥，产生大量秸秆废弃物，会带来一定的农业面源污染。该区域一要继续因地制宜地推进发展多元种植结构，丰富作物品种，形成多种作物规模化种植类型，推动农业的现代化发展；二要开展农业面源污染治理，在生产过程中不用或少用农药、化肥产品，推进秸秆的综合利用，保护和改善农业生产的生态环境。

据养殖型乡镇的各活力维度箱线图可知，社会活力值 > 经济活力值 > 生态活力值，其经济活力值在 5 种乡村产业振兴类型中排名第三，达 0.3516，近年来，养殖业日益规模化、集约化、现代化，养殖人员日益专业化，乡村经济发展实力得到提升；其生态活力值在 5 种乡村产业振兴类型中排名第五，与第一名的自然生态旅游型乡镇相差 0.1472，规模化养殖会产生大量的废弃物，对土壤、大气和水环境带来一定影响，污染脆弱的乡村生态环境，生态活力水平较低。该区域在养殖过程中产生的废弃物可以通过种养结合、工厂化处理等方式实现废弃物的能源化、资源化利用，减少对环境的负面影响，此外，政府要帮助农户创业，为其提供学习技术和筹集资金的便利，使村内更多人进行养殖，壮大当地的养殖业规模，增强当地经济发展活力。

据人文旅游型乡镇的各活力维度箱线图可知，社会活力值＞经济活力值＞生态活力值，其经济活力值在5种乡村产业振兴类型中排名第二，达0.3569，依托于乡村特色的农耕文化、原生态的饮食文化、丰富多样的民俗文化和具有人文之美的民居建筑文化，利用生态产品发展文化生态旅游，为旅游者提供观赏、劳作、购买、品尝、娱乐、度假、疗养等服务，很好地满足了人们不断增长的回归自然、休闲娱乐、求知求新和主动参与的需求，乡村发展活力强劲。其生态活力值在5种乡村产业振兴类型中排名第三，这一方面得益于当地的原本的生态环境状况较好，另一方面得益于当地在维护和治理方面的努力，乡村旅游业的发展让人们认识到乡村文化景观与优质的农村生态资源是一种生产力，从而主动保护乡村人文、生态环境，维护生态系统平衡，加强生态环境建设。该区域要根据客户不断变化的需求，持续深入地挖掘本地文化资源，开发更多游客可参与的项目，做好动态旅游，保持本地旅游资源对游客的吸引力。

根据自然生态旅游型乡镇的各活力维度箱线图可知，生态活力值＞社会活力值＞经济活力值，其经济活力值在5种乡村产业振兴类型中排名靠后，达0.2628，与人文旅游型相差0.0941，自然生态保护型乡镇一般位于生态保护红线内，自然环境具有脆弱性，旅游的开发和规模受到一定程度的限制，生态资源变现能力较差，相较于人文旅游型来说，旅游项目较单一，以观赏美景为主，旅游产品缺乏娱乐性和参与性，人均停留天数短、人均消费水平低、门票经济突出、创收渠道单一，旅游经济发展质量不高，经济发展活力水平较低；其生态活力值在5种乡村产业振兴类型中排名第一，该类乡镇多森林、湖泊和沼泽，自然资源丰富，生态发展活力水平高。该区域要将开发和保护结合起来，在利用中更好地保护乡村的自然生态环境，把活动强度、线路设计和游客数量控制在合理范围内，将旅游活动对生态环境的负面影响降到最低，盘活当地的生态旅游资源，探索多种途径使得生态资源价值变现，在巩固自然生态环境观光旅游基础上，提高文化休闲等旅游业态的比重，丰富游览项目，增加旅游者的逗留时间和消费支出，争取回头客，增强乡村发展活力。

据工业型乡镇的各活力维度箱线图可知，社会活力值＞生态活力值＞经济活力值，其经济活力值在5种乡村产业振兴类型中排名倒数第二，达0.3103，工业型乡镇的建设主要是以乡镇企业为主体的，乡镇企业的发展吸收了一部分农村剩余劳动力，使其能够离土不离乡，适当分散了城市过度集中的人口和工业，对于农村工业化和城乡一体化具有一定的促进作用，但是由于工业自身的特点决定了其天然在城市聚集，农村工业空间布局分散，无法形成跟城市规模相当的聚集经济，对于乡村剩余劳动力的吸纳能力是有限的，经济发展活力较低；其生态活力值在5种乡村产业振兴类型中排名第二，工业型乡镇日益重视绿色发展理念，推动经济与环境同步发展，在农村环境综合整治上不断增加投入，建设农田防护林，开展荒山生态绿化，实施乡村绿化美化工程，并且对当地重点工业企业实施污染治理工程，可见，其较高的生态活力值是其生态环境保护工作的成果。在发展工业型乡镇时，要坚持农工相辅的思想，发挥自身在农副产品就地加工方面的比较优势，发展乡村内源性工业化，对当地的农业资源进行深加工，延长产业链，增加农业产品的附加值，带动当地产业的发展和农民的收入增加。同时，由于工业的发展会侵占一部分农业土地资源，可能会在一定程度上影响农村重要农产品供给，农村地区要谨慎发展大规模工业。

6.1.5　主要结论与建议

从83个乡镇各类型占比来看，乡村活力的主要实现路径之一是以多功能农业为基础，促进农业的充分发展，突出农业的基础地位，发展以农业为基础、适应城乡居民消费升级的新产业新业态，不断丰富"农业＋"态势，如"农业＋"加工流通延伸产业链、健全价值链，"农业＋"文化、教育、旅游、康养等产业发展休闲旅游业，"农业＋"信息产业发展智慧农业、农村电商、定制服务等新业态，推动农业纵向延伸、横向拓展，保障粮食安全和农产品有效供给。从乡村的基础设施和公共服务在乡村综合活力中所占比重来看，乡村的基础设施和公共服务建设是乡村发展的动力引擎，围绕农民的主体需求、乡村产业发展的需求布局，将农民对生产生活基础设施和公共服务的需要反映在政府的供给决策中，将基础设施和公共服务重点向农村延伸，提高农业农村的公共服务供给水平，推进在学有所教、劳有所得、病有所医、老有所养、住有所居等方面全面实现城乡公共服务均等化。

由此，提出激发乡村活力的长效机制：

创新农业发展理念，转变农业发展方式，发展创意农业。在进行农业生产活动当中，运用科技、文化、艺术等创意手段，优化配置农业农村资源，激活农村要素，挖掘提升农业的产品价值、科技价值、文化价值、生态价值，构建起多层次的农业产业链和价值链，形成农村经济新的增长点，不仅打开了农业发展新的效益空间，更促进了农民就业创业，为农民利用自有资产、农业生产、农副产品加工及其休闲产品创意营销等持续稳定增加收入开辟新渠道。

农村地区不仅是提供农产品的生产空间，更是为城乡居民提供生态休闲空间的重要载体，承载着保障农产品供应和生态安全的重任。以生态文明的理念引领农业、农村可持续发展，坚持生态环境保护优先，大力发展有机、生态、高效、低碳的现代农业，加强农村生态环境保护和污染治理，促进农村经济发展和生态环境保护深度融合，使得乡村经济发展走绿色、低碳、高效、包容的绿色繁荣之路。

乡村发展走城乡融合之路，从根本上改变以工统农、以城统乡、以扩张城市减少农村减少农民的发展路径，明确乡村在社会经济建设中的突出地位和在城乡关系中的平等地位，促进城乡在规划布局、产业发展、公共服务、生态保护等方面的相互融合和共同发展，逐渐缩小城乡之间发展的差异，吸引拥有田园梦、乡土情的都市人群到乡村定居，吸引新经济新人群集聚创新创业。城乡良好互动关系的建立，可以进一步推动乡村发展并有利于城镇化质量的整体提升，可以成为城市居住、工作、休闲的别样补充。

充分利用跨境电商等数字贸易优势，推动农村特色产品和特色产业出口，发展开放型经济，促进农产品出口方式的转型和创新。利用"互联网＋"这一开放平台发展跨境电商，使得农村新型经营主体有效步入国际市场，对接更大的消费市场，推动农村特色产品、特色产业出口延

141

伸产业链和价值链，提高农业的组织化、规模化、网络化、市场化、国际化水平，为扩大农民增收渠道提供了新的空间。

6.2 发展都市农业构建新型工农城乡关系

培育现代都市农业新型产业形态，是探索实现城乡融合和乡村振兴的有效途径。疫情以来，地区经济社会发展对都市农业的需求上升到重要位置，促使都市农业从附属被动地消极发展向有计划地"农业兴旺"概念转变，并衍生出系列多元化产业发展模式，促进了现代农业生产方式转型与结构调整，实现了城乡发展要素双向流动，为新型城镇化与乡村振兴战略同步实施拓展了广阔空间。

6.2.1 基本概念

1. 都市农业的概念

"都市农业"一词最早出现于 1930 年 12 月日本出版的《大阪府农会报》，1935 年日本经济地理学家青鹿四郎对"都市农业"概念进行界定，美国农业经济学家艾伦尼斯在《日本农业模式》中使用了该概念，指都市圈中的农地作业。靠近都市，可为都市居民提供优良农副产品和优美生态环境的高度集约化、多功能的农业。都市农业不仅可以提供农业产品，还可以为城市居民休闲旅游、体验农业、了解农村提供相应的场所。此后不同研究领域学者开展了大量实践，并不断对其概念进行完善，认为都市型农业是与农业生产力的进步和城市的经济、社会和文化发展紧密相结合的产物，现代城市人口的聚集加剧了对都市农业的需求，促进都市农业从传统的大农业走向高度规模化、产业化、科技化和市场化的城市服务型高级农业（Blandford & Joshing, 2009）。都市农业是大都市中、都市郊区和大都市经济圈以内，以适应现代化都市生存与发展需要而形成的现代农业，不仅可以提供农业产品，还可以为城市居民休闲旅游、体验农业、了解农村提供相应的场所，更多体现为农业现代化。

自城市产生以来，中心城区与周边乡村地域之间一直存在着紧密的生产联系与广泛的社会合作，其中，以食品、原材料供应为代表的农业与非农业部门之间的联系最为普遍，以杨小凯为代表的新古典经济学理论很好地解释了建立在工业化基础上的城乡生产专业化分工，打下了现代都市农业发展的基石。

综合来看，都市型现代农业是高度城市化引领下的融生产性、生活性、生态性于一体的现代化大农业系统，在服从城市的统一规划之下，依托现代科学技术与设置装备，以服务城市发展为目的，以高端市场为导向，不仅起到保障城市供应的作用，而且还积极解决城市化进程对农业发展产生的影响，适时调整农业生产结构与空间布局的转型结果，是社会走向高层次发展阶段的必然选择。

都市农业作为分布在都市圈内、依靠城市市场、受城市经济实力影响的特殊形态农业，探索以农业为基础延伸产业链、走城乡融合发展道路助推乡村振兴战略是都市农业的现实选择，也为改善粮食供应、卫生条件、地方经济、社会融合和环境可持续性提供了机会。都市农业存在多种生产经营模式，约 25% ~30% 的城市居民参与到都市农业为主的农产品供应链中。而且，世界各地的历史经验表明，相当一部分城市社会和经济问题发生的根源在于都市农业的发展滞后与支持缺位，既有的农业生产规模跟不上城市扩张速度，高涨的农产品价格会降低城市居民的名义工资，甚至加剧失业。

143

2. 都市农业的功能性

在经济层面，都市农业发端于环绕城市中心的农业圈模式以杜能同心圆式农业发展结构为原型，充分利用城市内或者城市周边的人力资源、产品和服务，为城市生产、加工或销售各种食物、非食物产品或服务，以农业为中轴，由第一产业向第二、第三产业延伸、渗透、拓展；在社会层面，都市型农业可以在较高程度上缓解和释放由于失业和城乡居民差距而导致的社会动荡，同时也因为较城市容纳更多的农村剩余劳动力而成为社会劳动力的蓄水池，同时保障了城市食品工业和食品安全，以及食品供应的便捷性；在生态层面，都市农业可以追溯到"田园城市"等模式，都市农业是现代城市规划和发展的重要一环，利用其农业景观，充当城市隔离带、绿化带，改善城市生态环境，增加城市生物和景观多样性，维护城市生态系统的平衡，建立人与自然环境、城市与乡村、工业与农业间和谐（刘青梅，2010；何露等，2010；何可等，2014）。

据此，现代都市农业的类型有：现代设施农业，侧重发展高度集约化、标准化、精细化的农业生产，以色列和美国等地的发展最具代表性，多为农业产业园区和工厂化农业，采取订单式的产销模式，合理组织农产品种植养殖，农产品生产数量相对稳定，能够满足大宗农产品需求，技术领先，专业化程度高。休闲体验农业，侧重农事体验，重点开发集观赏、采摘、体验、住宿、娱乐、度假等多种功能的综合性休闲农业区，起到了延伸拓展城市公园功能的作用，兼顾生态和经济功能的模式，主要类型有农业公园、娱乐农园、租种农场、老人农园、学童农园等，满足不同居民群体的需求。观光旅游农业，侧重农村自然人文景观的开发，随着蔬果园艺业比重上升，传统粮食作物生产被取代，依山傍水的绿色田园景致与本土文化相结合，成为居民休闲的好去处，主要类型有自然休养村、地质公园、森林旅游、民俗村落、生态观光等。低碳农业，利用农田生态系统抵消城市碳释放，增加碳汇。通过改变原有的农业生态系统管理措施，提高农业生态系统对气候变化的适应性并降低农业发展对生态系统碳循环的压力，提倡采取免耕法、间歇性灌溉、使用生物肥、秸秆还田等，通过技术改进和制度创新建立起低投、高产、低碳、生态的现代农业，引领生产、生活方式低碳化。

6.2.2　城乡关系作用下的都市农业发展模式

都市农业的发展受城乡关系认知的影响巨大，从都市农业的形成、功能体现和地域表现均与城乡关系定位密切相关。在城乡分离的认知期，都市农业作为城市发展附庸，体现于都市农业作为食品与原材料来源形成生存型农业发展模式，以杜能同心圆式农业发展结构为原型，最传统、最普遍存在的模式是农产品作为工业生产原材料供应或者直接对居民销售，奠定了农业是国民经济基础的根本定位。在中国，受农业生产布局的分散与中国传统精耕细作的生产传统影响，都市农业生产经营的主体往往是以家庭户为基本单位的小农户，缺乏完善的农业配套体系来支持，与依托城市联系不紧密，与周边乡村地域无显著差异。进入

21 世纪以来，以新城市主义、景观生态学为代表的西方研究学者认为农业与城市之间是互融共生的，在城乡关系上强调的是城乡一体的意识。根据城乡之间不同空间层次的环境与空间特征、资源禀赋和各种社会需求，逐步拓展成为城乡一体的多层次都市农业圈层空间系统，主要代表的观点有连续性生产景观（CPULS）、农业城市主义（agricultural urbanism）、食物城市主义（food urbanism）、生产性绿色基础设施（PGI）等，形成了多样化的都市农业多功能发展模式，包括产品消费型、体验观光型、生态保育型、文化教育型等模式（旷浩源，2014；钟真等，2014）。

现代都市农业的定位都市圈中的农业由于受工业化和城市快速扩张的影响，其发展必须突破现有传统农业的发展模式，走都市农业的发展道路。都市农业的发展道路，实质就是农业生产经营市场化和社会化导向的结合，这决定了农业生产经营中必须追求商业效益、社会效益和生态效益的平衡，包括：行业定位、市场定位、经营方式定位、组织方式定位。

具体来看，都市农业的行业定位是指都市农业在当地国民经济中的地位和功能选择，以及农业和其他产业间的关系等。在城市圈中发展都市农业的目的，是为了寻求农业产业化过程中一、二、三产业的融合，引导和满足兼顾各种功能的综合模式偏重生产、经济功能的模式满足城市居民中多层次和多元化的消费需求，达到生态环境保护与产业开发的和谐统一，实现农业发展的商品化、高效化和集约化。偏重生态、社会功能的模式。

现代都市农业的定位市场定位是指都市农业经营者为其生产、经营的农产品或农业经营项目在市场中树立一个明确的、区别于其他农业经营者生产、经营的产品或项目的、符合市场需要的地位。例如公共物品或者公益性商品、有形产品或者无形产品等，就是都市农业经营者为其经营的某一农业产品或项目，创造一定的特色，树立良好的市场形象，以满足消费者的特殊需要和偏爱。

现代都市农业的定位经营方式定位是指都市农业经营类型的选择，其内容包括农业产品和项目的选择、开发、经营和销售等一系列都市农业开发经营活动。家庭农庄农业园区农业公园。

现代都市农业的定位组织方式定位是指都市农业产业化经营过程中

145

经营者之间的联系和组织方式，即都市农业产业链中上、中、下游产业间的联系和供销方式，例如"龙头企业＋合作组织＋农户"方式，"公司＋基地＋农户"方式，个体农户为主的散户经营企业化经营。

现代都市农业与都市圈的发展壮大相伴而行，尽管都市圈的扩展挤压了农业生产空间，但也为保留的农业耕作区提供了前所未有的机遇，将本地农业生产纳入城市日常生活体系，是一项重要的城乡经济融合实现形式，更是城市化推进过程中农民维持生存的一项重要手段。同时，由于在城市边缘，有限的农业耕作土地要求采取集约高效的方式进行生产，结合现代农业科技的园艺化、设施化、工厂化发展趋势，都市型现代农业势必走向高质高效和可持续发展相结合的发展道路。多功能性是现代都市农业的主要特征。

6.2.3 现代都市农业发展的相关经验

长期以来，农业产值占 GDP 的份额很低，农业两个份额的共同下降是结构变革中要素重组的基础。美国、日本、欧盟等发达国家和经济体在过去 30 年的农业发展过程中都出现了结构性变化，即农业增加值比重与就业比重的双重下降。

1. 基于资源禀赋优化农业生产要素组合

将稀缺要素用在回报最高的农业用途上，降低其对农业结构性变革的"短板效应"。如以色列建国伊始，其农业部门就对农业要素禀赋的"家底"进行了全国范围内的摸底调查，以便区分不同区域的土壤特性，决定每块土地的最佳用途，并明确不同类别土地的灌溉优先序，将稀缺的水资源用在经济回报最高的地块；美国建立了农业资源管理调查体系，记录农场的生产实践、资源配置状况以及经济绩效，摸清农业供给侧的基本情况及其动态变化，为农业供给侧改革提供决策依据；荷兰国土面积很小，却是世界上第二大农产品出口国，其主要做法是集中优势农业资源，利用有限的土地集中发展经济价值较高的作物以及畜牧业；日本农业的资源禀赋特征是人多地少，其农业投入结构调整的方向是提高单产。从 1961 年开始，日本加强对适合山地多、地块小而分散的农业机械研发，以替代传统要素。

2. 通过提升农民人力资本，增强其响应要素稀缺性变化的能力

发达国家普遍重视提升家庭农场主的人力资本，以提高其生产、决策能力。如法国农民的门槛较高，拥有"农业职业文凭"或"农业职业能力证书"者（相当于高中一二年级）只能在农场中当雇工，拥有"农业技师证书"或通过农业职业技术会考者，才允许独立经营农场；荷兰农民必须参加相应的农业技术培训并取得相关证书才能上岗，且农业知识创新体系对所有农民开放，农民可以免费参加教育培训，采纳最新的技术成果。

3. 通过农业组织化与专业化提升农业分工与要素组合效率

发达国家通常通过农协、农会等农民组织加强农户与政府、农户与市场的对接，以农业组织化与专业化提高农业供给侧对农产品需求侧变化的敏感度与响应能力。日本上有全国的农协联合会，下有综合农协，也有专业农协，全国99％以上的农户参加了农协，接受生产经营、生活等社会化服务。以色列主要通过集体农庄实现农业过程的高度组织化，在合作网络中为农民提供信贷、农业生产资料并对接市场商品化程度很高、单个家庭农场规模较大的美国也十分重视农场主的组织化，以解决单个农场难以解决的问题。农场主合作社为农场主提供销售和加工、农资供应、贷款服务。此外，还有大量的主要从事特定农业服务的合作社，如农产品运输与仓储、农田灌溉等服务，甚至有专门为农场主提供住房服务的合作社。

4. 农业技术进步是推动要素组合升级的关键力量

技术进步是农业长期增长的源泉，也是推动农业供给侧改革的最重要因素之一，重视农业教育、农业科技的研发与应用，是发达国家农业技术进步的动力。美国形成了农业教育、科研与技术推广"三位一体"的特色体系，提高了农业技术进步对农业发展的助推作用。由州农学院作为农业技术进步的载体，承担农业教育、科研与技术推广的职责，技术需求由农场主通过农业推广站提出，技术推广经费则由联邦、州、郡共同承担。美国的农业技术进步在农业产出中的贡献不断上升，这意味着美国农业的发展，已经不再仅仅依赖要素投入数量的增加，而是更注

重投入要素的利用效率、农场管理水平的提升等。而且美国农业的商品化程度高，私营部门对农业研发的投入甚至超过了公共部门。

6.2.4 现代都市农业的发展趋势

市场营销观念趋势。现代都市农业的未来发展将会借鉴工业制成品的成功经验，更多采用市场营销观念。从市场营销角度来看，市场营销强调"4P"组合，即产品、价格、促销、渠道四要素的组合：从产品看，产品分为核心产品、形式产品和延伸产品，而当前大农业和郊区农业只做到核心产品层次，所以亟须提高农产品的外延价值，采取品牌经营策略，通过树立品牌等策略实施差异化战略，从而提高该产品的需求弹性和收入弹性，这就是都市农业需要做到的。

连锁经营趋势。现代都市农业是一种资本密集型产业，它能吸引大量的非农资本进入该领域，这些资本进入后必然会采用其他产业的经营模式，使用专业化经营模式，树立品牌然后采取国内连锁的经营模式，或者直接加盟国外知名的都市农业品牌，这是我国都市农业发展的方向之一，也是我国目前发展不够的，至少目前我国还没有一个蔬菜的知名品牌。

智能信息化趋势。都市农业将是一种利用农业专家系统和互联网为代表的电子商务系统来指导农业生产和农产品销售的一种知识型、信息型农业。它是拥有一批高层次、多方面的农业专家，利用现代农业科学技术和计算机手段，对农业生产、科技、经济信息等进行加工处理，提出解决农业生产问题最佳方案，帮助农业生产者、管理者进行决策，提高科学管理水平和农民的文化素质，促进现代农业发展。同时，都市农业需要广泛地利用农业科技信息、商贸信息、市场销售信息、农资市场信息、农产品价格信息、气象预报信息等信息源，通过计算机处理和农业咨询业，为都市农业生产和销售提供服务。

国际化经营趋势。随着经济全球化发展和国际化大都市的建设，都市农业将纳入国际经济轨道。为此，都市农业将充分利用对外开放的优势，建立以农副产品出口创汇为中心的、较高层次的农业生产体系，从而提高都市农业的外向化程度。

6.3　促进现代农业产业园区高质量发展

"十四五"时期，我国将在全面建成小康社会的基础上，开启全面建设社会主义现代化国家新征程，农业农村仍将是重中之重。农业高新技术产业开发区作为打造农业创新驱动发展的先行区和农业供给侧结构性改革的试验区，推进农业高新技术产业开发区高质量发展是实现农业农村现代化的前进方向。国务院办公厅印发的《关于推进农业高新技术产业示范区建设发展的指导意见》中提出"大力推进农业农村现代化，探索农业创新驱动发展路径，显著提高示范区土地产出率、劳动生产率和绿色发展水平"。国家"十四五"规划纲要中进一步提出要"建设现代农业产业园区和农业现代化示范区"。《国家农业科技园区发展规划（2018－2025 年）》中明确了农业高新技术产业及其服务业集聚的核心载体建设思路，推进农业科技园区协同创新。

6.3.1　存在问题

以农业科技园区为载体，准确把握农业农村科技重大迫切需求，积极搭建农业科技成果孵化、转移转化平台，极大地提高了县域、农村承接农业高科技成果转移效果，但也存在一定的问题：

1. 产城融合度不高

从设立农高区的地区农业发展表现来看，农业科技进步贡献率在61% 左右，与发达地区相比，农业科技水平尚存在差距。从农业高新技术利用应用推广情况来看，相关技术扩散进展缓慢，农业高新技术产业培育和企业孵化有待加强。调查发现，全省省级现代农业园区虽然生产特色明显，但是大部分停留在提供初级农产品，农产品深加工不够，产品宣传和上市品种开发不足等问题长期存在，一二三产融合重视度高，但是办法不多，突出表现在，园区发展规模较大，但是产业化经营程度不高；加工产业规模小，深加工程度不够；产业链不完善，服务业创新不够，效益差。

149

2. 园区管理运行机制不完善

近年来，农高区基于自身发展模式和区域特色等，为适应创新驱动发展的需要，在功能定位、规划布局上出现了一系列新变化。按照建设和运营主体的差异，园区形成了政府主导型、企业主导型、科研单位主导型 3 种模式，其中以政府主导型的园区为主。这带来农高区管理市场化程度滞后、农产品市场体系不够健全的问题，甚至一些园区重政绩展示、轻效益体现，其管理体制和运行的模式明显落后于企业管理机制，因而造成园区效率低下，发展缺乏活力，经营效益一般，经过多年的发展，全省园区发展日渐成熟，在激烈的市场竞争中，园区进入发展的关键阶段，优胜劣汰，甚至牵扯园区的存亡，应该注重园区运营主体是企业的特点，发挥其竞争优势，提高经营效果，增加发展后劲。

3. 园区人才队伍建设滞后

随着现代农业体系的快速发展，从事农业的经营型、专业技术型、社会服务型人力资源严重不足，园区经营管理团队不健全，尤其缺少市场开发和营销人员，特别是网络营销和农业信息方面人才。同时园区多依托大学院校或科研院所解决专业技术问题，大多缺乏自己的技术人员。在调研中发现，农高区需要大批既懂专业技术，又懂经营管理的复合型人才，但在实际工作农业园区经营者大多是跨界而来，与专业经营理念差距较大。这带来省级开发区管理市场化程度滞后、农业市场化主体发育不足，农产品市场体系不够健全的问题，农业综合产业链尚处于初步形成阶段，农业品牌建设还有很长的一段路要走。

4. 园区硬件设施建设有待提升

当前绿色低碳发展、智慧化、数字经济等新发展理念对农高区建设提出新的要求，农高区在农业绿色发展支撑体系、农业绿色生产标准制定、智慧农业工程和"互联网＋"现代农业行动等方面尚未发挥有效作为，农业生产数字化场景应用与农业精准化水平有待提升。园区建设标准偏低，园区功能区规划及产业布局不够科学，园区土地利用率低，园区总体规划有待进一步完善。

6.3.2 发展对策

围绕服务农业增效、农民增收、农村增绿的主攻方向，为加快推进农高区建设发展，提高农业综合效益和竞争力，大力推进农业农村现代化，提出以下对策：

1. 推动园区实现三产联动和产城融合发展

以农高区为核心载体，推进"三产联动、产城融合"的城乡一体发展局面，加速构建现代农业体系，实现三产齐头并进。

打造农业创新生态。坚持系统推进、全面布局，加快打造以农高区为载体的地区农业完整产业生态体系，寻求产业组织新突破，利用农业科技要素助推农产品生产、农业技艺、农业经营模式提升，激发农业高新技术企业创新创造活力。

建设创新研发平台。支持农高区建设高层次创新研发平台。对新认定的技术创新中心、工程研究中心、企业技术中心等研发平台给予补助。对绩效评估良好的省级以上科技研发平台给予支持。

开展关键核心技术攻关。推动以粮经作物生产为主，农副产品精深加工、过程农业、新品种选育、高效栽培、病虫害防控、农业废弃物利用、循环农业等方面的共性关键核心技术取得实质性突破。在此基础上，选择第二、第三产业中的适宜实体，提升原有农产业的层次，延长原有农业产业链条，实现三次产业融合发展。

加快农业全产业链创新。从山东省优势农产品出发，组织遴选一批科技驱动、基地推动、企业带动、品牌拉动的农业全产业链，依托园区搭建起农业研发、生产、加工、储运、销售、品牌、体验、消费、服务等环节和经营主体的有机联系，开展全省农业全产业链重点链和全省农业全产业链典型县认定，全面推进种植业、养殖业规模化、标准化、集约化。

2. 进一步健全和完善园区运行机制

以有效举措推进现代农业园区建设，积极完善运行机制，切实担负起引导农业产业结构调整、增加农民收入，壮大现代农业的职责，为园区的进一步建设发展创造良好的环境。

提高园区市场化运营水平。发挥园区汇聚高端农业优势，以发展农业高新技术产业为主，配套关联产业为辅，推进农业产业化龙头企业、高新技术企业向农高区集聚。优先将落地的农业产业化龙头企业和高新技术企业纳入省级项目资金支持范围，并享受在同等条件下优先认定的政策优惠。

培育区域公共品牌。支持农高区以市场化方式举办高层次健康食品与乡村振兴论坛。支持培育一批市场影响力大、社会认同度高、综合竞争力强的长寿食品作物品牌，新增一批绿色食品、有机农产品、地理标志农产品等品牌产品。

完善园区联农带农的利益联结机制。不断探索完善产业园区、企业等经营主体联农带农激励机制，在现有"公司＋农户""龙头企业＋合作社＋农户"等模式基础上，加快推进资源变资产、资金变股金、农民变股东"三变"改革，积极探索农民以土地、产品、技术、资金、劳动力等要素入股，采取股份制、合作制、订单农业等多种利益联结方式，逐步与产业园各经营主体结成利益共享、风险共担的共同体。

拓展农业对外科技开放合作途径。加强与境内外先进地区合作，争取重大科研项目、科技成果、创新平台在农高区落地，可"一事一议"给予重点支持。支持农高区企业在食品精深加工、产品出口等方面与国外高等院校、研发机构、高新技术企业开展全方位合作，竭力培育和提升本省农业的国际竞争力。

加强园区宏观管理。会同财政、税收、自然资源等部门，建立投入增长、统筹整合、公开竞争、绩效评价和监督管理的园区管理办法，推进省级农业科技园区创建、验收、评估工作，设立分类绩效考核标准，积极探索财税、金融、土地与科技深度融合的激励方式，提高要素资源配置效率，促使园区科技进步贡献率、土地产出率、劳动生产率、资源利用率显著提高。

开展科技强农"1＋N"行动。以农高区作为创新改革试点，探索实施科技强农"1＋N"行动，即以农业科技园区为引领、创新驱动导向，加速集聚农业科技人才，加快培育农业科技企业，加力建设农业科技创新生态，为全省高质量发展建设共同富裕示范区提供更多的农业元素和案例。

3. 打造园区农业产业人才高地

充分发挥农业产业人才对农高区发展的支撑作用，实现农业"创新高地、产业高地与人才高地"的统一，厚植人才优势，并积极扩大辐射带动影响，提升乡村人才的存量与质量。

精准引才用才。支持农高区根据需求编制紧缺人才、团队数据库，精准引进紧缺人才、团队到农高区创新创业。积极打造基层科技人才队伍。优先选派科技特派员和产业科技特派员服务团在农高区开展创新创业和科技服务工作，加强农高区基层农技推广专业人才队伍建设，培养一批爱农业、懂技术、会经营、善管理的乡村振兴带头人。

加强基层农业科技人才队伍建设。开展农业科技专项培训，培训基层农业科技人才，提高思想认识、明晰肩上责任、增强为农服务能力，提升科技助农水平，真正成为农业科技成果转化的倡导者、传播者、实施者。

推动农业领域创新创业。加大对农业科技型企业、高新技术企业、科创板后备企业的引进培育力度，可"一企一策"给予支持，积极布局省级以上星创天地、众创空间等创新创业平台，引导新型职业农民、返乡农民工、大学生、留学归国人员、科技特派员等到农高区创新创业。

4. 开展园区"新基建"

采用"一次设计、分步实施"的办法推进农高区绿色化、智慧化改造提升工程，同时推进基础设施建设，持续提升服务水平，实现园区绿色循环智慧化发展。

加快绿色化转型。结合全省农高区绿色发展进程，立足优势农产品生产环节，提出绿色生产技术要求，向国家部委争取专项支持资金，开展松材线虫重大病虫害防控、黄河湿地农业面源污染防治、农业生产救灾等系列重点绿色技术推广项目，并在农业合作社、种植大户和农民群众中广泛推广，切实发挥农业绿色发展发挥示范作用。

加快建设智慧农业。支持农高区加快建设 5G 网络、现代物联网、人工智能等信息数字化基础设施，积极推动现代信息技术、智能化技术与农业生产深度融合，完善数字化管理技术体系，建立农产品质量追溯系统。

打造百园建设行动。面向全省开展农业科技园区"百园建设行动",在农村人才、农民组织、农民工、农村道路、农田水利、农村土地、农产品与农资价格、农村金融、家庭农场、农村环境等方面做出多方探索,同时推进,共创农业农村新局面。

实现融资渠道的拓展。推动相关资金向农高区集聚,加大对农高区基础设施和公共服务平台建设、农业高新技术产业发展、科技成果转移转化、农业技术推广等的支持力度。引导社会资本支持农业科技成果在农高区转化落地,通过政府和社会资本合作等模式,引导社会资本参与农高区基础设施建设。创新信贷投放方式,鼓励银行依法合规开展农业产业和基础设施建设中长期信贷业务,鼓励开发性金融机构和商业性金融机构为符合条件的建设项目和农业高新技术企业提供信贷支持。引导风险投资、保险资金等各类资本为符合条件的农业高新技术企业融资提供支持。

第7章　数字时代城镇化发展创新路径

目前，随着物联网、人工智能等数字技术的发展和应用，数字经济快速发展，新的产业形态和商业发展模式大量涌现。数字技术的应用引领社会生产力不断飞越，数字经济已经成为重要的时代特征。近年来，我国高度重视数字经济的发展，党的十九大报告提出，要推动互联网、大数据、人工智能和实体经济深度融合；《中华人民共和国国民经济和社会发展第十四个五年规划和2035年远景目标纲要》提出要加快推进数字化发展，建设数字中国，以数字化转型驱动生产方式、生活方式和治理方式变革；2021年政府工作报告提出要打造数字经济新优势，协同推进数字产业化和产业数字化转型。

本章从数字时代出发，分析数字经济的增长逻辑、产业组织形式、企业组织形态、政府治理模式等多个维度变化变化下对城镇化发展的影响，特别是以人口城镇化为关注重点，分析了数字经济对城市劳动力供给的影响以及数字金融发展对农民工城市融入的影响，探索数字时代中国城镇化的激励模式与创新性发展路径。

7.1　数字经济对城市劳动力供给的影响

数字经济以信息通信技术的新应用为基础，城市的科技发展水平远远高于农村地区，以新型数字技术为依托的数字经济在城市地域的发展速度更快，而城市作为人口密集区，吸引了大量劳动力聚集。在数字经济发展过程中，新型数字技术的应用对于城市劳动力供给的影响突出，数字化发展所创造的多种就业形态和就业模式，既可以保障和稳定城市劳动力就业，也会减少对低技能劳动力的需求。数字经济对于城市劳动力供给的发展有利有弊，协调数字经济与城市劳动力供给之间的关系，推动城市劳动力结构优化和转型，成为当前亟须解决的现实问题。

在这一现实背景下，本节以流动人口中具有劳动能力和就业要求的适龄劳动人口为研究主体，通过分析数字经济背景下这一规模庞大的劳动力群体是否留城的行为选择，考察数字经济对于城市劳动力供给的影响，并探究数字经济影响城市劳动力供给的内在机制和有效路径，以期为处理数字经济发展与城市劳动力供给之间的关系、引导城市劳动力合理流动提供参考。

7.1.1 数字经济影响城市劳动力供给的路径分析

数字经济已经成为促进经济社会发展的加速器，在数字经济发展过程中，新业态、新产业和新型就业模式大量涌现，扩大了城市就业市场容量，但数字经济也加快了城市劳动者技能的老化速度，改变了城市劳动力就业形势。此外，数字技术进步促进了社会生产效率和劳动整体报酬的提高，提升了城市劳动力收入水平。在数字经济发展背景下，公共服务数字化转型速度也在不断加快，公共服务对于城市劳动力群体的覆盖率和可及性进一步提高。此外，信息化工具为城市劳动力维护和拓展社会关系网络、积累社会资本提供了方便，但也会导致城市劳动力社会网络关系单一化，影响城市劳动力的社会资本水平。数字经济逐步成为驱动生产方式、生活方式和治理方式变革的重要动力，是影响和调节城市劳动力供给的重要方式。下面将从就业环境、经济收入、公共服务和社会资本方面，具体剖析数字经济影响城市劳动力供给的路径，并提出相应的研究假设。

1. 就业环境

稳定的就业为城市劳动力提供了基本的物质保障，是城市劳动力生活和立足的根本，随着数字经济的深入发展，数字技术应用的就业替代效应和创造效应同时存在，城市劳动力面临的发展机会的增加与失业风险的提高并存，为城市劳动力的就业增加了诸多不确定性因素，这会影响其留城工作的决策。

一方面，数字经济会创造更多的就业机会，对带动和保障就业具有不可或缺的作用（何宗樾和宋旭光，2020）。随着数字技术的发展和应用，依托互联网平台的新型就业形态大量涌现，产生了大量的劳动力需求，如焦勇和杨蕙馨（2017）研究发现信息化与工业化融合发展能够推动产业结构优化升级，扩大了城市劳动力市场容量，这会吸引城市范围内的劳动力留城工作。此外，数字经济的发展增强了城市工作地点和时间的弹性机制，使得城市劳动力的就业环境更加宽松，拓宽了城市劳动力的职业选择空间，使得城市劳动力就业的灵活性增强，有助于缓解城市劳动力面临的过度劳动压力，提升该群体的工作和生活质量（郭凤鸣，2020），这可以刺激城市劳动力供给。另一方面，技术变革是社会生产力快速发展的催化剂，数字经济发展催生了新行业和新业态，新旧业态的更替导致结构性失业风险增加，部分可替代性较强的岗位被取缔，新的就业形势对劳动力职业技能和综合素质的要求提高，城市劳动力尤其是低技能劳动力的就业难度增大，数字经济对城市劳动力市场造成了巨大的冲击。研究显示，1000名工人所对应的机器人数量每增加1台，将导致就业率减少 0.18% ~ 0.34%（Acemoglu & Restrepo，2017）。新一代信息技术的发展会加快物化劳动替代活劳动进程（王梦菲和张昕蔚，2020）。因此，提出如下假设：

假设1：数字经济通过改变劳动力就业环境，影响城市劳动力供给。

2. 经济收入

较高的经济收入始终是城市吸引劳动力流入的重要力量，数字经济的发展会通过增加城市劳动力工资收入、营业性收入、财产性收入和实际可支配收入，提高城市劳动力群体的整体收入，进而影响这一群体的供给选择。

具体而言，数字经济发展过程中，智能制造、产业链协同、智慧仓储等数字技术的应用与发展提高了企业的生产效率和企业间的协作水平，促进了社会整体生产水平和劳动力工作效率的提升，城市劳动力的工资性收入相应增加（戚聿东等，2020）。同时，数字经济发展以大数据为基础，为企业和劳动者双方提供了信息交互的平台，商业工作门户网站等途径可以帮助城市劳动力获得更加及时可靠的职位空缺数据，劳动力供给与需求的匹配效率大幅度提升（Wozniak，2021）。这将会缩短城市劳动人口的失业周期，可以减少摩擦性失业，进一步提升和稳定城市劳动力的工资性收入。此外，数字经济发展为城市劳动力创业、经商提供了机会和平台，为城市劳动力创业、经商提供了良好条件，有利于提高劳动力的经营性收入。数字经济在服务业领域催生了一大批基于数字技术的新业态、新模式，支付宝等平台的快速发展，缓解了城市劳动力面临的流动性约束，激励城市劳动力购买金融产品和服务，增加了城市劳动力的财产性收入。电子商务交易平台也可以通过降低搜寻成本，改变消费品的价格（孙浦阳等，2017），使得城市劳动力的实际收入增加。数字经济对城市劳动力收入水平的提高，因此，提出如下假设：

假设2：数字经济发展通过提高劳动力收入水平，影响城市劳动力供给。

3. 公共服务

公共服务供给反映了城市能够为劳动力提供的福利，数字经济创新了公共服务供给方式和社会治理模式，增加了城市劳动力群体的社会福利。但与此同时，数字经济背景下非正规就业人员难以有效进入社会保险体系，社会保障权益的公平性、社会保障责任的清晰度和社会保障技术的先进性尚未满足城市劳动力对于社会公共服务的需要（何文炯，2020），这会影响城市劳动力供给决策。

当前，数字经济不断向传统行业渗透，大数据、5G技术、区块链、物联网平台等在传统行业的应用范围不断扩大，数字技术为城市劳动力提供了低成本的优质资源共享渠道，提高了社会保障与公共服务体系的效率和质量。这增强了城市人口的风险预防和应对能力，使其保持对未来生活的良好预期，吸引劳动力涌入城市，进而保证城市劳动力供给。但与此同时，数字经济发展也为政府治理和社会公共服务水平的提高带来了阻碍。当前数字经济改变了传统形式上的就业形式，个体就业者依托于多个共享经济平台，政府难以准确掌握灵活就业人员的工作和生活情况，使得部分城镇就业人员游离于就业保障系统之外（王震，2020），城市劳动力的社会保障责任界定不清，其社会公共服务和保障的权力难以得到有效保证。我国当前的社会保障和社会公共服务体系的灵活性和弹性，尚未满足数字经济发展背景下城市劳动力对于社会保障的需要，这会阻碍社会福利水平的提高，影响城市劳动者的心理预期，进而影响城市劳动力供给。因此，提出如下假设：

假设3：数字经济发展通过影响城市公共服务，制约城市劳动力供给。

4. 社会资本

社会资本是城市劳动力在社会网络关系基础上形成的社会资源（戚聿东和褚席，2021），是城市劳动力生活和就业的重要支撑。数字经济发展在帮助城市劳动维持和稳定现有的人际关系的同时，也为城市劳动力拓展社会网络提供了可能，提高了城市劳动力社会资本水平，激励和吸引劳动力增加供给。但数字化工具也使得劳动力社交的"圈层文化"和"同群效应"突出，导致城市劳动力社会资本质量不高，限制其留城工作的意愿。

受中国传统文化的影响，中国是典型的"人情社会"，关系网络中的"人情"可以带给人以信任、依托、互助等各种好处，社会资本在信息共享与就业过程中扮演重要角色（徐勇，2010；Wegener，1991）。数字经济的发展改变了城市劳动力社会交往方式，推动城市劳动力进行线上社交，打破了传统社交方式中的时空限制和束缚，降低了社会交往活动的时间成本和经济成本，可以帮助城市劳动力维护现有的社会关系，这会提高社会关系强度进而通过劳动力市场信息差异影响就业（Granovetter，1973）。同时，数字经济发展过程中，数字技术、信息通信技术的出现可以使人们根据个人爱好、特定需求搭建关系网络（Bargh & McKenna，2004）。城市劳动力可以根据个人需求选择特定的社交圈，拓宽社会关系网络，提升自身的社会资本，为就业提供保障。但是，这也会形成"求职圈""招聘圈"等圈层文化，层次相近、社会地位和工作环境相似的人群相互吸引，导致城市劳动力的社会资本质量不高，对其职业提升的帮助不大，甚至会因为"同群效应"制约城市劳动力向更高层次发展。这也会降低城市劳动力的生活满意度和预期，抑制城市劳动力供给。因此，提出如下假设：

假设4：数字经济发展通过调节社会资本，影响城市劳动力供给。

7.1.2　数据来源、模型构建和变量选取

1. 数据来源

本部分关于数字经济方面的数据来自2017年《中国城市统计年鉴》和北京大学数字金融研究中心编制的"北京大学数字普惠金融指数"数据，关于城市劳动力供给的数据来自2017年流动人口动态监测调查（China Migrants Dynamic Survey，CMDS）数据。2017年《中国城市统计年鉴》统计了289个城市的数据，"北京大学数字普惠金融指数"数据涵盖了337个地级以上城市的数据，为测度城市数字经济发展水平提供了基础数据。2017年CMDS随机在我国31个省（区、市）和新疆生产建设兵团流动人口较为集中的流入地抽取样本点，以在流入地居住一个月以上，非本区（县、市）户口的15周岁及以上流入人口为调查对象，其调查结果对全国和各省份具有代表性，为研究提供了基础数据。

160

2. 变量选择

（1）被解释变量。以城市劳动力供给作为被解释变量。在借鉴相关研究的基础上，以规模庞大、流动性强的流动人口的行为选择反映城市劳动力市场情况；以流动人口中具有劳动能力和就业要求的适龄劳动人口今后是否选择长期留居城市，反映城市劳动力供给状况（吴贾和张俊森，2020；魏下海等，2020）。具体而言，保留年龄为16~64岁，因务工/工作、经商和家属随迁，目前有就业需求和劳动能力的样本；在问卷中通过"今后一段时间，您是否打算继续留在本地？"来确定流动人口中具有劳动能力和就业需求的适龄劳动人口是否继续留在城市提供劳动力商品。被访劳动力回答的选项分别为"不愿意""没想好"和"愿意"，将其分别赋值为1，2，3。

（2）核心解释变量。数字经济涉及的内容比较广泛，难以量化。目前，囿于数据可得性和核算方法有限性，学术界对于数字经济的测度方法尚未达成一致共识，现有研究大多从省级层面收集数据，对数字经济的相关内容进行测度分析（王军等，2021）。已有关于城市层面数字经济的测度较少，部分学者以数字普惠金融指数代表数字经济发展（杨

骁等，2020）。本部分参考赵涛等人的研究，从互联网发展和数字普惠金融两个方面测度城市层面的数字经济发展水平（赵涛等，2020）。通过主成分分析法，得到数字经济发展综合得分，以此代表数字经济发展水平。

（3）控制变量。本部分以性别、年龄、民族、政治面貌、受教育程度、健康状况、婚姻状况作为反映城市劳动力个人特征的控制变量（Yang et al.，2020；古恒宇等，2018）。一般情况下，由于男女社会分工的差异，性别会制约城市劳动力的就业选择，年龄会影响城市劳动力所能够承担的工作强度，也会影响城市劳动力的就业选择，对城市劳动力供给有不可忽视的影响。现有研究表明，民族身份与劳动者就业存在密切联系，少数民族身份劳动者的就业概率更低（陆铭等，2012）。政治面貌属于劳动者的资源禀赋，在一定程度上反映了个体对于社会发展的关注度和积极性，一般而言，中共党员自身能力更强，拥有的社会资本更丰富，这会提高城市劳动力的就业概率，影响城市劳动力供给。受教育程度反映了劳动者拥有的工作技能，受教育程度越高的个体，对城市生活的适应能力越强，在城市获得就业机会和高收入的可能性越大，这是影响城市劳动力供给的因素之一。健康状况会影响城市劳动力能够承受的工作时间和工作强度，进而影响城市劳动力供给。婚姻状况也是影响城市劳动力供给的重要因素，已婚个体在进行决策时，需要平衡工作和家庭之间的关系。

社会经济因素对城市劳动力供给具有重要影响。在现有研究的基础上，本书选择人际网络关系、家庭月收入、家庭月支出、住房性质、主要职业、就业难度、健康档案 7 个变量作为社会经济方面的控制变量。一般而言，社会网络能够影响劳动力找到工作的机会以及工作类型，劳动力能够把握的工作机会随着人际网络关系的提升将有所增加。经济收入始终是影响城市劳动力供给决策的重要因素，家庭月收入和家庭月支出可以直观反映出劳动力的经济状况，是影响城市劳动力供给的重要内容（吴贾和张俊森，2020）。有研究表明，住房拥有状况和职业是影响劳动力流动的重要经济因素（段玲等，2021）。主要职业会直接影响城市劳动力的就业稳定性，住房性质反映了城市劳动力当前的居住环境和面临的住房压力，一定程度上代表了城市劳动力供给的可能性。为全面反映城市劳动力面临的就业形势，本书将就业难度作为控制变量，纳入模型。此外，社会为劳动者提供的健康权益，会影响城市劳动力防范和应对风险的心理预期，也是影响城市劳动力供给重要内容（邓睿，2019）。

具体的变量定义与测度方法如表7-1所示。

表7-1   变量的定义与测度

变量类型		变量名称	变量定义及测度
被解释变量		城市劳动力供给	今后是否打算继续留在本地（否=1，没想好=2，是=3）
核心解释变量		数字经济发展水平	数字经济发展综合得分： 互联网普及率（百人中互联网宽带接入用户数）； 相关从业人员情况（计算机服务和软件业从业人员占城镇单位从业人员比重）； 相关产出情况（人均电信业务总量）； 移动电话普及率（百人中移动电话用户数）； 数字普惠金融（数字普惠金融指数）
控制变量	个体特征	性别	男=1，女=0
		年龄	年龄
		民族	汉=1，其他=0
		政治面貌	中共党员=1，其他=0
		受教育程度	从未上过学=1，小学=2，初中=3，高中/中专=4，大学专科=5，大学本科=6，研究生=7
		健康状况	劳动力健康状况自评 不健康（生活能自理/生活不能自理）=1，基本健康=2，健康=3
		婚姻状况	已婚（初婚/再婚）=1，其他（未婚/离婚/丧偶/同居）=0
	社会经济因素	人际网络关系	日常交往对象（很少与人来往=1，同乡=2，其他外地人=3，其他本地人=4）
		家庭月收入	ln（家庭平均月总收入）
		家庭月支出	ln（家庭平均月总支出）
		住房性质	自有住房（自购商品房/自购保障性住房/自购小产权住房/自建房=1，其他=0

变量类型		变量名称	变量定义及测度
控制变量	社会经济因素	主要职业	管理者及办事员=1，专业技术人员=2，商业服务人员=3，生产运输人员=4，无固定职业者=5，其他=6
		就业难度	在城市是否有难以找到稳定工作的困难（是=1，否=0）
		健康档案	是否在当地社区建立了居民健康档案（是=1，否=0）

注：数字经济发展综合得分通过主成分分析法，将城市百人中互联网宽带接入用户数、计算机服务和软件业从业人员占城镇单位从业人员比重、人均电信业务量、百人中移动电话用户数、数字普惠金融指数5个指标进行降维，得到数字经济发展综合得分。

3. 模型设计

（1）有序概率模型。

由于本节的被解释变量是离散型排序变量，参考现有文献，采用有序概率模型（Ordered Probit）进行回归（Clark et al.，2008；祝仲坤，2017）。为检验数字经济对城市劳动力供给的影响，构建模型：

$$\text{Labor\_sup}_i^* = \partial_1 + \partial_2 \text{Internet}_i + \sum \partial_k X_{k,i} + \varepsilon_i \qquad (7.1)$$

在式（7.1）中，i 表示城市，Labor_sup_i^* 代表城市劳动力供给的潜变量；∂_1 代表截距项；∂_2 和 ∂_k 代表各个解释变量的系数；Internet_i 代表数字经济发展水平；$X_{k,i}$ 为若干控制变量，反映劳动力个人特征、社会经济等其他影响城市劳动力供给的因素；ε_i 为随机扰动项。Labor_sup_i^* 属于不可观测的潜变量，与城市劳动力供给存在关系为：

$$\text{Labor\_sup}_i = \begin{cases} 1, & \text{Labor\_sup}_i^* \leqslant C1 \\ 2, & C1 < \text{Labor\_sup}_i^* \leqslant C2 \\ 3, & C2 < \text{Labor\_sup}_i^* \end{cases} \qquad (7.2)$$

如式（7.2）所示，Labor_sup_i 代表城市劳动力供给，C1 和 C2 为切点，当 $\text{Labor\_sup}_i^* \leqslant C1$ 时，劳动力选择离开城市，减少城市劳动力供给（$\text{Labor\_sup}_i = 1$）；当 $C1 < \text{Labor\_sup}_i^* \leqslant C2$ 时，劳动力处于犹豫状态，没想好是否继续留居城市为当地提供劳动力供给（$\text{Labor\_sup}_i = 2$）；当 $C2 < \text{Labor\_sup}_i^*$ 时，劳动力选择继续留在城市，稳定城市劳动力供给（$\text{Labor\_sup}_i = 3$）。

（2）中介效应模型。

逐步回归法是机制检验中常用的一种方法（施炳展和李建桐，2020）。本节参考现有研究，结合理论分析框架，通过逐步回归法对数字经济影响城市劳动力供给的就业环境、经济收入、公共服务和社会资本机制进行检验。具体模型设定为：

首先，检验核心解释变量与被解释变量之间的关系：

$$\text{Labor\_sup}_i^* = \beta_1 + \beta_2\,\text{Internet}_i + \sum \beta_k X_{k,i} + \varepsilon_i \qquad (7.3)$$

其次，检验核心解释变量与中介变量之间的关系：

$$M_i = \gamma_1 + \gamma_2\,\text{Internet}_i + \sum \gamma_k X_{k,i} + \varepsilon_i \qquad (7.4)$$

最后，同时检验核心解释变量与中介变量对被解释变量的影响：

$$\text{Labor\_sup}_i^* = \theta_1 + \theta_2\,\text{Internet}_i + \theta_3 M_i + \sum \theta_k X_{k,i} + \varepsilon_i \qquad (7.5)$$

其中，β_2 衡量了数字经济对城市劳动力供给影响的总效应，γ_2 衡量了数字经济对中介变量的影响，θ_2 衡量了数字经济对城市劳动力供给影响的直接效应，$\gamma_2\theta_3$ 衡量了数字经济对城市劳动力供给影响的中介（间接）效应。

7.1.3　数字经济影响城市的劳动力供给的实证分析

为了明晰数字经济对城市劳动力供给的影响程度，本节将通过有序概率模型实证检验数字经济对城市劳动力供给的影响，并通过一系列稳健性检验证实研究结论的可靠性。在此基础上，结合理论分析框架，检验数字经济对城市劳动力供给的影响机制，为数字经济背景下稳定城市劳动力供给提供具体的路径参考。考虑到数字经济在不同地区、对不同劳动力群体影响的差异，本章将进一步分析数字经济对城市劳动力供给的影响异质性，为以数字经济发展引导城市劳动力供给的政策建议提供相应的事实依据。

1. 数字经济影响城市劳动力供给的回归结果

（1）基准回归。

本节通过有序概率模型检验了数字经济对城市劳动力供给的影响，具体结果如表 7-2 所示。表 7-2 列（1）是数字经济对城市劳动力供给的估计结果，表7-2中的列（2）和列（3）是在逐步加入劳动力个体特征变量和社会经济因素之后，数字经济对城市劳动力供给的估计结果。

表7-2   基准回归结果

解释变量	（1）	（2）	（3）
数字经济发展水平	0.0606 *** （0.0035）	0.0512 *** （0.0036）	0.0603 *** （0.0038）
性别		0.0219 ** （0.0101）	0.0199 * （0.0103）
年龄		− 0.0030 *** （0.0006）	− 0.0029 *** （0.0006）
民族		− 0.0412 ** （0.0188）	− 0.0543 *** （0.0190）
政治面貌		0.0369 （0.0260）	0.0111 （0.0265）
受教育程度		0.1300 *** （0.0051）	0.0701 *** （0.0055）
健康状况		0.0937 *** （0.0120）	0.0880 *** （0.0122）
婚姻状况		0.3477 *** （0.0137）	0.1909 *** （0.0149）
人际网络关系			0.0589 *** （0.0045）
家庭月收入			0.1007 *** （0.0128）
家庭月支出			0.1087 *** （0.0112）
住房性质			0.3817 *** （0.0140）
主要职业			0.0015 （0.0066）

解释变量	(1)	(2)	(3)
就业难度			−0.0232* (0.0126)
健康档案			0.0664*** (0.0108)
Observations	91253	91253	91253

注：括号内为标准误，*** 表示 p<0.01，** 表示 p<0.05，* 表示 p<0.1，下同。

表7-2的结果显示，数字经济对城市劳动力供给始终具有显著的正向影响，数字经济发展对城市劳动力供给具有非常显著的正面推动作用。这说明，虽然数字经济发展过程中，数字技术、工业机器人的广泛应用会冲击城市劳动力市场，给城市社会保障和公共服务的管理调控带来困难，阻碍社会资本质量的提升，但是数字经济发展所形成的就业创造效应、社会生产效率提升、工资水平上升、消费便捷性提高等积极影响仍然占据主导地位，数字经济发展在整体上激励了城市劳动力增加供给，有利于城镇化的持续稳定发展。

表7-2的第（2）列结果表明，在控制变量方面，性别、受教育程度、健康状况、婚姻状况等个人特征对城市劳动力供给具有显著正向影响。估计结果表明，城市劳动力群体中的男性劳动力留在城市中继续工作的概率更大。主要原因在于，男性所承受的家庭经济负担一般比女性更大，对于未来的职业发展规划更加明确，留在城市可以获得更多的经济收入和发展空间，最终形成了男性劳动力的供给意愿更强的局面。受教育程度高、健康状况好的劳动力，他们的学习机会越多，技能水平相应也会得到较快提高，预期工资的增长速度越快，这部分劳动力继续留在城市工作的可能性越大，以获得更好的发展机会。从婚姻状况来看，已婚群体更愿意留在城市。已婚劳动力在进行决策时，容易受到家庭影响，在城市稳定工作可以获得较高经济收入的同时，也可以为家人争取舒适的生活环境，这会放大城市对于劳动力的吸引力，促使劳动力继续留在城市。

此外，在个人特征变量中，年龄和民族会明显阻碍和抑制劳动力群体的留城工作意愿。出现这一结果的主要原因在于，劳动力所能够承受的就业压力和劳动强度会随着年龄的增长而降低，这会导致劳动力在就业市场中处于不利地位，因此，劳动力供给意愿会随着年龄的增长而减弱。从实证结果来看，与汉族劳动力相比，少数民族劳动力在城市工作定居的可能更大。这可能是"同群效应"影响下的结果，外出劳动力人口中，少数民族人口占比小，少数民族劳动力更容易受到同乡的影响，在同一城市或地区工作定居。

表7-2的第（3）列结果显示，从社会经济因素来看，城市劳动力面临着较大的生活压力，人际网络关系、健康档案对城市劳动力供给具有重要影响，而家庭月收入、家庭月支出与住房性质是影响城市劳动力供给的主要经济因素，上述5个因素均对城市劳动力供给具有显著正向影响。主要原因在于，劳动力与同乡以外的人交往越密切，他们在城市的社会关系网络越庞大，与城市的联系越紧密，劳动力在城市继续提供劳动力供给的可能性也越大，使得人际网络关系对城市劳动力供给具有显著正向影响。健康档案反映了城市为劳动力提供的社会医疗健康服务，社区健康档案的建立，可以使劳动力的健康权益可以得到更好的保证，这会激励劳动力在城市工作，增加劳动力供给。家庭月收入越多，说明劳动力在城市的经济收入越高，这会形成吸引劳动力留在城市的拉力。家庭月支出越高，一方面，说明劳动力在城市的生活成本越高，家庭经济负担大；另一方面，说明劳动力在城市所能够消费的产品和服务种类增加，消费便捷性提高，可以更好地满足家庭多样化的消费需求，家庭生活和消费水平提高。从回归结果来看，家庭月支出对劳动力供给的正面影响居多，城市劳动力供给随着家庭月支出的增加而增加，劳动力更偏好城市能够提供的多样化的消费方式。住房是城市劳动力面临的主要生活压力之一，拥有自有住房的劳动力更愿意继续留在城市工作，原因在于这部分劳动力的住房压力小，与其他劳动力相比，无须支付住房成本，生活成本和生活压力相对较小。

此外，从就业难度、主要职业与城市劳动力供给的关系来看，前者与城市劳动力供给显著负相关；后者与城市劳动力供给正相关，但是回归系数没有通过显著性检验。主要原因在于，就业难度反映了劳动力在城市就业环境的严峻程度，就业难度越高，劳动力对于留城工作的期望越低，进而使得城市劳动力供给减少。在职业方面，与管理和技术人员相比，无固定职业者等更倾向于在城市工作。这是由于城市第三产业发

167

展速度较快，可以为劳动力提供更多的就业机会，满足劳动力的生存与生活需要。

（2）稳健性检验。

内生性问题是在实证分析中必须考虑的问题。由于实际原因，在基准回归中主要考虑了对城市劳动力供给有重要影响的因素，无法将所有影响城市劳动力供给的因素详细列出，存在遗漏变量，进而产生内生性问题。本节参考相关的研究，以各城市每百万人邮局数量这一邮电历史数据作为数字经济发展水平的工具变量。一方面，城市邮电基础设施水平会影响其后续互联网和数字技术的应用与发展，较好的邮电基础设施建设为数字经济的发展奠定了基础，将其作为工具变量可以满足相关性要求；另一方面，随着通信技术的发展，邮局数量对经济社会发展的影响不断下降，将其作为工具变量可以满足排他性要求。因此，本节选择各城市1984年每百万人邮局数量作为数字经济发展水平的工具变量。同时，参考张景娜、张雪凯和祝仲坤、冷晨昕的研究，采用 CMP 方法解决内生性问题（张景娜和张雪凯，2020；祝仲坤和冷晨昕，2018）。表 7-3 为 CMP 方法的估计结果。

表 7-3　　　　　　　内生性检验：工具变量的回归结果

解释变量	CMP 方法	
	第一阶段	第二阶段
数字经济发展水平		0.0278 *** (0.0076)
ln（每百万人邮局数量）	0.7935 *** (0.0113)	
性别	-0.0586 *** (0.0089)	0.0177 * (0.0103)
年龄	0.0041 *** (0.0006)	-0.0028 ** (0.0006)
民族	0.1473 *** (0.0175)	-0.0498 *** (0.0190)
政治面貌	-0.1004 *** (0.0209)	0.0084 (0.0265)

解释变量	CMP 方法	
	第一阶段	第二阶段
受教育程度	0.1464 *** (0.0046)	0.0746 *** (0.0056)
健康状况	0.0560 *** (0.0113)	0.0892 *** (0.0122)
婚姻状况	- 0.1675 *** (0.0136)	0.1812 *** (0.0150)
人际网络关系	- 0.1185 *** (0.0039)	0.0541 *** (0.0046)
家庭月收入	0.6214 *** (0.0111)	0.1232 *** (0.0136)
家庭月支出	0.0677 *** (0.0101)	0.1106 *** (0.0112)
住房性质	- 0.4687 *** (0.0108)	0.3644 *** (0.0144)
主要职业	0.0284 *** (0.0056)	0.0044 (0.0067)
就业难度	0.0069 (0.0114)	- 0.0254 ** (0.0126)
健康档案	- 0.2155 *** (0.0092)	0.0618 *** (0.0108)
atanhrho_12	0.0546 *** (0.0111)	
Wald 检验	21468.99	
Observations	91253	

注：每百万人邮局数量的相关数据来自 1985 年《中国城市统计年鉴》。

由表 7 - 3 的结果可知，在第一阶段，每百万人邮局数量与数字经济发展水平在 1% 的水平下显著正相关，满足工具变量的相关性要求；内生性检验参数 atanhrho_12 在 1% 的水平下显著，佐证了内生解释变量选择的合理性和可靠性。第二阶段的结果显示，在纠正可能存在的内生性问题后，数字经济发展水平对城市劳动力供给仍然具有显著的正向影响，其他控制变量的结果也与基准回归结果基本一致，这充分印证了数字经济发展对城市劳动力供给具有正向激励作用这一结论，证明了基准回归结果的可靠性。

为了确保数字经济对城市劳动力供给的正向影响是稳健的，本节参考吴方卫、康姣姣（2020）以及李成友、孙涛、王硕（2021）的研究方法，通过更换回归模型、排除异常值的方式检验实证结果的稳健性。本研究使用 OLS 和 Ologit 模型进行回归分析，同时，为了排除特殊地区的异常值对估计结果的影响，对数字经济发展水平数据在1%分位上进行缩尾处理后，重新进行回归。具体结果如表 7 - 4 所示，其中，列（1）为使用 OLS 模型重新进行回归的结果，列（2）为使用 Oprobit 模型重新进行回归的结果，列（3）为缩尾处理即排除数字经济发展水平异常值之后的回归结果。

表 7 - 4 　　稳健性检验：更换模型和排除异常值后的回归结果

| 解释变量 | OLS | Ologit | 排除异常值 |
	（1）	（2）	（3）
数字经济发展水平	0. 0147 *** （0. 0010）	0. 1177 *** （0. 0072）	0. 0572 *** （0. 0038）
性别	0. 0067 ** （0. 0029）	0. 0346 * （0. 0190）	0. 0180 * （0. 0103）
年龄	- 0. 0011 *** （0. 0002）	- 0. 0036 *** （0. 0011）	- 0. 0029 *** （0. 0006）
民族	- 0. 0143 *** （0. 0054）	- 0. 1077 *** （0. 0350）	- 0. 0595 *** （0. 0192）
政治面貌	- 0. 0035 （0. 0062）	0. 0672 （0. 0514）	0. 0111 （0. 0267）
受教育程度	0. 0155 *** （0. 0015）	0. 1349 *** （0. 0104）	0. 0697 *** （0. 0056）
健康状况	0. 0283 *** （0. 0040）	0. 1563 *** （0. 0222）	0. 0911 *** （0. 0123）

解释变量	OLS	Ologit	排除异常值
	（1）	（2）	（3）
婚姻状况	0.0575 ***	0.3389 ***	0.1948 ***
	（0.0046）	（0.0270）	（0.0150）
人际网络关系	0.0161 ***	0.1096 ***	0.0605 ***
	（0.0013）	（0.0084）	（0.0046）
家庭月收入	0.0217 ***	0.2008 ***	0.0984 ***
	（0.0037）	（0.0237）	（0.0129）
家庭月支出	0.0309 ***	0.2070 ***	0.1111 ***
	（0.0035）	（0.0205）	（0.0113）
住房性质	0.0861 ***	0.7240 ***	0.3769 ***
	（0.0030）	（0.0275）	（0.0141）
主要职业	0.0008	0.0041	0.0009
	（0.0017）	（0.0123）	（0.0067）
就业难度	− 0.0047	− 0.0484 **	− 0.0267 **
	（0.0038）	（0.0231）	（0.0127）
健康档案	0.0192 ***	0.1184 ***	0.0642 ***
	（0.0029）	（0.0201）	（0.0109）
Observations	91253	91253	90383

表7-4中，列（1）、列（2）、列（3）依次汇报了使用OLS模型、Ologit模型和排除异常值后的估计结果。经过重新回归后可以发现，数字经济对城市劳动力供给始终具有正向影响，并且这一影响通过了显著性检验。这说明在更换模型和剔除极端值后，数字经济对城市劳动力供给的正向影响依然显著，验证了基准回归结果的稳健性。

2. 数字经济影响城市劳动力供给的机制检验

为了明确数字经济影响城市劳动力供给的有效路径，本书在验证数字经济对城市劳动力供给的影响后，参考施炳展和李建桐（2020）的研究方法，寻找合适的中介变量，通过中介效应模型，对就业环境、经济收入、公共服务和社会资本的中介效应进行检验，明确数字经济影响城市劳动力供给的作用机制和有效路径，为数字经济背景下稳定城市劳动力供给提供具体的路径参考。

（1）就业环境。

结合理论分析框架，将就业难度作为中介变量，对就业环境的中介效应进行检验，进而对假设1"数字经济改变劳动力就业环境，影响城市劳动力供给"进行检验，明确就业环境是否为数字经济影响城市劳动力供给的有效路径。具体结果如表7-5所示。

表7-5　　　　　数字经济影响城市劳动力供给的就业环境路径

变量	（1）	（2）	（3）
	城市劳动力供给	就业难度	城市劳动力供给
数字经济发展水平	0.0604*** (0.0038)	-0.0209*** (0.0037)	0.0602*** (0.0038)
就业难度			-0.0232* (0.0126)
控制变量	控制	控制	控制
Observations	91253	91253	91253

表7-5中第（2）列和第（3）列的结果表明，就业环境是数字经济影响城市劳动力供给的有效路径。数字经济的发展显著降低了城市劳动力的就业难度，进而激励城市劳动力供给。当前数字经济为城市中的劳动力创造了多样化的工作岗位，降低了城市劳动力市场的就业门槛，增强了城市劳动力市场对于外来人口的包容度。这在整体上减小了城市劳动力寻找工作的难度，改善了城市劳动力的就业环境，提高了劳动力对于在城市安稳定居和生活的信心，最终激励城市劳动力留城工作，增加城市劳动力供给。由此，假设1即"数字经济改变劳动力就业环境，影响城市劳动力供给"得到验证。

（2）经济收入。

结合前文的理论分析框架，选择以家庭月收入代表经济收入方面的中介变量，对经济收入的中介效应进行检验，进而对假设2"数字经济发展通过提高劳动力收入水平，影响城市劳动力供给"进行检验，明确经济收入是否为数字经济影响城市劳动力供给的有效路径。具体结果如表7-6所示。

表7-6　　　　　　数字经济影响城市劳动力供给的经济收入路径

变量	(1)	(2)	(3)
	城市劳动力供给	家庭月收入	城市劳动力供给
数字经济发展水平	0.0658 *** (0.0037)	0.0566 *** (0.0010)	0.0602 *** (0.0038)
家庭月收入			0.1007 *** (0.0128)
控制变量	控制	控制	控制
Observations	91253	91253	91253

　　表7-6中的列（2）、列（3）给出了以家庭月收入为中介变量的估计结果，结果显示，经济收入是数字经济影响城市劳动力供给的有效路径。数字经济通过促进家庭月收入的增加，鼓励城市劳动力增加供给。经济收入始终是影响人口流动的重要因素，城市区域内数字经济的发展使得劳动生产率提高，劳动力薪资待遇提高，加上城市劳动力工资溢价的作用，城市劳动力工资性收入较高。此外，城市数字经济的发展为劳动力提供了多样化的理财工具，增加了家庭收入来源，提高了家庭收入水平。家庭经济收入水平不断提高，劳动力在城市工作和生活的意愿相应也会相应增强。由此，假设2即"数字经济发展通过提高劳动力收入水平，影响城市劳动力供给"得到验证。

　　（3）公共服务。

　　结合前文的理论分析框架，选择以健康档案代表城市公共服务方面的中介变量，对公共服务的中介效应进行检验，进而对假设3"数字经济发展通过影响城市公共服务，制约城市劳动力供给"进行检验，明确公共服务是否为数字经济影响城市劳动力供给的有效路径。具体结果如表7-7所示。

173

表7-7　　　　　数字经济影响城市劳动力供给的公共服务路径

变量	(1)	(2)	(3)
	城市劳动力供给	健康档案	城市劳动力供给
数字经济发展水平	0.0592 *** (0.0038)	- 0.0484 *** (0.0032)	0.0603 *** (0.0038)

变量	（1）	（2）	（3）
	城市劳动力供给	健康档案	城市劳动力供给
健康档案			0.0664 *** （0.0108）
控制变量	控制	控制	控制
Observations	91253	91253	91253

表7-7中，第（2）、第（3）列给出了以健康档案为中介变量的估计结果，结果表明，公共服务是数字经济影响城市劳动力供给的有效路径。当前我国数字经济的发展阻碍了社会公共服务均等化的推进，不利于健康档案等社会公共服务的提供，这最终会抑制城市劳动力供给。数字经济的发展使得城市劳动力的流动性提高，劳动力大多以租房形式在城市生活，城市中的劳动力个体与城市社区之间的联系不稳定，社会保障责任难以确定，导致社区为劳动力提供公共服务的难度增加。数字经济发展背景下公共服务和保障的不完善最终抑制了城市劳动力供给。由此，假设3即"数字经济发展通过影响城市公共服务，制约城市劳动力供给"得到验证。

（4）社会资本。

结合前文的理论分析框架，选择以人际网络关系代表城市劳动力社会资本方面的中介变量，对社会资本的中介效应进行检验，进而对假设4"数字经济发展通过调节社会资本，影响城市劳动力供给"进行检验，明确社会资本是否为数字经济影响城市劳动力供给的有效路径。具体结果如表7-8所示。

表7-8　　　数字经济影响城市劳动力供给的社会资本路径

变量	（1）	（2）	（3）
	城市劳动力供给	人际网络关系	城市劳动力供给
数字经济发展水平	0.0544 *** （0.0038）	-0.0838 *** （0.0026）	0.0603 *** （0.0038）

续表

变量	（1）	（2）	（3）
	城市劳动力供给	人际网络关系	城市劳动力供给
人际网络关系			0.0589 *** （0.0045）
控制变量	控制	控制	控制
Observations	91253	91253	91253

表7-8中，第（2）、第（3）列给出了以人际网络关系为中介变量的估计结果，实证结果表明，社会资本是数字经济影响城市劳动力供给的有效路径。数字经济会显著降低城市劳动力的社会资本存量，进而抑制城市劳动力供给。主要原因在于，数字经济导致城市劳动力以线上活动代替线下交往活动，虽然增加了互动频率，但是人与人之间的亲密度下降，社会关系强度减弱。此外，在数字经济的影响下，城市劳动力可以根据个人需要选择特定的社交圈，更多地与同乡来往，社会资本质量低。因此，城市劳动力实际拥有的人力资本存量减少，不利于城市劳动力职业发展和个人成长，这会降低城市劳动力对于留城工作的预期，最终会减少城市劳动力供给。由此，假设4即"数字经济发展通过调节社会资本，影响城市劳动力供给"得到验证。

3. 异质性分析

（1）区域异质性。

当前我国数字经济发展水平的不平衡不充分现象突出，呈现出东部领跑、中西部追赶的局面。不同区域社会经济发展水平和数字经济的发展基础各不相同，城市对于劳动力层次和技能的需求存在差异，这必然会导致数字经济发展对城市劳动力供给的影响也存在区域异质性。因此，参考许广月和宋德勇（2010）的研究，将全国划分为东、中、西3大区域，将研究样本按照现居住地匹配到相应区域内，考察数字经济对城市劳动力供给影响的区域异质性，具体情况如表7-9所示。

表 7 - 9　　　　　数字经济对城市劳动力供给影响的区域异质性

解释变量	(1)	(2)	(3)
	东部	中部	西部
数字经济发展水平	0.0524 *** (0.0052)	- 0.0235 ** (0.0135)	0.0845 *** (0.0111)
控制变量	控制	控制	控制
Observations	44877	20657	25719

　　表 7 - 9 的回归结果表明，我国数字经济对城市劳动力供给的影响在不同地区的影响存在很大差异：在东部和西部地区，数字经济发展对城市劳动力供给具有正向影响；中部地区数字经济的发展对城市劳动力供给具有负向影响。而且，从回归系数和显著性检验结果来看，数字经济对城市劳动力供给影响也并非是简单的梯状分布，而是呈现出西部最大、东部次之、中部最小的现象。这主要是受到了我国东、中、西部地区数字经济和产业结构的影响。

　　东部地区社会经济发展水平最高，数字经济发展基础好，数字经济最先在东部地区萌芽，数字经济对社会生产生活的渗透最深入，数字经济的先发优势会转化为城市发展优势，可以为城市劳动力提供相对完善的公共服务，帮助城市劳动力提升社会资本质量，成为吸引劳动力涌入的拉力。与此同时，东部地区第三产业发达，工资水平高，劳动力市场容量大，劳动力向东部地区城市聚集，数字经济的发展通过提高城市劳动力的经济收入，进一步增大了城市对劳动力的吸引力。但是，东部地区数字经济发展的非均衡性突出，区域内高水平城市和低水平城市之间数字经济发展差距大，对于劳动力技能的要求也不尽相同，城市劳动力无法有效判断劳动力市场的具体情况，这会增加城市劳动力就业和收入的不确定性，导致数字经济对城市劳动力供给的激励效果大打折扣。此外，东部地区城市对于劳动力综合素质的要求比较高，就业压力大，部分低技能劳动力会因难以满足劳动力市场需求而被迫离开城市，这也会在一定程度上削弱数字经济对城市劳动力供给的正向影响。

　　对于中部地区而言，其城市数字经济发展水平最低，而且区域内部发展比较不平衡，尚未形成数字经济发展的规模效应，数字经济发展在提高城市劳动力经济收入方面的作用比较小。与此同时，我国中部地区工业以资源开发型的传统工业为主，数字化应用在实现传统工业技术快速提高、生产效率大幅度提高的同时，也要求城市劳动力在现有技术的基础上，学习和掌握更多的数字化技能，传统产业技能人才一时难以适应城市劳动力市场的转变。因此，在当前阶段，中部地区数字经济对城市劳动力的替代效应占据主导，这会抑制城市劳动力供给。此外，中部地区是我国重要的农产品生产基地，第一产业占比高，仍然需要大量劳动力从事农业生产，限制了城市劳动力供给。因此，当前中部地区数字经济的发展模式对城市劳动力供给的负面影响远大于正面影响，数字经济的发展反而会削弱城市劳动力供给意愿，减少城市劳动力供给。

相比之下，西部地区数字经济整体发展水平较低，但是这一地区依托西部大开发战略，具有明显的政策优势，区域内部数字经济发展相对均衡，而且西部地区数字经济发展速度在不断加快，可以刺激城市劳动力供给的增加。在西部大开发战略的支持下，西部地区基础设施建设不断完善，这一地区利用政策红利，加快建设以重庆、四川等地为代表的数字经济发展先行地区（韩兆安等，2021），以高水平城市引导和带动周边地区数字经济发展，为西部地区承接东、中部地区产业转移提供了有利条件。在这一过程中，西部城市的劳动密集型产业增加，劳动力市场的用工需求增加，为城市劳动力提供了大量的就业机会，可以吸纳东部和中部地区溢出的低技能劳动力，激励城市低技能劳动力增加供给。虽然西部地区城市劳动力群体中的高技能劳动力和高素质人才比较少，但由于低技能劳动力在城市劳动力群体的占比较大，因此，从整体来看，西部地区数字经济发展对于城市劳动力供给的正面影响显著。

（2）个体特征异质性。

由基准回归和稳健性检验结果可知，性别、年龄等个人特征对城市劳动力供给具有显著影响。事实上，不同劳动力群体的工作能力和发展需求不同，导致其对城市数字经济发展的敏感程度也存在较大差异，面对城市数字经济的快速发展，不同特征的个体对于是否继续留在城市工作的决策具有异质性。现有研究中，利用人力资本、教育程度、职业培训以及工作经历来反映劳动力异质性（Scully，1969；Bellante，1979），也有研究针对劳动者的性别、年龄和工作特征对其劳动力供给问题展开异质性分析（邓睿，2019；尤济红和陈喜强，2019；甄小鹏和凌晨，2017）。本节参考已有研究，根据城市劳动力的外出流动时间和雇用特征，对城市劳动力群体进行划分（夏怡然和陆铭，2015；康娆娆等，2021；邓睿，2019）。探究数字经济对城市劳动力供给影响的个体特征异质性，以期为数字经济发展背景下保证城市劳动力的持续稳定供应提供参考和借鉴。

城市劳动力在流动过程中积累的经验和阅历可以帮助其提高工作能力和适应能力，外出流动时间的长短会影响城市劳动力对于数字经济的反应程度和敏感程度。参考夏怡然、陆铭（2015）和康娆娆、闫周府、吴方卫（2021）的研究，将外出流动时间在 1 年以内的城市劳动力视为短期流动，将外出流动时间在 1 年及以上的城市劳动力视为长期流动。表 7 – 10 汇报了数字经济对不同外出流动时间城市劳动力供给的影响。

表 7 – 10　　数字经济对不同外出流动时间城市劳动力供给的影响

解释变量	(1)	(2)
	短期流动	长期流动
数字经济发展水平	0.0580 *** (0.0041)	0.0693 *** (0.0102)
控制变量	控制	控制
Observations	76765	14488

回归结果表明，与短期流动的城市劳动力相比，数字经济对长期流动的城市劳动力供给的激励效果更为明显。主要原因在于，外出流动时间的长短可以在一定程度上代表劳动力工作经验的丰富程度（余运江和高向东，2017），城市劳动力在流动过程中积累的工作经验有助于提高其工作能力和劳动报酬。同时，城市劳动力在长期流动中的生活阅历会提高其社会经济地位，加快其与本地人口的融合（谢桂华，2012），进而提升城市劳动力的社会资本水平。在数字经济快速发展的背景下，长期流动的劳动力能够凭借丰富的工作经验和阅历抓住数字经济创造的就业机会，进而获得更高的收入水平，这会激励其增加劳动供给。相比之下，短期流动的城市劳动力因工作经验欠缺，社会资本水平较低，对环境的适应能力有待进一步提高，数字经济对这一群体的正面激励效果有所减小。

城市劳动力的雇用特征可以反映其生活和工作状态。本节借鉴邓睿

（2019）的研究，按照城市劳动力的雇用特征这一个人特征，将城市劳动力划分为雇员、雇主、自营劳动者和其他劳动者4类，分析数字经济对不同城市劳动力群体的影响。表7–11汇报了数字经济对不同雇用特征城市劳动力供给的影响。

表7–11 数字经济对不同雇用特征城市劳动力供给的影响

解释变量	（1）	（2）	（3）	（4）
	雇员	雇主	自营劳动者	其他
数字经济发展水平	0.0532 *** (0.0049)	0.0677 *** (0.0163)	0.0693 *** (0.0070)	0.0488 (0.0325)
控制变量	控制	控制	控制	控制
Observations	53390	5460	30927	1476

回归结果显示，数字经济对雇用身份为雇员、雇主、自营劳动者的城市劳动力供给行为具有显著正向影响，其中数字经济对城市自营劳动者的激励效果最明显，对雇主和雇员的激励效果依次递减，而数字经济对其他就业身份的城市劳动力的激励并不显著。数字经济发展催生了新业态、新产业和新型就业模式，为城市自营劳动者提供了灵活宽松的就业环境和多样化的收入来源，可以吸引城市自营劳动者留城工作。对于雇主而言，数字经济发展可以提高生产效率，增加经营利润，但员工也会相应要求提高薪资待遇，增加了雇主的经营成本；数字经济也会直接影响雇主的经营环境进而增加经营风险，因此，数字经济对身份为雇主的城市劳动力的激励作用略低于自营劳动者。对于身份为雇员的城市劳动力，数字经济可以通过降低就业难度而改善其就业环境，提高其收入水平，但是这部分城市劳动力的就业和收入不仅取决于社会大环境下的就业形势和自身的工作能力，还受制于雇主的经营状况和风险应对能力，因此，与雇主相比，雇员的就业和收入具有更大的不确定性，数字经济对这一群体劳动供给的正向激励会进一步减小。事实上，雇用身份为雇员、雇主、自营劳动者的城市劳动力占总样本的98.38%，涵盖了常见的就业情况和雇用身份，其他雇用身份的城市劳动力的就业情况比较特殊，受外部经济环境变化的影响较小，这可能是数字经济无法有效激励其增加城市劳动供给的主要原因。

4. 内容小结

本节主要是数字经济对城市劳动力供给影响的实证分析。首先，通过构建的有序概率模型，研究发现数字经济会显著促进城市劳动力增加供给。其次，通过内生性检验、更换模型、排除异常值等方法进行稳健性检验，证明了回归结果的可靠性。再次，通过中介效应模型对数字经济影响城市劳动力供给的内在机理进行检验，确定数字经济影响城市劳动力供给的有效路径，发现数字经济会通过降低劳动力就业难度而改善其就业环境，提高家庭收入水平，激励城市劳动力增加供给，也会放大社会公共服务体系的灵活性和弹性不足的缺陷，削弱社会关系强度和固化社交圈层，形成对城市劳动力供给的负向激励。最后，对数字经济对城市劳动力供给影响的区域异质性和个体特征异质性展开分析，发现东西部地区数字经济对城市劳动力供给具有显著正向影响，而中部地区数字经济会抑制城市劳动力供给；数字经济对城市劳动力供给的正向激励效果在长期流动和自营劳动者群体中更为明显。

7.1.4 主要结论与建议

1. 研究结论

本节基于 CMDS 数据和城市层面数据，通过有序概率模型和中介效应模型，从微观层面检验了数字经济对城市劳动力供给的影响，验证了数字经济影响城市劳动力供给的内在机制和有效路径，并按照东、中、西地区和劳动力的个体特征对样本进行分组，进一步分析了数字经济对劳动力供给影响的区域异质性和个体特征异质性。得到的主要结论如下：

数字经济对城市劳动力供给具有显著正向影响。实证结果表明，对于城市劳动力个体而言，数字经济所带来的效益提升远远超过了数字经济对就业和生活的冲击，数字经济会扩大城市对外来劳动人口的拉力，增加并稳定城市劳动力供给，这一结论在纠正内生性、更换模型、排除异常值等一系列稳健性检验后依然成立。但是，在数字经济快速发展过程中，高水平城市与低水平城市之间的差距加大，两极分化严重，数字经济发展的不平衡和不充分问题突出。提高数字经济发展整体水平，降低数字经济发展的非均衡性，是以数字经济推动城市人口合理流动、保障城市劳动力供给的基础和前提，也是今后发展过程中应当加以关注的重要方面。

　　数字经济主要通过改善就业环境、提高收入水平激励城市劳动力增加供给，也会通过阻碍公共服务供给和社会资本提升减少城市劳动力供给。数字经济为城市范围内的劳动力提供了创新创业的空间，通过降低就业难度，提高劳动力对于在城市稳定就业的预期，进而增加劳动力继续留在城市工作的概率。同时，数字经济的深入发展拓宽了城市劳动力的收入来源，多元化的经济收入为劳动力在城市定居提供了强有力的物质保障，这是吸引劳动力流入城市并定居的主要经济因素。当然，数字经济也深刻影响着居民生活，数字经济发展导致劳动力流动性增强，社区与居民之间的联系不稳定，不利于社区管理的维持，社会保障难以落到实处，为社区公共服务的提供带来了困难，进而抑制了城市劳动力供给。此外，数字经济以线上联络代替线下活动，导致城市劳动力社会网络关系的强度减弱，来往人员局限于相似层次和水平的劳动者，社会资本质量下降，这会抑制城市劳动力供给。这为理解和处理数字经济与城市劳动力供给之间的关系，引导城市劳动力合理流动提供可以参考的具体路径。

　　数字经济对城市劳动力供给的影响具有明显的区域异质性，东部和西部地区数字经济对城市劳动力供给具有显著的促进作用，而中部地区数字经济对城市劳动力供给具有显著的抑制作用。东部地区数字经济发展水平高，对于城市劳动力的正向激励作用较大，但是东部地区就业门槛高、压力大，区域内部数字经济发展非平衡性严重，增加了城市劳动力就业的不确定性，在一定程度上制约了其对城市劳动力供给的激励作用。中部地区数字经济发展低而且区域内部发展非均衡性比较严重，对城市劳动力并没有正向激励作用。加上中部地区大量劳动力被农业生产活动所束缚，减少了城市劳动力供给来源，数字技术对于传统就业岗位的替代导致城市劳动需求减少，抑制了城市劳动力供给。西部地区数字经济发展水平比较低，但依托于政策优势，区域内部数字经济发展相对均衡，这一地区以高水平城市引领和带动周边地区数字经济发展，承接东部和中部产业转移，吸纳东部和中部地区溢出的低技能劳动力，数字经济发展对于城市劳动力供给的正面影响显著。可见，在数字经济发展过程中，应注意区域发展差距，因地制宜推动数字经济的发展，进而刺激城市劳动力增加供给。

数字经济对城市劳动力供给的影响具有个体特征异质性。数字经济对城市中长期流动和自营劳动者群体的激励效果更为明显。数字经济为城市劳动力提供了更高的劳动报酬和更大的发展空间，城市劳动力在流动过程中积累的经验和阅历可以提高其工作能力和劳动回报，加快融入城市，有助于城市劳动力抓住数字经济创造的机会，提高收入水平，获得数字经济发展红利。与此同时，数字经济发展过程中，新业态、新模式大量涌现，为城市自营劳动者提供了灵活宽松的就业环境和多样化的收入来源，成为数字经济中的最大受益者。因此，数字经济发展对城市中长期流动和自营劳动者群体的激励效果更加明显，数字经济的发展可以有效促进这些群体的劳动力供给意愿。政府可以制定更具针对性的政策，增强城市劳动力留城工作意愿，吸引符合条件的劳动力流入城市并定居，在稳定和增加城市劳动力供给的同时，推进城镇化进一步发展。

182

2. 政策建议

推动数字经济快速发展是我国实现经济社会持续发展的必然要求，以上研究表明，数字经济会促进城市劳动力供给的增加，是实现"以人为本"的新型城镇化和促进乡村振兴的有效途径。但是，以数字经济发展引导人口合理流动、稳定城市劳动力供给，需要有所侧重，结合数字经济影响城市劳动力供给的具体路径，因地制宜、因人而异，有针对性地制定地方政策。

首先，要提高数字经济发展水平，推动数字经济均衡发展，提质增效，进一步发挥并增强数字经济对城市劳动力供给的促进作用。数字经济的良态健康发展是城市吸引和激励城市劳动力增加供给的前提和基础。目前，我国数字经济发展应继续增加数字经济载体，加大对互联网的投资力度，加强新型基础设施建设，提高数字经济对三次产业的渗透程度，提升城市数字经济发展水平，促使数字经济释放更大效能。同时，要发挥数字要素的高共享性和低成本性的优点，加快数字要素在区域间和产业间流动，加强资源共享和协作，降低数字经济发展的非均衡性，保证并增强数字经济对城市劳动力供给的积极促进作用。

其次，以数字经济催发劳动市场活力，改善城市劳动力就业环境，提高劳动力整体收入是激励城市劳动力增加供给的重要渠道；未来需要发挥数字经济的优势，通过数字技术进一步完善社会公共服务体系，提高劳动力社会资本水平，这也是激励城市劳动力供给的有效方式。后续应继续扩大数字技术的应用范围，加强大数据的实践运用以提高工作效率、加快信息流动、促进创新创业，降低就业难度，使城市劳动力市场迸发出新的生机与活力，为城市中的劳动力提供更加宽松的就业环境，提高劳动力整体报酬，提升城市劳动力家庭的收入水平。此外，要加强数字技术在社会保障领域的应用和推广，实现社区的数字化服务与治理，以新一代信息技术为有效手段，对城市劳动力进行追踪，明晰各种劳动关系，敦促和鼓励用人单位与单位雇用的务工人员明确薪资报酬和最基本的工作保障，落实城市劳动力的社会保障责任，保护劳动者权益，探索适合灵活就业人员的社会保障方式，稳定城市劳动力供给，为城乡发展一体化新格局的形成助力。以数字技术为基础，进一步推动信息化工具在社交活动中的使用，引导城市劳动力加入多样化、多层次的社交圈，突破社交的圈层限制，提高城市劳动力社会资本质量，进而吸引其留城工作定居，稳定城市劳动力供给。

再次，以数字经济推动城市劳动力供给需要因地制宜，各有侧重。在东部地区，数字经济比较成熟，城市劳动人口集中，要充分利用数字经济发展的集聚和规模效应，进一步提高人们生活的便捷性，增强城市劳动力的获得感和满足感，在扩大地区先发优势的同时，也要注意地区均衡协调发展，以劳动力市场需求为导向，吸引高技能劳动力，密切关注城市劳动力流动趋势，及时有效地进行政策调整，合理调控城市劳动力供给。中部和西部地区均需要提高数字化发展的整体水平，持续加快以5G技术全覆盖为基本导向的数字基础设施建设，推动数字技术的应用和普及，加快步伐追赶东部地区。具体地，中部地区应积极主动推进与东部地区的合作，加快产业结构调整升级，推动农村劳动人口向城市集中，同时，在加强职业技能培训的过程中，注重提升劳动者数字化技能，减轻数字技术应用对传统劳动力就业的冲击，实现数字经济对城市劳动力供给的积极影响。西部地区可以借助当前政策红利，在培育数字经济发展的高水平城市，以高水平城市辐射带动区域数字经济发展的同时，激发中低水平城市的发展活力，进一步扩大数字经济对城市劳动力供给的激励效果，提高这一地区对于高技能劳动力的吸引力，提升城市劳动力质量。

最后，以数字经济推动城市劳动力供给需要因人而异，实行差异化政策，针对不同的劳动力群体，对症施策，发挥数字经济对城市劳动力供给的促进效应，分批次引导城市劳动力流动。具体而言，长期流动的城市劳动力和自营劳动者对于数字经济的敏感度和反应程度更大，更容易受到数字经济的激励而增加劳动力供给，可以着重关注这些劳动力群体的城市工作意愿与实际工作情况。对于城市劳动力中有留城工作意愿且能够稳定就业的长期流动人员和自营劳动者，需要关注和尽可能满足这些劳动人口对于城市生活的主要诉求，保障其享有与本地劳动力平等的就业机会和权益，推动这部分劳动人口在城市工作、定居乃至落户，继而在稳定城市劳动力供给的同时，推进城镇化发展。对于城市劳动力中有留城工作意愿和能力但尚未实现稳定就业的长期流动人员和自营劳动者，可以加强职业技能培训，同时，发挥城市的数字技术优势，构建就业信息平台，降低劳动力和用人单位的沟通成本，提高城市劳动力与就业岗位的匹配效率，增强这部分劳动者对于城市工作和生活的期望，稳定城市劳动力供给。对于城市劳动力中希望在城市工作但不具备在城市工作和生活能力的长期流动人员和自营劳动者，可以引导其向小城镇转移，保持城市劳动力供给侧和需求侧的均衡。

7.2 数字金融发展对农民工城市融入的影响

自"新型城镇化"战略提出以来，城镇化进入以人为本、规模和质量并重的新发展阶段，在促进新型城镇化进程中，亟须解决的关键问题之一是促进农民工的城市融入（钱文荣和朱嘉晔，2018；李兰冰等，2020）。中共中央、国务院印发的《国家新型城镇化规划（2014—2020年）》明确提出"完善农业转移人口社会参与机制，推进农民工融入企业、子女融入学校、家庭融入社区、群体融入社会"。党的十九大报告提出要"加快农业转移人口市民化"，国家"十四五"规划再次强调，"健全农业转移人口市民化配套政策体系，加快推动农业转移人口全面融入城市"。可见，持续稳步推进农业转移人口市民化，促使进入城市

的农村人口平等地共享城市发展的红利，实现农村人口向城市部门的
"高质量"转移，是当前我国深入推进以人为本的新型城镇化建设的核
心任务。

7.2.1　相关研究现状

目前，大量农民工在城镇就业，却游离于城市体系之外，城市融入
的意愿高但现实融入的可能性低。与城市居民相比，在教育医疗、住房
条件、社会保障、文化和习俗等方面存在较大差距（杜鹏程等，2018；
Gu et al.，2022），这些差异导致了农民工处于相对边缘的位置，在心
理层面上也逐步与当地居民产生距离，难以取得城市的"身份认同"。
随着工业化、城镇化转向高质量发展阶段，农村人口、户籍与土地所形
成的三位一体结构关系被打破，农村劳动力向城镇转移的规模将进一步
加大，促进农民工更快更好地融入城市将成为推进新型城镇化和城乡融
合发展进程中首要任务。尤其在当前城乡共同富裕目标导向下，促使进
入城市的农民工享有与当地居民同等待遇，改善农民工在收入之外的生
活、健康及社会保障状况，让其得到普遍发展，是以城市的包容性提升
国民能力的有效途径，也是破除城乡要素自由流动和平等交换的体制机
制壁垒的现实要求，关系到城市乃至整个社会的和谐与稳定，是推动城
乡共同富裕面临的重大课题（Lagakos，2020；王青和刘烁，2020）。

国内外研究表明，影响农民工城市融入的因素有就业收入、社会心
理、福利体系等（Chen & Liu，2016；陆万军和张彬斌，2018；
Toruńczyk-Ruiz & Brunarska，2020），具体来看，稳定的就业和较高的
收入是农民工在城市生活的经济基础，面临高昂的购房定居成本和家庭
迁移成本，只有议价能力强的农民工才有可能选择定居（Chen &
Wang，2019；周颖刚等，2019），公共服务对农村劳动力流向的影响显
著，长期流动的农村劳动力更倾向于选择流向教育、医疗等公共服务获
得感较好的城市（秦立建和陈波，2014；夏怡然和陆铭，2015；祝仲
坤，2021）。同时，农民工对当前城市融入的状况的心理评价和对未来
发展的预期会影响其城市生活融入深度，获得感、地方依恋、公平感知
度和社会歧视等都是影响农民工城市融入行为的重要心理因素（杨江澜
等，2016；Berg，2020）。除此之外，户籍制度、产业政策、土地制度

等外部政策干预对农民工的城市融入也有显著的解释作用（呼倩等，2021；Ma，2018）。

尽管影响农民工城市融入的因素众多，但在农民工城市融入的过程中，收入水平的高低直接决定农民工生存状况的优劣，在促进农民工融入城市的过程中起到了重要的作用。

一方面，已有文献从个体的角度分析收入对农民工迁移定居决策的影响，收入水平在农民工中低融合阶段对融合程度的提高有显著的正向影响，但融合后期，收入水平的继续增加对农民工融入程度影响不显著（孟颖颖和邓大松，2011；李成友等，2020；2021）。收入与农民工定居意愿比率的实证表明，当收入低于4000元时，其定居意愿的差异不显著；收入超过4000元后，随着收入的增加，定居意愿越强，说明当收入达到一定数值之后，其对农民工定居意愿的积极效应才会显现（Liu et al.，2018；Li et al.，2021）。尽管个体收入对农民工迁移行为选择影响明显，但从现实角度来看，转移到城市的农民工与其在农村的家人有着密切的生产生活联系，因此，仅从个体角度分析农民工迁移定居决策是不足的。

另一方面，有研究从家庭的角度分析收入对农民工迁移定居决策的影响。新迁移经济学派强调迁移是家庭集体决策的结果，农民工家庭中最初迁移者通过积累城市生活成本信息、扩大社交网络降低迁移风险，并促进举家迁移的发生（卿石松，2017；周晔馨等，2019）。随着家庭人均收入水平的提高，农民工的城镇定居意愿也呈递增趋势，且家庭人均收入水平越高，农民工越愿意定居在更高等级的城镇（张吉鹏等，2020）。同时，农民工家庭式迁移定居决策是基于与流入地居民生活水准、收入水平比较后所产生的相对剥夺感（王元腾，2019），因相对收入低而迁移，比如卡菲等（Kafle et al.，2020）考察了相对贫困是否以及在多大程度上导致移民，发现在撒哈拉以南的非洲地区移民数量随着相对贫困的加剧而增加，且相对贫困对男性户主家庭、农村家庭和年轻人较多家庭的影响更大。可见，研究收入对农民工迁移定居决策的影响较为普遍，但对于数字时代背景下收入影响农民工城市融入的相关研究相对匮乏。

总结既有文献成果不难发现，相关研究已经取得了很多有价值的结论，提供了重要的研究基础与经验借鉴。然而，现有研究仍有待进一步补充完善：第一，在以"城市融入"为主题的文献中，目前没有以"数字金融"和"城市融入"为题的直接相关文献，有关数字金融对农民工城市融入的影响不明确；第二，现有研究从收入提高等方面论证了家庭收入的增长对于农民工城市融入的重要性，但没有关注数字金融影响下农民工群体收入的分化以及对农民工城市融入的影响，未能精准识别数字金融获益者的群体特征；第三，在数字金融发展效应分析方面，缺乏数字金融影响农民工城市融入微观作用机制的分析。

7.2.2　数字金融发展影响农民工城市融入的理论假设

农民工的城市融入是指农民工在生活方式、风俗文化、社会心理、价值观念等方面整体融入城市并不断加强对自身"城市人"身份认同的过程和状态（朱明宝和杨云彦，2016；陆万军和张彬斌，2018）。新迁移经济理论认为人口迁移定居决策是基于整个家庭收益最大化和风险最小化的考量。随着举家迁移的农民工总量日益增加，农民工家庭在子女教育、日常居住、社会保障等方面消费需求快速增长，他们需要通过投资理财实现财富增值，通过灵活就业、投资经营等活动增加收入来源，加速积累财富和社会资源，才能负担得起在城市生活日益高企的成本，这种资本积累需求引致了更加丰富的金融需求。但农民工群体因工作不稳定、支付能力弱、信用意识淡薄，被传统金融定位在主要服务客户之外，低于信贷发放门槛的财富水平使得其资金需求被抑制，导致收入水平一直处于低位，相应地，在城市中处于相对边缘的位置（周利等，2021）。

数字金融主要通过财富渠道和创新渠道促进包容性增长，使得过去被排斥在金融体系之外的低收入群体可以平等、适当、便利地享受金融服务，为推动农民工城市融入提供新的契机。一方面，多层次、差异化的网络借贷产品精准满足了不同群体的发展需求，提升了家庭收入，并且对于低物质资本、低社会资本家庭的收入促进作用更为显著（张勋等，2019）。此外，数字金融的发展提高了资本深化程度和劳动产出效率，尤其是在相对贫困地区，创造了大量的生产机会，同时伴随产业结构的变迁，增加了对非农劳动力的需求，带动整体工资水平提升。另一方面，数字金融的发展为大众创新提供了基础，增加了创业机会。企业层面，数字金融会对企业创新产生积极影响，且对于中小企业和民营企业有着更强的创新激励作用。城市层面，数字金融能够显著提升城市创新水平，且对于中小城市的作用更显著，不仅有助于中小城市缓解外部虹吸效应，还有利于激发城市冒险精神，具有填平城市间创新鸿沟的普惠效应（潘爽等，2021）。

目前，有关数字金融对农民工城市融入的影响效应尚未明确，根据现有研究对数字金融的经济效应分析，数字金融通过促进农民工的创业、投资、经营及就业活动，推动农业向非农业就业结构转型，提升农民工的经营性收入和工资性收入（杨金龙和王桂玲，2017；谢绚丽等，2018；Hasan et al.，2021）。同时，因长期在城市工作生活，农民工是农村居民中文化水平较高、专业技能较强的群体，对数字金融提供的各项金融服务应用能力较强。由此可推断，数字金融对农民工城市融入以促进作用为主。具体地，一方面，数字金融通过缓解信贷约束和信息约束、强化农户社会责任促进农户创业，提高其创业绩效（Yu et al.，2020）。如数字金融能够为农民购买农机设施提供涉农贷款，农业机械的使用对农业劳动力具有一定的替代作用，为农业劳动力非农转移提供了有利条件（王欧等，2016）。另一方面，数字金融能够缓解企业尤其是中小企业和民营企业的融资约束，促使其进一步扩大规模，增加就业岗位，为农民工提供更多的工作机会（万佳彧等，2020）。鉴于此，提出假设5。

假设5：数字金融会促进农民工的城市融入。

对于农民工来讲，家庭式的整体迁移是当前城市融入的主要形式，一方面，家庭是最小的经济单位，家庭成员的多少会影响平均收入和生活成本支出，从而影响农民工城市融入的心理预期；另一方面，尽管农民工在城市务工收入增加，但如果家庭成员留在乡村，会降低他们的幸福感，从而在是否要留在城市、抑或融入大城市还是小城市上做出选择（Knight et al.，2022）。以家庭为单位进行迁移在城市工作和居住会更加稳定，具有行为意义上的永久迁移倾向，有助于加快实现"以人为本"新型城镇化（苏丽锋，2017）。数字金融所提供的海量就业创业信息和较低限制的金融服务和保险业务，使得弱势群体可以通过参与信贷、投资等活动拓宽就业渠道、增加家庭收入，对于收入越低、社会资本越匮乏、健康状况越差的家庭的增收效应越显著（周利等，2021），在一定程度上改善了弱势群体的收入分配格局。农民工作为典型的社会弱势群体，数字金融发展同样可以促进其收入水平的提升，也使得处于更加弱势地位的女性农民工在兼顾家庭的同时，有了更多的就业创业机会，为女性农民工的收入提升创造了可能，进一步促进了家庭式迁移。

我国数字金融的快速发展，增加了女性群体使用金融服务的可能性，这种发展态势能在一定程度上缓解女性农民工所受到较为严重的金融排斥（齐红倩和李志创，2019）。此外，得益于数字金融所提供的均等化的创业机会，女性农民工创业可能性和成功性更高。这是因为女性具有偏感性、重体验、乐于分享的特性，与互联网所具有情感思维、去中心化、分享体验等特质相符合，这使得女性农民工在互联网创业中更具优势。同时，女性的特质决定了她们会更加细心地搜集各类数字金融平台提供的就业创业信息，更加注重用户体验、情感思维和沟通互动等方面信息的处理，这有助于其通过互联网拓展社会网络，增加社会资本积累，促进自身就业增收（毛宇飞和曾湘泉，2017）。综合来看，数字金融通过电脑、手机等互联网终端和方便快捷的融资、支付等金融服务为女性农民工灵活就业创业提供可能，对女性农民工促就业、增收入的作用相较于男性农民工更为有效，有利于缩小农民工收入的性别差异，提升女性农民工的家庭决策地位和外部劳动参与率，促进女性农民工的城市融入及以家庭为单位的整体迁移。鉴于此，提出假设 6。

假设 6：数字金融通过缩小农民工收入的性别差异影响其城市融入。

数字金融的覆盖广度、使用深度和数字化程度所代表的金融普惠性与数字化可得性对农民工城市融入的影响呈现出异质性效果。覆盖广度指数考虑了数字金融突破时空限制、推动金融资源均衡分布的特性，体现了数字金融触达客户的能力（郭峰等，2020）。扩大金融体系覆盖范围，能够让更多的居民以恰当的形式获得其所需的金融产品和服务，有效缓解金融排斥。数字金融结合现代信息技术的快速发展，拓展了普惠金融的服务范围和触达能力，克服传统金融机构对营业网点的依赖，以更低的服务成本覆盖更广泛的地区，提升金融服务广度，缓解农民工受到的金融约束和金融排斥，提高了农民工对金融服务的可获得性，促进其收入提升。

使用深度指数考虑了不同的数字金融服务类别，从支付、信贷、保险和投资等服务的实际使用情况来考察数字金融的发展深度。多样化的数字金融产品和服务能够充分满足被排斥在传统金融体系之外的弱势群体的融资需求，促进了居民收入水平的提高（易行健和周利，2018）。其中，针对小微经营者的信贷业务为农民工提供了获得低成本资金的机会，转变了农民工偏好传统私人借贷的观念，增强了农民工的资金流动性，有助于增加农民工创业发展的机会；数字金融有针对性地开发符合农民工实际需要的保险产品，很好地满足了农民工降低风险的需求，有利于农民工有效规避各类风险，稳定收入；数字金融的发展也拓宽了农民工的投资渠道，使其以更方便快捷的方式即可完成投资理财，且其获利后更倾向于将收益用于扩大投资，促进自身收入持续稳定增加。

数字化程度指数则反映了数字金融的降低信贷门槛情况和便利性程度。由于数字金融的成本较低，定价也可以合理调整，农村居民、城市低收入群体、小微企业等社会弱势群体也可以轻松借贷（万佳彧等，2020）。数字金融的低成本特点，使得农民工可以负担得起金融产品和服务，对家庭消费和投资进行长期决策以实现家庭效用最大化，提升家庭收入水平。随着数字金融产品和服务的更新换代，其操作流程更加便捷，使用成本更加低廉，降低了数字金融对人力资本的要求，使得年老、文化水平较低的农民工也能够通过简单的学习使用数字金融所提供的各项服务。在某种程度上，数字金融的便捷化、低成本对较低人力资本农村居民增收效应更为明显（何婧和李庆海，2019）。综合来看，数字金融的覆盖广度、使用深度和数字化程度通过提升农民工收入水平促进其城市融入。鉴于此，提出假设7。

假设7：数字金融的覆盖广度、使用深度和数字化程度对农民工城市融入有正向影响。

7.2.3 数据来源、模型构建和变量选取

1. 数据来源

为验证上述假设，研究收集了表征数字金融、农民工收入和城市融

入的数据，首先，使用北京大学发布的数字金融指数作为代表数字金融发展的数据；其次，使用中国社会科学院社会学研究所 2019 年的中国社会状况综合调查数据（Chinese social survey，CSS），作为研究农民工收入和城市融入的样本数据集，该数据覆盖全国 31 个省／自治区／直辖市，每次调查访问 7000～10000 余个家庭，调查内容包括个人基础信息、劳动与就业、家庭结构、家庭经济状况、生活状况、社会保障、社会信任和社会公平、社会参与和政治参与等。再次，为了更好地控制城市自身发展水平对农民工城市融入的影响，研究选取了来自《中国城市统计年鉴》的地级市社会经济数据。最后，从 CSS 调查数据中选取从事非农工作的农村户籍人口，且将受访样本年龄限制为 16～70 岁，所获样本量为 909，根据样本所属的地级市，对应关联数字金融指数以及该城市的社会经济数据，构建本节的数据集。

2. 变量定义

（1）被解释变量。

大多数学者从经济、社会、行为、心理和身份等层次测度城市融入，考虑到数字金融的影响作用路径与效应发挥渠道，结合收入影响农民工城市融入的相关研究，从经济融入、社会参与、权益保护和心理认同 4 个维度构建农民工城市融入指数，其中，经济融入为基础融入层，是农民工全面融入流入地的基础保障，从工资就业、城镇住房等方面测度农民工的经济融入；社会参与和权益保护为紧密融入层，表征农民工城市生活的参与程度与劳动和社会保障水平，从人际关系和志愿者活动参与等方面测度农民工的社会参与情况，从就业机会均等、收入分配公平、社会保险权益保护等方面测度农民工的权益保护情况；心理认同则反映农民工城市融入的深度，农民工在心理上和情感上对城市生活产生认同并主动适应城市生活。这四个维度指标的具体测量方法如表 7 - 12 所示。采取均值处理的方式，将各指标的取值进行加总后取均值，分值越高，表明城市融入程度越高。农民工城市融入指数的测度体系见表 7 - 12。

191

表 7 – 12　　　　　　　　　　农民工城市融入指数

维度	指标	定义	赋值
经济融入	工作稳定性	您认为自己在未来6个月内失业的可能性有多大？	1 = 完全有可能；2 = 有可能；3 = 一般；4 = 不太可能；5 = 完全不可能
	住房条件	您目前住的这套房？	1 = 集体宿舍；2 = 私人房；3 = 亲友房；4 = 廉租房/公租房；5 = 自有住房
	总体工作满意度	总体工作满意度打分	非常不满意到非常满意，从1到10取值
社会参与	人际网络关系	近2年来，您加入了以下哪些网上社交群？	1 = 仅亲人亲戚之间的社交圈或以上都没有；2 = 以朋友之间的社交圈/邻居之间的社交圈/同事群/同乡群/同学、校友群为主；3 = 参与兴趣群/公益社团群/行业群、同行群、协会群/维权群
	是否参加志愿活动？	您本人在近一年以来参加过志愿服务吗？	0 = 否；1 = 是
权益保护	工作与就业机会的公平程度	您觉得当前工作与就业机会的公平程度如何？	1 = 非常不公平；2 = 不太公平；3 = 比较公平；4 = 非常公平
	财富及收入分配的公平程度	您觉得当前财富及收入分配的公平程度如何？	1 = 非常不公平；2 = 不太公平；3 = 比较公平；4 = 非常公平
	社会保障水平	工伤保险、生育保险、养老保险、医疗保险、失业保险参保情况	参保加1分，未参保0分，加总求和得到个人社会保障水平
心理认同	是否喜欢现在居住的城市	生活满意度	非常不满意到非常满意，从1到10取值
	我感觉本地人看不起外地人	您认为现在社会在户口方面的不公正待遇的情况是否严重？	1 = 非常严重；2 = 比较严重；3 = 不太严重；4 = 无此问题
	个人主观社会地位变化	阶层认同的向上流动	目前和五年前本人所认为的社会经济地位在本地的变化

（2）核心解释变量。

借鉴张勋等（2019）的做法，采用2019年地级市层面"北京大学数字金融指数"衡量我国数字金融发展状况。为了进一步研究数字金融的各维度对农民工城市融入造成的影响，研究还采用了数字金融覆盖广度、使用深度以及数字化程度 3 个细分维度的指标。

（3）控制变量。

参考已有研究，控制变量主要从个人、家庭、外部环境 3 个方面来选。

个人层面的变量包括年龄、迁移距离和职业类型。年龄方面，相对而言，年龄较长的农民工难以融入城市，年纪较小的农民工在就业市场更具竞争优势，相应地，就业稳定性和正规性较高，有利于他们融入城市。迁移距离方面，迁移的距离越远，迁移的经济成本和迁移带来的文化差异和再社会化成本越高，农民工融入城市的难度加大（宁光杰和李瑞，2016）。职业类型方面，农民工群体从事的职业流动性强，就业的非正规性导致农民工在公平享受就业权利、共享城市社会福利与保障方面处于弱势地位，进而影响农民工的城市融入。

家庭层面的变量包括婚姻状况、家庭人口数、子女数量。农民工家庭整体生存质量是关注农民工群体的初衷，已婚、有子女的农民工对融入城市更为憧憬，也是当下农民工留守子女、高离婚率等社会现实问题的折射，需要纳入考虑范围。

外部环境的变量包括所处城市的就业结构、就业容量和公共服务支出。就业是吸引农民工流入城市的首要条件，不同城市的规模和功能决定了其就业市场的不同，其中，第三产业作为吸纳农民工就业的主要产业，其在产业结构中的占比代表了城市的就业结构；就业容量选取城镇从业人口占总人口比重，代表了城市自身吸纳劳动力的能力。城市在社会福利和社会保障等一般性公共服务领域的支出决定了本地的公共服务水平，会使农民工直接受益或当期受益，能够促进农民工有效地融入城市。变量定义及描述性统计见表 7 - 13。

表 7 - 13　　　　　　　　变量定义与描述性统计

变量	测度方法	平均值	标准差	最小值	最大值	中位数
城市融入	根据平均值法计算所得	3.413	0.522	1.833	4.833	3.412
农民工收入	被访者上年个人收入（元）的自然对数	10.421	1.029	1.099	14.509	10.545

变量	测度方法	平均值	标准差	最小值	最大值	中位数
收入的性别差异	各地级市不同性别被访者平均收入的差值	1.509	3.250	-2.996	11.513	0.480
数字金融指数	被访者所在地市级金融发展指数的自然对数	5.525	0.087	5.331	5.732	5.515
年龄	被访者年龄（岁）	40.545	11.886	18.000	69.000	39.000
迁移距离	1＝跨省迁移；2＝省内跨市；3＝市内跨县；4＝本地农民工	3.230	1.052	1.000	4.000	4.000
职业类型	1＝管理者及办事员，2＝专业技术人员，3＝商业服务人员，4＝生产运输人员，5＝无固定职业者，6＝其他	4.008	0.087	4.000	5.000	4.000
婚姻状况	0＝其他；1＝已婚	0.794	0.404	0.000	1.000	1.000
家庭人口数	被访者家庭成员数（个）	4.574	1.836	1.000	14.000	4.000
子女数量	被访者子女数量（人）	1.407	0.939	0.000	5.000	1.000
就业结构	城市第三产业占 GDP 的比重（%）	0.478	0.094	0.283	0.831	0.468
就业容量	城市城镇从业人口占年末总人口比重（%）	0.137	0.104	0.037	0.640	0.095
公共服务支出	城市社会福利与保障支出（百万元）的自然对数	8.769	0.977	6.968	11.444	8.611

3. 模型构建

首先，为了检验数字金融发展对农民工城市融入的影响，研究建立计量模型：

$$UI_{i,c} = \alpha_0 + \alpha_1 DF_c + \alpha_2 control_{i,c} + \mu_{i,c} \qquad (7.6)$$

其中，$UI_{i,c}$ 为城市融入水平；DF_c 为金融发展水平；$control_{i,c}$ 扰动项；α_0 为常数项；α_1 和 α_2 为待估计系数，下标 i 和 c 分别表示个人和城市。

其次，为了进一步分析农民工收入的性别差异是否在数字金融与农民工城市融入之间起到显著的中介效应，研究采用温忠麟等（2004）

提出的中介效应检验方法进行验证，在式（7.6）的基础上，构建递归模型：

$$M_{i,c} = \theta_0 + \theta_1 DF_c + \theta_2\, control_{i,c} + \mu_{i,c} \qquad (7.7)$$

$$UI_{i,c} = \gamma_0 + \gamma_1 DF_c + \gamma_2 M_{i,c} + \gamma_3 control_{i,c} + \mu_{i,c} \qquad (7.8)$$

上面两个等式的变量含义与式（7.6）一致，$M_{i,c}$ 是中介变量，我们将依次选择农民工收入水平和农民工收入的性别差异作为代理变量分别进行检验，其中农民工收入水平以上年个人总收入表示，农民工收入的性别差异以各地级市男性平均收入与女性平均收入的差值表示。α_1 为数字金融对农民工城市融入的总效应，γ_1 表示数字金融对农民工城市融入的直接效应，$\theta_1\gamma_2$ 为中介效应，用中介效应与总效应之比衡量中介效应的相对大小。与标准正态分布有所不同，5% 显著性水平上 Sobel 检验统计量的临界值为 0.97 左右。

7.2.4　数字金融对农民工城市融入的影响

1. 基准回归结果

表 7 - 14 第（1）（3）（5）和（7）列只考虑了数字金融及各维度与农民工城市融入指数的单变量关系，在第（2）（4）（6）和（8）列，我们控制了家庭户主特征、家庭整体特征和所在地区的经济特征。结果显示，加入控制变量后数字金融及其使用深度、数字化程度的在数值和显著性方面均有一定程度的上升，这表明研究对控制变量的选择是合理的。具体地，表 7 - 14 中第（1）列和第（2）列结果显示，数字金融的系数均显著为正，意味着数字金融发展水平越高，农民工城市融入指数就越高；从经济意义看，以第（2）列结果为例，如果数字金融发展水平增加 1 个百分点，将使农民工城市融入指数增加 0.006。这说明，无论是在统计意义上还是经济意义上，数字金融发展能有效促进农民工的城市融入。进一步，使用深度、数字化程度的改善对于农民工城市融入水平的提高有着显著的促进作用，而覆盖广度的增加对农民工城市融入指数影响不显著，就影响效应而言，数字化程度最强、使用深度其次、覆盖广度最差。表 7 - 14 的结果表明，整体而言，数字金融的发展显著促进了农民工城市融入。控制变量中，迁移距离的系数为正且显

著，年龄和职业类型的系数为负且显著，与预期基本一致。婚姻状况的系数为正且显著，子女数量的系数为负且显著，表明在家庭式迁移中男性农民工较高的收入报酬促进了家庭整体迁移，但照顾子女的责任限制了女性农民工就业，降低了农民工城市融入整体水平（续继和黄娅娜，2018）。

表 7 – 14　　　　　数字金融及各维度对农民工城市融入的影响

变量	(1)	(2)	(3)	(4)	(5)	(6)	(7)	(8)
数字金融	0.364 * (0.199)	0.599 ** (0.304)						
覆盖广度			0.197 (0.165)	0.179 (0.249)				
使用深度					0.418 ** (0.172)	0.690 *** (0.226)		
数字化程度							0.902 *** (0.349)	1.282 *** (0.458)
年龄		– 0.006 *** (0.002)		– 0.006 *** (0.002)		– 0.007 *** (0.002)		– 0.006 *** (0.002)
迁移距离		0.093 *** (0.017)		0.091 *** (0.017)		0.095 *** (0.017)		0.092 *** (0.017)
职业类型		– 0.362 * (0.194)		– 0.356 * (0.195)		– 0.364 * (0.194)		– 0.368 * (0.194)
婚姻状况		0.108 ** (0.053)		0.112 ** (0.053)		0.106 ** (0.052)		0.114 ** (0.052)
家庭人口数		– 0.016 (0.010)		– 0.015 (0.010)		– 0.017 * (0.010)		– 0.016 (0.010)
子女数量		– 0.054 ** (0.026)		– 0.057 ** (0.026)		– 0.054 ** (0.025)		– 0.056 ** (0.025)
就业结构		– 0.054 (0.222)		– 0.024 (0.226)		– 0.004 (0.219)		0.051 (0.219)
就业容量		– 0.019 (0.260)		0.196 (0.257)		– 0.084 (0.237)		– 0.003 (0.228)

变量	(1)	(2)	(3)	(4)	(5)	(6)	(7)	(8)
公共服务支出		0.001 (0.019)		0.004 (0.019)		-0.003 (0.019)		-0.017 (0.021)
Observations	909	909	909	909	909	909	909	909
Pseudo R^2	0.004	0.068	0.002	0.065	0.006	0.074	0.007	0.072

注：括号内为标准误，*** 表示 p<0.01，** 表示 p<0.05，* 表示 p<0.1。

2. 稳健性分析

（1）稳健性检验：处理内生性问题。

为检验并解决上述模型可能存在的因遗漏变量与反向因果等因素造成的内生性问题，参考傅秋子和黄益平（2018）的做法，研究采用农民工所在地级市到杭州的距离作为工具变量。数字金融指数是根据蚂蚁金服的交易大数据编制而成，蚂蚁金服的总部在杭州，距离杭州的远近会影响该地级市的数字金融发展水平，但对农民工的城市融入没有直接影响，这个地理工具变量满足严格外生性的条件。运用两阶段最小二乘法重新对模型进行估计。表7-15第（1）列汇报了加入工具变量后第一阶段的回归结果，主要变量的系数在1%统计水平上显著，满足工具变量相关性要求。此外，第一阶段联合F值为190.36，表明不存在弱工具变量问题。第二阶段回归结果显示，数字金融的系数在1%统计水平上显著为正。这表明数字金融发展对农民工城市融入起到促进作用这一结论是稳健的。进一步地，研究还使用有限信息最大似然估计法（LIML法）进行估计。通过对比后发现，表7-15中式（3）的结果与两阶段最小二乘法（2SLS法）的估计结果并无本质区别，这表明内生性问题未对研究结论产生显著影响，因此基准回归结果具有良好的稳健性。

表7-15 稳健性检验：工具变量的回归结果

变量	2SLS		LIML
	(1)	(2)	(3)
数字金融		2.190 *** (0.534)	2.190 *** (0.535)

变量	2SLS		LIML
	(1)	(2)	(3)
到杭州的球面距离	- 0. 000 *** (3. 62e - 06)		
年龄	0. 000 ** (0. 000)	- 0. 007 *** (0. 002)	- 0. 007 *** (0. 002)
迁移距离	- 0. 005 *** (- 0. 002)	0. 100 *** (0. 016)	0. 100 *** (0. 017)
职业类型	0. 018 (0. 014)	- 0. 383 ** (0. 150)	- 0. 383 * (0. 196)
婚姻状况	0. 006 (0. 005)	0. 094 * (0. 052)	0. 094 * (0. 053)
家庭人口数	0. 003 *** (0. 001)	- 0. 020 ** (0. 010)	- 0. 020 * (0. 010)
子女数量	- 0. 007 *** (0. 003)	- 0. 041 (0. 027)	- 0. 041 (0. 026)
就业结构	0. 178 *** (0. 021)	- 0. 232 (0. 232)	- 0. 232 (0. 229)
就业容量	0. 476 *** (0. 021)	- 0. 900 *** (0. 345)	- 0. 900 ** (0. 358)
公共服务支出	0. 001 (0. 002)	- 0. 003 (0. 020)	- 0. 003 (0. 020)
Observations	909	909	909
Pseudo R^2	0. 727	0. 040	0. 040

注：括号内为标准误，*** 表示 $p < 0.01$，** 表示 $p < 0.05$，* 表示 $p < 0.1$。

（2）稳健性检验：排除异常值。

为了排除特殊地区等所带来的少量异常值对计量模型的干扰，需要通过双边缩尾处理异常值。对农民工城市融入指数在 1% 分位上进行双边缩尾处理。通过表 7 - 16 不难发现，核心解释变量系数符号并未发生改变且均通过显著性检验，这表明在对农民工城市融入指数进行 1% 分位的双边缩尾处理后，核心解释变量对农民工城市融入的影响效应依然与基准回归保持一致。

表 7 - 16　　　　　　稳健性检验：排除异常值的回归结果

变量	（1）	（2）	（3）	（4）
数字金融	0.369 * （0.197）	0.610 *** （0.197）	0.561 *** （0.198）	0.601 ** （0.301）
年龄		- 0.007 *** （0.001）	- 0.006 *** （0.002）	- 0.006 *** （0.002）
迁移距离		0.089 *** （0.016）	0.093 *** （0.016）	0.093 *** （0.017）
职业类型		- 0.423 ** （0.191）	- 0.360 * （0.192）	- 0.362 * （0.192）
婚姻状况			0.112 ** （0.052）	0.112 ** （0.052）
家庭人口数			- 0.015 （0.010）	- 0.015 （0.010）
子女数量			- 0.056 ** （0.025）	- 0.056 ** （0.025）
就业结构				- 0.050 （0.219）
就业容量				- 0.019 （0.258）
公共服务支出				0.001 （0.019）
Observations	909	909	909	909
Pseudo R^2	0.004	0.058	0.070	0.070

注：括号内为标准误，*** 表示 $p < 0.01$，** 表示 $p < 0.05$，* 表示 $p < 0.1$。

（3）稳健性检验：分位数回归。

由于上述回归不能反映不同城市融入程度的农民工数字金融与城市融入之间的关系，因此接下来用分位数回归的方法进一步考察这一关系的稳健性。回归结果见表 7 - 17。表 7 - 17 汇报了农民工城市融入指数在第 10 个、30 个、50 个、70 个和 90 个分位点上的回归结果。从中可以看出，在城市融入程度各分位点处数字金融与农民工城市融入均呈现正相关关系，且在第 30 个分位点和第 50 个分位点处作用显著，研究结论依旧稳健。

表 7 – 17　　　　　　　稳健性检验：分位数回归

变量	q10	q30	q50	q70	q90
数字金融	0. 390 (0. 457)	1. 322 *** (0. 439)	0. 856 ** (0. 393)	0. 354 (0. 428)	0. 466 (0. 496)
年龄	− 0. 008 ** (0. 003)	− 0. 008 ** (0. 003)	− 0. 007 *** (0. 002)	− 0. 007 ** (0. 003)	− 0. 003 (0. 003)
迁移距离	0. 075 ** (0. 035)	0. 089 *** (0. 025)	0. 093 *** (0. 022)	0. 123 *** (0. 023)	0. 118 *** (0. 024)
职业类型	− 0. 197 (0. 172)	− 0. 334 ** (0. 151)	− 0. 492 ** (0. 244)	− 0. 345 (0. 268)	− 0. 309 (0. 294)
婚姻状况	− 0. 085 (0. 071)	0. 151 ** (0. 075)	0. 194 *** (0. 064)	0. 249 ** (0. 104)	0. 137 * (0. 073)
家庭人口数	− 0. 024 (0. 016)	− 0. 018 (0. 013)	− 0. 018 (0. 013)	− 0. 027 (0. 019)	− 0. 007 (0. 014)
子女数量	− 0. 024 (0. 047)	− 0. 055 (0. 038)	− 0. 066 ** (0. 027)	− 0. 091 ** (0. 042)	− 0. 100 *** (0. 038)
就业结构	− 0. 130 (0. 328)	− 0. 241 (0. 304)	− 0. 0729 (0. 344)	0. 155 (0. 334)	0. 205 (0. 343)
就业容量	0. 358 (0. 476)	− 0. 338 (0. 383)	− 0. 171 (0. 434)	0. 108 (0. 321)	− 0. 236 (0. 378)
公共服务支出	− 0. 001 (0. 032)	0. 005 (0. 030)	0. 011 (0. 025)	− 0. 001 (0. 033)	0. 010 (0. 034)
Observations	909	909	909	909	909
Pseudo R^2	0. 042	0. 042	0. 042	0. 047	0. 046

注：括号内为标准误，*** 表示 $p < 0.01$，** 表示 $p < 0.05$，* 表示 $p < 0.1$。

7.2.5　进一步分析

1. 作用机制检验

（1）收入的中介效应检验。

基准回归结果显示，数字金融对农民工城市融入指数有显著的正向影响。表 7－18 的第（1）列中数字金融的系数在 1% 水平上显著为正，表明数字金融显著提升了农民工收入水平。第（2）列中农民工收入水平的系数在 1% 水平上显著为正，而数字金融的系数不显著，这说明农民工收入水平在数字金融促进其城市融入的过程中发挥了完全中介效应，中介效应占比为 33.06%。进一步地，基准回归结果显示，使用深度和数字化程度均显著地促进了农民工城市融入指数的提升。表 7－18 第（3）列中使用深度的系数在 1% 水平上显著为正，表明使用深度的改善可以发挥提升农民工收入水平的作用。根据中介效应检验程序可知，在使用深度维度下，农民工收入水平在促进农民工城市融入的过程中发挥了部分中介作用，且中介效应占比为 22.80%。第（5）列中数字化程度的系数不显著，中介效应 Sobel 检验显示，对应的 Z 统计量为 1.42，大于 5% 显著性水平上的临界值 0.97，这说明在数字化程度维度下，农民工收入水平在促进农民工城市融入的过程中发挥了中介作用，中介效应占比为 10.23%。表 7－18 的回归结果表明，数字金融通过提升农民工收入水平进而促进农民工的城市融入，且在使用深度、数字化程度维度下，农民工收入水平均在促进农民工城市融入的过程中发挥了中介作用。

表 7－18　　　　　　　　农民工收入水平的中介效应检验

变量	(1)	(2)	(3)	(4)	(5)	(6)
	农民工收入	城市融入	农民工收入	城市融入	农民工收入	城市融入
数字金融	1.980 *** (0.586)	0.401 (0.300)				
使用深度			1.605 *** (0.436)	0.533 ** (0.223)		

续表

变量	（1）	（2）	（3）	（4）	（5）	（6）
	农民工收入	城市融入	农民工收入	城市融入	农民工收入	城市融入
数字化程度					1.298 (0.890)	1.151 ** (0.450)
农民工收入		0.100 *** (0.017)		0.098 *** (0.017)		0.101 *** (0.017)
年龄	− 0.018 *** (0.003)	− 0.004 *** (0.002)	− 0.018 *** (0.003)	− 0.005 *** (0.002)	− 0.017 *** (0.003)	− 0.004 *** (0.002)
迁移距离	− 0.094 *** (0.032)	0.102 *** (0.016)	− 0.092 *** (0.032)	0.104 *** (0.016)	− 0.101 *** (0.032)	0.102 *** (0.016)
职业类型	− 0.115 (0.375)	− 0.350 * (0.191)	− 0.111 (0.374)	− 0.353 * (0.190)	− 0.102 (0.377)	− 0.357 * (0.190)
婚姻状况	0.379 *** (0.101)	0.0704 (0.052)	0.379 *** (0.101)	0.069 (0.052)	0.397 *** (0.102)	0.074 (0.052)
家庭人口数	− 0.004 (0.019)	− 0.015 (0.010)	− 0.005 (0.019)	− 0.016 (0.010)	− 0.001 (0.020)	− 0.016 (0.010)
子女数量	− 0.132 *** (0.049)	− 0.041 (0.025)	− 0.137 *** (0.049)	− 0.040 (0.025)	− 0.146 *** (0.049)	− 0.042 * (0.025)
就业结构	− 0.664 (0.428)	0.012 (0.218)	− 0.481 (0.422)	0.043 (0.215)	− 0.403 (0.426)	0.092 (0.215)
就业容量	− 0.062 (0.502)	− 0.013 (0.256)	0.113 (0.457)	− 0.095 (0.232)	0.715 (0.443)	− 0.075 (0.224)
公共服务支出	0.007 (0.037)	0.001 (0.019)	− 0.001 (0.037)	− 0.003 (0.019)	− 0.008 (0.040)	− 0.016 (0.020)
Observations	909	909	909	909	909	909
Pseudo R^2	0.109	0.103	0.111	0.107	0.099	0.108

注：括号内为标准误，*** 表示 $p < 0.01$，** 表示 $p < 0.05$，* 表示 $p < 0.1$。

（2）收入的性别差异中介效应检验。

基准回归结果显示，数字金融及使用深度和数字化程度显著促进农民工融入城市社会。表7－19第（1）列中数字金融的系数在1%水平上显著为负，表明数字金融有效缩小农民工收入的性别差异。第（2）

列中农民工收入的性别差异的系数在5%水平上显著为负，而数字金融的系数在数值和显著性方面均有一定程度的下降，这说明农民工收入的性别差异在数字金融促进其城市融入的过程中发挥了部分中介效应，中介效应占比为11.95%。进一步地，表7-19中第（3）列和第（5）列中使用深度和数字化程度的系数均在1%水平上显著为负，表明使用深度和数字化程度的改善有利于农民工收入的性别差异的缩小。根据中介效应检验程序可知，在使用深度和数字化程度维度下，农民工收入的性别差异均在促进农民工城市融入的过程中发挥了中介作用，且中介效应占比分别为10.85%和9.13%。表7-19的回归结果表明，数字金融通过缩小农民工收入的性别差异进而促进农民工的城市融入，且在使用深度、数字化程度维度下，农民工收入的性别差异均在促进其城市融入的过程发挥了中介作用。

表7-19　　　　　农民工收入的性别差异的中介效应检验

变量	(1) 收入的性别差异	(2) 城市融入	(3) 收入的性别差异	(4) 城市融入	(5) 收入的性别差异	(6) 城市融入
数字金融	-5.967*** (1.896)	0.529* (0.305)				
使用深度			-7.489*** (1.398)	0.614*** (0.229)		
数字化程度					-10.640*** (2.859)	1.165** (0.461)
收入的性别差异		-0.012** (0.005)		-0.010* (0.005)		-0.011** (0.005)
年龄	0.018* (0.011)	-0.006*** (0.002)	0.022** (0.011)	-0.006*** (0.002)	0.017 (0.011)	-0.006*** (0.002)
迁移距离	-0.224** (0.104)	0.090*** (0.017)	-0.249** (0.103)	0.092*** (0.017)	-0.215** (0.104)	0.090*** (0.017)
职业类型	-1.606 (1.212)	-0.381* (0.194)	-1.576 (1.200)	-0.380* (0.194)	-1.572 (1.210)	-0.385** (0.194)

变量	（1）	（2）	（3）	（4）	（5）	（6）
	收入的性别差异	城市融入	收入的性别差异	城市融入	收入的性别差异	城市融入
婚姻状况	0.005 (0.328)	0.108 ** (0.052)	0.0329 (0.325)	0.107 ** (0.052)	−0.0508 (0.327)	0.113 ** (0.052)
家庭人口数	0.103 (0.063)	−0.015 (0.010)	0.115 * (0.062)	−0.016 (0.010)	0.103 * (0.063)	−0.015 (0.010)
子女数量	−0.245 (0.159)	−0.057 ** (0.026)	−0.250 (0.157)	−0.056 ** (0.025)	−0.216 (0.159)	−0.059 ** (0.025)
就业结构	−3.811 *** (1.384)	−0.099 (0.222)	−4.297 *** (1.354)	−0.047 (0.219)	−4.796 *** (1.367)	−0.001 (0.220)
就业容量	1.287 (1.624)	−0.004 (0.260)	2.284 (1.466)	−0.060 (0.237)	0.598 (1.422)	0.004 (0.228)
公共服务支出	−0.308 ** (0.121)	−0.002 (0.019)	−0.262 ** (0.120)	−0.005 (0.019)	−0.162 (0.128)	−0.018 (0.021)
Observations	909	909	909	909	909	909
Pseudo R^2	0.065	0.073	0.084	0.078	0.069	0.077

注：括号内为标准误，*** 表示 $p < 0.01$，** 表示 $p < 0.05$，* 表示 $p < 0.1$。

2. 异质性分析

（1）经济环境异质性分析。

数字金融作为经济发展到一定阶段后的产物，必然和当地经济发展水平关系密切。由于近年来中国区域经济格局呈现出"南强北弱"的态势（刘斌和潘彤，2022），相应地，北方数字金融的发展水平略低于南方地区。为检验数字金融发展对农民工城市融入指数的影响效应是否存在区域差异，以秦岭—淮河为界，将 284 个地级市划分为南北两个地区，并分别对其进行分析，结果如表 7 - 20 的第（1）、第（2）列所示。

表7-20　　　　　　　　　　　　异质性讨论回归结果

变量	经济环境差异		城市禀赋差异		教育水平差异	
	北方（1）	南方（2）	百强市（3）	非百强市（4）	高教育水平（5）	低教育水平（6）
数字金融	0.431 (0.616)	1.028*** (0.375)	-0.523 (0.507)	0.760* (0.454)	-0.369 (0.473)	0.988*** (0.374)
年龄	-0.009*** (0.003)	-0.005** (0.002)	-0.005* (0.002)	-0.008*** (0.002)	-0.002 (0.003)	-0.003 (0.002)
迁移距离	0.095*** (0.034)	0.088*** (0.020)	0.113*** (0.024)	0.060** (0.024)	0.069*** (0.025)	0.101*** (0.021)
职业类型	0.253 (0.511)	-0.517** (0.211)	-0.375 (0.295)	-0.378 (0.258)	0.122 (0.468)	-0.500** (0.210)
婚姻状况	0.205** (0.091)	0.027 (0.065)	0.096 (0.077)	0.100 (0.071)	0.248*** (0.078)	-0.074 (0.071)
家庭人口数	-0.043** (0.021)	-0.002 (0.012)	0.001 (0.016)	-0.021 (0.013)	-0.028* (0.015)	-0.010 (0.013)
子女数量	-0.040 (0.048)	-0.049 (0.030)	-0.069* (0.037)	-0.038 (0.036)	-0.047 (0.045)	-0.013 (0.030)
就业结构	0.389 (0.423)	-0.367 (0.267)	0.685* (0.405)	-0.120 (0.273)	-0.131 (0.328)	-0.058 (0.284)
就业容量	-0.156 (0.541)	-0.074 (0.302)	0.536 (0.352)	-0.404 (0.504)	0.527 (0.390)	-0.266 (0.333)
公共服务支出	0.015 (0.044)	-0.002 (0.022)	-0.082*** (0.029)	0.050 (0.047)	0.015 (0.028)	-0.010 (0.025)
Observations	323	586	440	469	367	542
Pseudo R^2	0.073	0.081	0.091	0.066	0.068	0.071

注：括号内为标准误，*** 表示 $p < 0.01$，** 表示 $p < 0.05$，* 表示 $p < 0.1$。

205

结果显示，由于地区之间数字金融资源存在较大差异，数字金融发展对农民工城市融入指数的影响效应存在南北差异。具体来讲，数字金融发展对南方地区农民工的城市融入有显著的促进作用，但对北方地区农民工的城市融入影响不明显，没有体现出包容性。这是因为一方面，南方地区的数据中心、工业互联网等数字基础设施建设和金融资源禀赋优于北方地区，数字金融的服务能力相对较强；另一方面，南方地区农民工金融认知能力和金融保险意识较强，对于数字金融的接受度和使用率较高，在一定程度上抑制了北方地区数字金融发展对农民工城市融入的促进作用。数字金融发展对农民工城市融入的促进作用在经济发达、金融资源丰富的地区更为明显。

（2）城市禀赋异质性分析。

城市的经济、社会和文化等资源禀赋是否充足影响着数字金融效应的发挥，等级较高的城市在金融科技人才和资本集聚、应用场景开发、传统金融与金融科技融合等方面具有先发优势（潘爽等，2021），且城市综合发展水平不同导致决定农民工城市融入的因素之间存在差异。鉴于此，根据"2018 年中国百强城市排行榜"将前 100 名地级市归为一类，其他地级市归为另一类，进行异质性分析，结果如表 7 - 20 的第（3）、第（4）列所示。

结果显示，数字金融的发展对农民工城市融入指数的影响会因城市禀赋不同产生差异。具体来讲，数字金融在非百强市在 10% 的水平上显著为正，在百强市系数符号不显著，体现出包容性。这是因为数字金融具有普惠性，可以突破时空限制，为非百强市提供更丰富的金融资源，满足非百强市的资金需求，在一定程度上纠正城市间金融资源配置的非均衡特征。数字金融的发展通过缩小收入的性别差异促进农民工城市融入，对于发展条件较好的城市来说，提升效果有限，但对于发展较差的城市则是"雪中送炭"。数字金融发展对农民工城市融入的影响最终在非百强市表现得更为显著。

（3）教育水平异质性分析。

金融资源的有效获取需要居民有一定的文化水平和学习能力，只有当人们的受教育水平到达一定的程度、迈过相应的门槛之后，才能有效地利用金融资源为其更好地服务（张勋等，2019）。鉴于此，基于户主的受教育年限，将样本分为低教育组（初中及以下）和高教育组（高中及以上），进行异质性分析，结果如表 7 - 20 的第（5）、第（6）列所示。

结果显示，数字金融的发展对农民工城市融入的促进作用主要体现在低教育组群上。具体来讲，数字金融系数在低教育组群内在 1% 的水平上显著，在高教育组群内影响不显著，体现出包容性。这是因为较高教育水平的农民工享有较为广泛的金融服务和信息，已经能够获取资金进行创业，对数字金融发展不甚敏感。数字金融利用技术手段对已有金融产品进行创新，提升金融的可得性和普惠性，相比于在传统金融市场中更受投资者青睐的高学历人群，特别有益于较低教育水平的农民工群体获取金融资源，促进他们的投资经营活动。数字金融发展对农民工城市融入的促进作用在低教育组更为明显。

7.2.6 主要结论和对策建议

促进农民工城市融入是新型城镇化政策的重要目标。研究从数字金融视角，探讨了数字金融对农民工城市融入的影响以及作用机制，并进一步从经济环境、城市禀赋、教育水平方面分析了数字金融对农民工城市融入的影响的异质性。实证发现：（1）数字金融发展对农民工城市融入有积极的促进作用，对于城市融入指数偏低的个体均产生显著的正向效应，且使用深度和数字化程度都有助于农民工的城市融入，其中数字化程度影响效应更强。（2）数字金融通过缩小农民工收入的性别差异而对农民工城市融入施加影响，进一步地，在使用深度、数字化程度维度下，农民工收入的性别差异均在促进农民工城市融入的过程中发挥了中介作用。数字金融通过提升女性农民工的收入水平，缩小收入的性别差异，促进了女性农民工的城市融入和农民工家庭式迁移。（3）进一步检验数字金融对农民工城市融入影响的异质性，发现对于在南方打工的农民工群体，数字金融的促进作用更显著，未体现数字金融的包容性。对于城市禀赋和教育水平差异所带来的影响，研究结果表明，数字金融对于位于非百强市和低教育水平的农民工促进效果更加显著，说明数字金融确实能够起到普惠的效果，为位于非百强市和人力资本较低的农民工所遇到的融资难问题提供破解路径。

基于以上结论，提出如下政策建议：（1）当前数字经济与社会经济生活深度融合是中国经济进入新常态发展阶段下的重大战略与重要举措，研究所发现的数字金融发展对农民工城市融入的促进作用正是数字经济影响社会经济生活的微观映射，政府应充分认识并积极引导数字金融发展缩小农民工收入的性别差异进而促进农民工城市融入这一发展路径，坚定不移地推进数字金融的发展，着力升级数字金融的覆盖广度和数字化程度，强化其创业、增收和改善收入分配上的作用，从而为促进农民工城市融入、推进新型城镇化提供有力支撑。（2）要实现对数字金融通过缩小农民工收入的性别差异促进农民工城市融入这一发展路径的积极引导，首先应当助力农民工充分利用数字金融所提供的各种服务和便利。①数字金融在规模化、平民化的过程中，通常会大量采集个人金融信息，侵犯客户隐私，政府要保护数据安全和个人隐私，加强对各类数字金融平台的监管，及时获取用于金融风险防控的必要信息，为农民工充分利用数字金融营造优良的监管环境；②及时出台相关扶持政策（如税收优惠、贷款补贴、相关技能培训、金融知识普及等），以解决农民工在逐渐深入接触数字金融过程中可能面临的各种困难与需求，提升农民工对数字金融产品的使用能力；③女性群体在消费和理财方面具有较大的金融需求，数字金融平台可以在对女性农民工的金融需求进行细分的基础上，有针对性地推行新业务和新产品，提升数字金融服务的精准度。（3）政府应注重效率与均衡的兼顾。政府应根据不同地区的发展水平、不同城市的资源禀赋以及不同农民工的教育水平，实施差异化、针对性的帮助扶持政策，以更好地推进南北地区、百强市与非百强市以及不同教育水平的农民工城市融入的均衡、协调发展，避免因融入差异而造成地区间新型城镇化水平的更大差距。

第8章 结论与展望

立足我国城镇化发展现实国情，本书构建了现代化引领城镇化发展的理论分析框架，测度了现代化导向下多领域城镇化发展效应。在解析行政区划调整、城乡要素流动、国土空间约束和数字化变革的基础上，提出了流动人口、农用地转型、农业生产、社会发展对城镇化的相关假设和作用机理，构建计量模型，并利用宏观统计数据和微观调研数据验证相关领域所展现的城镇化效应及作用机制。探寻现代化指引下中国城镇化道路的规律性，确定了现代化导向下的城镇化发展目标与趋向，探寻坚持以人民为中心的社会主义现代化价值追求下中国城镇化发展的突破路径，提出了现代化背景下加快推进中国特色城镇化道路的政策措施。透过城镇化带来的社会结构转型，思考现代化目标分解下城镇生产体系再组织与城镇空间格局演化，深层次分析城镇化所带来的社会结构形态变化与群体的分化，为我国跨越城乡二元结构和半城镇化结构做出努力。

8.1 研究结论

在现代化导向下城镇化发展目标趋向分析的基础上，结合城镇组织、要素流动、国土空间、村镇体系建设、数字化转型等各方面的实证研究，研究主要结论如下：

（1）现代化开启城镇化新发展阶段。本书认为城镇化是引领经济社会发展的核心动能，每个时代城镇化取得的成果都是现代化成就的体现。在现代化目标驱动下，提出走符合自己国情的社会主义现代化道路，实现高效率的城镇化发展模式、高质量的城镇化发展载体和高层次的城乡协作体系，是我国城镇化思路的基本出发点。

（2）城镇化是现代化实现的载体。本书提出现代化研究离不开具象化的区域，特别是集中了现代工业与服务业的城镇地域，包括中心城镇、都市区、城市群、城市带等各种城镇化发展表现形式。作为落实现代化目标战略的重要举措，需要在现代化目标下对城镇在地域空间上的组织形式再认识，从行政管理层级、空间分布范围、功能合作出发，重新思考城镇在引领产业组织、文化联系、设施配套、资源开发、生态保护等具体行动，充分把握以城市群打造经济圈层、进而促成区域一体化板块形成的趋势。

（3）现代化开创中国城镇化发展道路。实证研究表明现代化社会要求多领域的全方位变革，面向未来，我国提出既要完成向发达经济体转型的基本任务，又要适应国家治理现代化转型的全新形势，这就要求进一步明晰城镇化所肩负的责任目标，丰富创新中国城镇化发展道路，在城乡要素流动、空间治理现代化、村镇建设、适应数字化变迁等方面做出响应，在现代化目标下，从行政管理层级、空间分布范围、功能合作出发对城镇在地域空间上的组织形式再认识，更好地把握城乡社会经济结构的重新塑造与地域空间格局的优化调整，构建支撑新型城镇化高质量发展的国土空间开发保护新格局，建立符合城乡现代化同步发展趋势的村镇城镇化规划理念，探索数字时代中国城镇化的激励模式与创新性发展路径。

8.2 研究展望

综合来看，在现代化导向下，中国城镇化道路将走向新的发展阶段，这将是践行中国特色发展道路的关键，也是实现经济社会全面发展的牵引动力，为建设现代化强国奠定基础。然而，这一发展道路的艰难和复杂，会超过既有发展历程遇到的挑战，需要在以下方面继续加强：

（1）注重现代化与城镇化的阶段性匹配。城镇化是中国式现代化的重要基础，纵观新中国70多年的建设史和40多年的改革进程，现代化是每一个发展阶段的共同追求，立足新发展阶段、贯彻新发展理念、构建新发展格局，推动高质量发展，促进共同富裕，统筹发展与安全，这些都是推进现代化城镇建设的重点所在。而且，中国的地理跨度大，发展水平不均，这就要求各地审时度势，适应多阶段并存的现代化建设要求，制定合理的城镇化发展目标，重点培育要素流动集聚的城镇化内生动力，有序规划新型城镇化的空间实现载体，加强数字时代城市治理与城市发展探索等，让人民群众有更多获得感、幸福感、安全感。

（2）提高现代化城镇建设的制度保障能力。现代化城镇建设需要良好的制度保障，从制度建设着手，完善农村市场体制机制、深化户籍制度改革、强化小城镇建设规划与投入机制、理顺城乡要素流动机制等，既是现代化城镇建设继续解决的问题，也是促进国家体制的不断完善并走向成熟的发展成效。同时，还要求正确处理政府和市场关系，制定利于市场作用发挥的制度环境，推动有效市场和有为政府更好结合，主动融入中心城市、都市圈和城市群的发展格局，做到"规划一体化、产业链条化、流通现代化、要素市场化、治理高效化"，在更大范围、更广领域实现产业升级、供需适配和利益均衡分配。

（3）加强现代化城镇发展监管和动态监测。首先，研究制定现代化城镇发展分类指导意见，分区域、分发展阶段制定差别化的目标任务，从产业增长、人口汇聚、用地创新、生态环境、公共服务等维度设计长效考核评价体系，精准施策，差异化推进。其次，加强督查督办和考核评价结果运用，定期开展现代化城镇发展统计监测分析研究和动态跟踪评估，建立健全试点成果总结和系统推广机制，按照系统规划、全局统筹的思路，适时调整各地城镇化发展定位，不断提升城镇高效率运转、全周期管控以及全方位提升等。

参 考 文 献

［1］陈秧分、刘玉、李裕瑞：《中国乡村振兴背景下的农业发展状态与产业兴旺途径》，载于《地理研究》2019年第38卷第3期。

［2］邓睿：《健康权益可及性与农民工城市劳动供给——来自流动人口动态监测的证据》，载于《中国农村经济》2019年第4期。

［3］杜鹏程、徐舒、吴明琴：《劳动保护与农民工福利改善——基于新〈劳动合同法〉的视角》，载于《经济研究》第53卷第3期。

［4］段玲、何鑫、田丽慧：《农村外流劳动力的回流意愿及影响因素分析——基于2016年全国流动人口动态监测调查数据》，载于《中国农业资源与区划》2021年第42卷第4期。

［5］傅秋子、黄益平：《数字金融对农村金融需求的异质性影响——来自中国家庭金融调查与北京大学数字普惠金融指数的证据》，载于《金融研究》2018年第11期。

［6］古恒宇、肖凡、沈体雁等：《中国城市流动人口居留意愿的地区差异与影响因素——基于2015年流动人口动态监测数据》，载于《经济地理》2018年第38卷第11期。

［7］顾朝林、胡秀红：《中国城市体系现状特征》，载于《经济地理》1998年第1期。

［8］郭峰、王靖一、王芳、孔涛、张勋、程志云：《测度中国数字金融发展：指数编制与空间特征》，载于《经济学（季刊）》2020年第4期。

［9］郭凤鸣：《数字经济发展能缓解农民工过度劳动吗?》，载于《浙江学刊》2020年第5期。

［10］韩兆安、赵景峰、吴海珍：《中国省际数字经济规模测算、非均衡性与地区差异研究》，载于《数量经济技术经济研究》2021年第8期。

［11］何爱平、李清华：《马克思现代化视野下中国式现代化道路的逻辑进路》，载于《中国特色社会主义研究》2022年第1期。

［12］何婧、李庆海：《数字金融使用与农户创业行为》，载于《中国农村经济》2019年第1期。

［13］何可、张俊飚：《农民对资源性农业废弃物循环利用的价值感知及其影响因素》，载于《中国人口·资源与环境》2014年第24卷第10期。

［14］何露、闵庆文、张丹：《农业多功能性多维评价模型及其应用研究——以浙江省青田县为例》，载于《资源科学》2010年第32卷第6期。

［15］何文炯：《数字化、非正规就业与社会保障制度改革》，载于《社会保障评论》2020年第4卷第3期。

［16］何宗樾、宋旭光：《数字经济促进就业的机理与启示——疫情发生之后的思考》，载于《经济学家》2020年第5期。

［17］呼倩、夏晓华、黄桂田：《中国产业发展的流动劳动力工资增长效应——来自流动人口动态监测的微观证据》，载于《管理世界》2021年第1期。

［18］胡广伟、赵思雨、姚敏、刘建霞：《论我国智慧城市群建设：形态、架构与路径——以江苏智慧城市群为例》，载于《电子政务》2021年第4期。

［19］黄群慧、余泳泽、张松林：《互联网发展与制造业生产率提升：内在机制与中国经验》，载于《中国工业经济》2019年第8期。

［20］姜棪峰、龙花楼、唐郁婷：《土地整治与乡村振兴——土地利用多功能性视角》，载于《地理科学进展》2021年第3期。

［21］焦勇、杨蕙馨：《政府干预、两化融合与产业结构变迁——基于2003—2014年省际面板数据的分析》，载于《经济管理》2017年第6期。

［22］金延杰：《中国城市经济活力评价》，载于《地理科学》2007年第1期。

［23］康传坤、文强、楚天舒：《房子还是儿子？——房价与出生性别比》，载于《经济学（季刊）》2020年第3期。

［24］康姣姣、闫周府、吴方卫：《农村劳动力回流、就业选择与

农地转出——基于千村调查的经验研究》，载于《南方经济》2021 年第 7 期。

［25］旷浩源：《农村社会网络与农业技术扩散的关系研究——以 G 乡养猪技术扩散为例》，载于《科学学研究》2014 年第 32 卷第 10 期。

［26］李成友、刘安然、袁洛琪、康传坤：《养老依赖、非农就业与中老年农户耕地租出——基于 CHARLS 三期面板数据分析》，载于《中国软科学》2020 年第 7 期。

［27］李成友、孙涛、王硕：《人口结构红利、财政支出偏向与中国城乡收入差距》，载于《经济学动态》2021 年第 1 期。

［28］李兰冰、高雪莲、黄玖立：《"十四五"时期中国新型城镇化发展重大问题展望》，载于《管理世界》2020 年第 11 期。

［29］李婷婷、龙花楼：《基于"人口—土地—产业"视角的乡村转型发展研究——以山东省为例》，载于《经济地理》2015 年第 10 期。

［30］刘斌、潘彤：《地方政府创新驱动与中国南北经济差距——基于企业生产率视角的考察》，载于《财经研究》2022 年第 2 期。

［31］刘军：《从马克思主义国家理论看中国国家治理现代化》，载于《中国特色社会主义研究》2014 年第 5 期。

［32］刘青梅：《新农村建设背景下观光农业复合型开发模式研究——思南县凤鸣村乡村旅游开发模式初探》，载于《贵州社会主义学院学报》2010 年第 2 期。

［33］刘彦随：《中国新时代城乡融合与乡村振兴》，载于《地理学报》2018 年第 4 期。

［34］刘志彪、孔令池：《从分割走向整合：推进国内统一大市场建设的阻力与对策》，载于《中国工业经济》2021 年第 8 期。

［35］龙花楼、戈大专、王介勇：《土地利用转型与乡村转型发展耦合研究进展及展望。》，载于《地理学报》2019 年第 12 期。

［36］龙花楼：《论土地利用转型与乡村转型发展》，载于《地理科学进展》2012 年第 31 卷第 2 期。

［37］陆铭、高虹、佐藤宏：《城市规模与包容性就业》，载于《中国社会科学》2012 年第 10 期。

［38］陆万军、张彬斌：《就业类型、社会福利与流动人口城市融入——来自微观数据的经验证据》，载于《经济学家》2018 年第 8 期。

[39] 罗荣渠：《建立马克思主义的现代化理论的初步探索》，载于《中国社会科学》1988 年第 1 期。

[40] 马燕坤、肖金成：《都市区、都市圈与城市群的概念界定及其比较分析》，载于《经济与管理》2020 年第 1 期。

[41] 毛宇飞、曾湘泉：《互联网使用是否促进了女性就业——基于 CGSS 数据的经验分析》，载于《经济学动态》2017 年第 6 期。

[42] 孟颖颖、邓大松：《农民工城市融合中的"收入悖论"——以湖北省武汉市为例》，载于《中国人口科学》2011 年第 1 期。

[43] 倪鹏飞：《城市群合作是区域合作的新趋势》，载于《中国国情国力》2014 年第 2 期。

[44] 宁光杰、李瑞：《城乡一体化进程中农民工流动范围与市民化差异》，载于《中国人口科学》2016 年第 4 期。

[45] 潘爽、叶德珠、叶显：《数字金融普惠了吗——来自城市创新的经验证据》，载于《经济学家》2021 年第 3 期。

[46] 戚聿东、褚席：《数字生活的就业效应：内在机制与微观证据》，载于《财贸经济》2021 年第 4 期。

[47] 戚聿东、刘翠花、丁述磊：《数字经济发展、就业结构优化与就业质量提升》，载于《经济学动态》2020 年第 11 期。

[48] 齐红倩、李志创：《中国普惠金融发展水平测度与评价——基于不同目标群体的微观实证研究》，载于《数量经济技术经济研究》2019 年第 5 期。

[49] 钱文荣、朱嘉晔：《农民工的发展与转型：回顾、评述与前瞻——"中国改革开放四十年：农民工的贡献与发展学术研讨会"综述》，载于《中国农村经济》2018 年第 9 期。

[50] 秦立建、陈波：《医疗保险对农民工城市融入的影响分析》，载于《管理世界》2014 年第 10 期。

[51] 卿石松：《性别角色观念、家庭责任与劳动参与模式研究》，载于《社会科学》2017 年第 11 期。

[52] 施炳展、李建桐：《互联网是否促进了分工：来自中国制造业企业的证据》，载于《管理世界》2020 年第 36 卷第 4 期。

[53] 史育龙：《市镇建制变更与区划调整的城镇化效应研究》，载于《宏观经济研究》2014 年第 2 期。

[54] 宋刚、邬伦：《创新 2.0 视野下的智慧城市》，载于《北京邮电大学学报（社会科学版）》2012 年第 4 期。

[55] 苏丽锋：《中国流动人口市民化水平测算及影响因素研究》，载于《中国人口科学》2017 年第 2 期。

[56] 孙浦阳、张靖佳、姜小雨：《电子商务、搜寻成本与消费价格变化》，载于《经济研究》2017 年第 7 期。

[57] 陶蕾韬：《多元文化背景下的价值冲突与价值认同》，北京交通大学博士论文，2015 年。

[58] 童明：《城市肌理如何激发城市活力》，载于《领导决策信息》2014 第 24 期。

[59] 万佳彧、周勤、肖义：《数字金融、融资约束与企业创新》，载于《经济评论》2020 年第 1 期。

[60] 王春光：《乡村振兴中的农民主体性问题》，载于《中国乡村发现》2018 年第 4 期。

[61] 王国刚、刘彦随、王介勇：《中国农村空心化演进机理与调控策略》，载于《农业现代化研究》2015 年第 1 期。

[62] 王继、王浩斌：《马克思主义社会现代化思想探析》，载于《社会学研究》2003 年第 3 期。

[63] 王佳琪、袁永博、张明媛：《基于根植性理论的特色小城镇产业规划研究——以辽宁省庄河市大郑镇为例》，载于《小城镇建设》2018 年第 36 卷第 12 期。

[64] 王军、朱杰、罗茜：《中国数字经济发展水平及演变测度》，载于《数量经济技术经济研究》2021 年第 7 期。

[65] 王梦菲、张昕蔚：《数字经济时代技术变革对生产过程的影响机制研究》，载于《经济学家》2020 年第 1 期。

[66] 王欧、唐轲、郑华懋：《农业机械对劳动力替代强度和粮食产出的影响》，载于《中国农村经济》2016 年第 12 期。

[67] 王青、刘烁：《进城农民工多维贫困测度及不平等程度分析——基于社会融合视角》，载于《数量经济技术经济研究》2020 年第 1 期。

[68] 王元腾：《参照群体、相对位置与微观分配公平感——都市户籍移民与流动人口的比较分析》，载于《社会》2019 年第 5 期。

［69］王震：《新冠肺炎疫情冲击下的就业保护与社会保障》，载于《经济纵横》2020 年第 3 期。

［70］魏下海、张沛康、杜宇洪：《机器人如何重塑城市劳动力市场：移民工作任务的视角》，载于《经济学动态》2020 年第 10 期。

［71］温铁军：《发展农业 4.0 版的现代化》，载于《农村工作通讯》2015 年第 24 期。

［72］温忠麟、张雷、侯杰泰、刘红云：《中介效应检验程序及其应用》，载于《心理学》2004 年第 5 期。

［73］吴方卫、康姣姣：《中国农村外出劳动力回流与再外出研究》，载于《中国人口科学》2020 年第 3 期。

［74］吴贾、张俊森：《随迁子女入学限制、儿童留守与城市劳动力供给》，载于《经济研究》2020 年第 11 期。

［75］夏怡然、陆铭：《城市间的"孟母三迁"——公共服务影响劳动力流向的经验研究》，载于《管理世界》2015 年第 10 期。

［76］谢桂华：《中国流动人口的人力资本回报与社会融合》，载于《管理世界》2012 年第 4 期。

［77］谢绚丽、沈艳、张皓星、郭峰：《数字金融能促进创业吗？来自中国的证据》，载于《经济学（季刊）》2018 年第 4 期。

［78］徐勇：《农民理性的扩张："中国奇迹"的创造主体分析——对既有理论的挑战及新的分析进路的提出》，载于《中国社会科学》2010 年第 1 期。

［79］许广月、宋德勇：《中国碳排放环境库兹涅茨曲线的实证研究——基于省域面板数据》，载于《中国工业经济》2010 年第 5 期。

［80］杨江澜、王洁、薛海娇、李华：《流动人口城镇社会融入信心指数编制及应用》，载于《人口研究》2016 年第 5 期。

［81］杨金龙、王桂玲：《失地农民城市社会融入的结构性差异及其影响因素——基于山东省的调查分析》，载于《农业经济问题》2017 年第 12 期。

［82］杨骁、刘益志、郭玉：《数字经济对我国就业结构的影响——基于机理与实证分析》，载于《软科学》2020 年第 10 期。

［83］杨志恒：《城乡融合发展的理论溯源、内涵与机制分析》，载于《地理与地理信息科学》2019 年第 35 卷第 4 期。

[84] 易行健、周利：《数字金融发展是否显著影响了居民消费：来自中国家庭的微观证据》，载于《金融研究》2018 年第 11 期。

[85] 尤济红、陈喜强：《去人力资本更高的城市发展：检验、机制与异质性——对中国城乡劳动力流向选择的实证分析》，载于《经济问题探索》2019 年第 5 期。

[86] 于文超、梁平汉：《不确定性、营商环境与民营企业经营活力》，载于《中国工业经济》2019 年第 11 期。

[87] 余运江、高向东：《市场潜能与流动人口工资差异：基于异质性视角的分析》，载于《世界经济》2017 年第 12 期。

[88] 张吉鹏、黄金、王军辉、黄勔：《城市落户门槛与劳动力回流》，载于《经济研究》2020 年第 7 期。

[89] 张景娜、张雪凯：《互联网使用对农地转出决策的影响及机制研究——来自 CFPS 的微观证据》，载于《中国农村经济》2020 年第 3 期。

[90] 张学良：《以都市圈建设推动城市群的高质量发展》，载于《上海城市管理》2018 年第 5 期。

[91] 张勋、万广华、张佳佳、何宗樾：《数字经济、普惠金融与包容性增长》，载于《经济研究》2019 年第 8 期。

[92] 张勇、路娟、林千惠：城市入乡人才推进空心村振兴：生成逻辑、实现路径及其运行机制——基于广东省 W 村的案例分析》，载于《世界农业》2020 年第 10 期。

[93] 张臻：《要素市场扭曲、企业创新与全要素生产率提升研究》，西北大学博士论文，2018 年。

[94] 赵涛、张智、梁上坤：《数字经济、创业活跃度与高质量发展——来自中国城市的经验证据》，载于《管理世界》2020 年第 10 期。

[95] 甄霖、胡云锋、魏云洁等：《典型脆弱生态区生态退化趋势与治理技术需求分析》，载于《资源科学》2019 年第 1 期。

[96] 甄小鹏、凌晨：《农村劳动力流动对农村收入及收入差距的影响——基于劳动异质性的视角》，载于《经济学（季刊）》2017 年第 3 期。

[97] 钟真、谭玥琳：《观光农业从业户应对成本上升的经营行为研究——基于京郊十余家典型从业户的案例分析》，载于《中国农业大

学学报（社会科学版）》2014 年第 31 卷第 4 期。

［98］周利、廖婧琳、张浩：《数字普惠金融、信贷可得性与居民贫困减缓——来自中国家庭调查的微观证据》，载于《经济科学》2021年第 1 期。

［99］周晔馨、涂勤、梁斌、叶静怡：《农民工的社会资本如何形成：基于社会网络的分析》，载于《世界经济》2019 年第 2 期。

［100］周颖刚、蒙莉娜、卢琪：《高房价挤出了谁？——基于中国流动人口的微观视角》，载于《经济研究》2019 年第 9 期。

［101］朱明宝、杨云彦：《城市规模与农民工的城市融入——基于全国 248 个地级及以上城市的经验研究》，载于《经济学动态》2016 年第 4 期。

［102］祝仲坤：《公共卫生服务如何影响农民工留城意愿——基于中国流动人口动态监测调查的分析》，载于《中国农村经济》2021 年第10 期。

［103］祝仲坤、冷晨昕：《互联网使用对居民幸福感的影响——来自 CSS2013 的经验证据》，载于《经济评论》2018 年第 1 期。

［104］祝仲坤：《住房公积金与新生代农民工留城意愿——基于流动人口动态监测调查的实证分析》，载于《中国农村经济》2017 年第12 期。

［105］Acemoglu D. and Restrepo P. Robots and jobs：Evidence from US labor markets. *NBER Working Papers*，2017.

［106］Aerni P. Coping with migration-induced urban growth：Addressing the blind spot of UN habitat. *Sustainability*，Vol. 8，No. 8，2016.

［107］Akhtar Z. Low Skilled Jobs，Free Movement Migration and Employment in the UK. *Labor Law Journal*，Vol. 71，No. 3，2020.

［108］Arnaiz－Schmitz，C.，Schmitz，M. F.，Herrero－Jáuregui，C.，Gutiérrez－Angonese，J.，Pineda，F. D.，Montes，C. Identifying socio-ecological networks in rural-urban gradients：Diagnosis of a changing cultural landscape. *Sci. Total Environ*，Vol. 612，2018.

［109］Aure，M.，Førde，A.，Magnussen，T. Will migrant workers rescue rural regions? Challenges of creating stability through mobility. *Journal of Rural Studies*，Vol. 60，2018.

[110] Bakker, M. M. , Alam, S. J. , Dijk, J. V. , Rounsevell, M. Land-use change arising from rural land exchange: An agent-based simulation model. *Landscape Ecol*, Vol. 30, 2015.

[111] Bargh J. , McKenna K. The internet and social life. *Annual Review of Psychology*, Vol. 55, No. 1, 2004.

[112] Bellante D. The north-south differential and the migration of heterogeneous labor. *The American Economic Review*, Vol. 69, No. 1, 1979.

[113] Benson, M. , and O'reilly, K. Migration and the search for a better way of life: a critical exploration of lifestyle migration. *The sociological review*, Vol. 57, No. 4, 2009.

[114] Berdegué, J. A. , Carriazo, F. , Jara, B. , Modrego, F. , Soloaga, I. Cities, territories, and inclusive growth: Unraveling urban-rural linkages in Chile, Colombia, and Mexico. *World Dev*, Vol. 73, 2015.

[115] Berg N G. Geographies of Well-being and place attachment: revisiting urban-rural migrants. *Journal of Rural Studies*, Vol. 78, 2020.

[116] Blandford, D. , and Josling, T. Greenhouse Gas Reduction Policies and Agriculture: Implications for Production Incentives and International Trade Disciplines. *International Centre for Trade & Sustainable Development*, 2009.

[117] Bosworth, G. , Venhorst, V. Economic linkages between urban and rural regions—What's in it for the rural? *Reg. Stud*, Vol. 52, 2018.

[118] Brown, D. G. , Johnson, K. M. , Loveland, T. R. , Theobald, D. M. Rural land-use trends in the conterminous United States, 1950 – 2000. *Ecol. Appl.* Vol. 15, 2005.

[119] Brueckner, J. K. Urban Sprawl: Diagnosis and Remedies. *Int. Reg. Sci. Rev.* Vol. 23, 2000.

[120] Capps, K. A. , Bentsen, C. N. , Ramírez and A. Poverty, urbanization, and environmental degradation: Urban streams in the developing world. *Freshw. Sci.* Vol. 35, 2016.

[121] Carr, P. J. and Kefalas, M. J. *Hollowing Out the Middle: The Rural Brain Drain and What it Means for America.* Beacon Press, 2009.

[122] Chan, K. W. Migration and development in China: Trends, ge-

220

ography and current issues. *Migration and Development*, Vol. 1, No. 2, 2012.

[123] Cheng, J. Source of Urban Vitality: Systematic Effects of Migrant Population on the Development of Urban Economy. *Chinese Journal of Urban and Environmental Studies*, Vol. 7, 2019, No. 2.

[124] Cheng, Z. , Nielsen, I. , and Smyth, R. Access to Social Insurance in Urban China: A Comparative Study of Rural-urban and Urban-urban Migrants in Beijing. *Habitat International*, Vol. 41, 2014.

[125] Chen, J. , & Wang, W. Economic incentives and settlement intentions of rural migrants: Evidence from China. *Journal of Urban Affairs*, Vol. 41, No. 3, 2019.

[126] Chen K. , Long H. , Liao L. , Tu S. , Li T. Land use transitions and urban-rural integrated development: Theoretical framework and China's evidence. *Land Use Policy* 2020, 92, 104465.

[127] Chen S, Liu Z. What determines the settlement intention of rural migrants in China? Economic incentives versus sociocultural conditions – Science Direct. *Habitat International*, Vol. 58, No. 1, 2016.

[128] Clark, A. E. , Frijters, P. , Shields, M. A. Relative income, happiness, and utility: An explanation for the Easterlin paradox and other puzzles. *Journal of Economic literature*, Vol. 46, No. 1, 2008.

[129] Combs, E. R. , and Xia Y. Increasing older populations and rural community vitality: the role of housing. *Housing & Society*, Vol. 27, No. 1, 2000.

[130] Congdon J. G. , Magilvy J. K. Home health care: supporting vitality for rural elders. *J Long Term Home Health Care. Fall*, Vol. 17, No. 4, 1998.

[131] De Haan, A. and Rogaly, B, Introduction: Migrant workers and their role in rural change. *Journal of Development Studies*, Vol. 38, No. 5, 2002.

[132] Douglass M. A. , Regional network strategy for reciprocal rural-urban linkages: An agenda for policy research with reference to Indonesia. *Third World Plan. Rev.* Vol. 20, 1998.

[133] Eliasson, K., Westlund, H. and Johansson, M. Determinants of net migration to rural areas, and the impacts of migration on rural labour markets and self-employment in rural Sweden. *European planning studies*, Vol. 23, No. 4, 2015.

[134] Geishecker, I. Does outsourcing to central and eastern europe really threaten manual workers' jobs in Germany? *World Economy*, Vol. 29, No. 5, 2006.

[135] Granovetter M., The strength of weak ties. *American Journal of Sociology*, Vol. 78, No. 6, 1973.

[136] Gu H, Lin Y, Shen T. Do you feel accepted? Perceived acceptance and its spatially varying determinants of migrant workers among Chinese cities. *Cities*, Vol. 125, 2022.

[137] Halfacree, K. H., & Rivera, M. J. Moving to the countryside and staying: lives beyond representations. *Sociologia Ruralis*, Vol. 52, No. 1, 2012.

[138] Han S. M. and Ha Y. Effectiveness of a Positive Psychology-based and Character Strengths-integrated Activity Program on Depression, Vitality, Life Satisfaction in Elderly Living Alone in Rural Areas. *Journal of Korean Academy of Community Health Nursing*, Vol. 27, No. 4, 2016.

[139] Hao, P. and Tang, S. Floating or settling down: The effect of rural landholdings on the settlement intention of rural migrants in urban China. *Environment and Planning A*, Vol. 47, No. 9, 2015.

[140] Hasan M, Le T, Hooue A. How does financial literacy impact on inclusive finance? . *Financial Innovation*, Vol. 7, No. 1, 2021.

[141] Hess M. Spatial relationships? Towards a reconceptualization of embeddedness. *Progress in Human Geography*, Vol. 28, No. 2, 2004.

[142] Hunt, J., Are migrants more skilled than non-migrants? Repeat, return, and same-employer migrants. *Jennifer Hunt*, Vol. 37, No. 4, 2004.

[143] Inglehart R., Welzel C. Modernization. *The Blackwell encyclopedia of sociology*, 2007.

[144] Irwin E. G., Bell K. P., Bockstael N. E., Newburn D. A.,

Partridge M. D. , Wu, J. The economics of urban-rural space. *Annu. Rev. Resour. Econ.* Vol. 1 , 2009.

[145] Jacobs, J. *The Death and Life of Great American Cities*: *The Failure of Town Planning.* New York: Random House, 1961.

[146] Jia Z, Gao M, Xu S, et al. Sociocultural vitality versus regulation policy and tourism development in preservation of traditional rural landscape: a case from Guizhou, China. *The International Journal of Sustainable Development and World Ecology*, 2020.

[147] Ji, X. , Ren, J. , Sergio, U. Towards urban-rural sustainable cooperation: Models and policy implication. *J. Clean. Prod*, Vol. 213, 2019.

[148] Kafle K. , Benfica R, Winters P. Does relative deprivation induce migration? Evidence from Sub – Saharan Africa. *American Journal of Agricultural Economics*, Vol. 102, No. 3, 2020.

[149] Kathleen, O. The influence of land use changes on open defecation in rural India. *Appl. Geogr*, Vol. 99, 2018.

[150] Keung Wong, D. F. , Li, C. Y. , and Song, H. X. Rural migrant workers in urban China: living a marginalised life. *International Journal of Social Welfare*, Vol. 16, No. 1, 2007.

[151] Knight J. , and Yueh L. Segmentation or competition in China's urban labour market? *Cambridge journal of economics*, Vol. 33, No. 1, 2009.

[152] Knight J. , Ma B, Gunatilaka R. The puzzle of falling happiness despite rising income in rural China: eleven hypotheses. *Economic Development and Cultural Change*, Vol. 70, No. 3, 2022.

[153] Kydd, J. , Dorward, A. Implications of market and coordination failures for rural development in least developed countries. *J. Int. Dev*, Vol. 16, 2004.

[154] Lagakos D. Urban-rural gaps in the developing world: Does internal migration offer opportunities? *Journal of Economic perspectives*, Vol. 34, No. 3, 2020.

[155] Lampic B, Potocnik – Slavic I. Demographic vitality and human resources as important factors for rural areas development. *Glasnik Srpskog Geografskog Drustva*, Vol. 87, No. 2, 2007.

[156] Li C, Jiao Y, Sun T and Liu A. Alleviating multi-dimensional poverty through land transfer: Evidence from poverty-stricken villages in China. *China Economic Review*, Vol. 69, 2021.

[157] Liu J, X Zhang, Lin J, et al. Beyond government-led or community-based: Exploring the governance structure and operating models for reconstructing China's hollowed villages. *Journal of Rural Studies*, Vol. 93, 2019.

[158] Liu Y, Deng W, Song X. Influence factor analysis of migrants' settlement intention: Considering the characteristic of city. *Applied Geography*, Vol. 96, 2018.

[159] Liu Y. Introduction to land use and rural sustainability in China. *Land Use Policy*, Vol. 74, 2018.

[160] Liu, Y., Li, Z. and Breitung, W. The social networks of new-generation migrants in China's urbanized villages: A case study of Guangzhou. *Habitat International*, Vol. 36, No. 1, 2012.

[161] Liu Y. Research on the urban-rural integration and rural revitalization in the new era in China. *Acta Geographica Sinica*, Vol. 73, No. 4, 2018.

[162] Liu Y, Yang Y, Li Y, et al. Conversion from rural settlements and arable land under rapid urbanization in Beijing during 1985 – 2010. *Journal of Rural Studies*, Vol. 51, 2017.

[163] Liu Z., Liu S., Jin H., et al. Rural population change in China: Spatial differences, driving forces and policy implications. *Journal of Rural Studies*, Vol. 51, 2017b.

[164] Li Y., Chen C., Wang Y., Liu Y. Urban-rural transformation and farmland conversion in China: The application of the environmental Kuznets Curve. *J. Rural Stud.* Vol. 36, 2014.

[165] Li Y., Fan P. and Liu Y. What makes better village development in traditional agricultural areas of China? Evidence from long-term observation of typical villages. *Habitat International*, Vol. 83, 2019a.

[166] Li Y, Qiao L, Wang Q, et al. Towards the evaluation of rural livability in China: Theoretical framework and empirical case study. *Habitat*

International, Vol. 105, 2020.

[167] Li Y. Urban-rural interaction patterns and dynamic land use: implications for urban-rural integration in China. *Regional Environmental Change*, Vol. 12, No. 4, 2012.

[168] Li Y. , Westlund, H. and Liu, Y. Urban-rural transformation in relation to cultivated land conversion in China: Implications for optimizing land use and balanced regional development. *Land Use Policy*, Vol. 47, 2015.

[169] Long, H. , Qu, Y. , Tu, S. , Wang, J. Land use transitions under urbanization and their environmental effects in the farming areas of China: Research progress and prospect. *Adv. Earth Sci.* Vol. 33, 2018.

[170] Long H. , Wu X. , Wang W. and Dong G. Analysis of urban-rural land-use change during 1995 – 2006 and its policy dimensional driving forces in Chongqing, *China. Sensors* Vol. 8, 2008.

[171] Long H. , Zhang, Y. , and Tu S. Rural vitalization in China: A perspective of land consolidation. *Journal of Geographical Sciences*, Vol. 29, No. 4, 2019.

[172] Lu Y. , Song S. , Wang R. et al. Impacts of soil and water pollution on food safety and health risks in China [J]. *Environment International*, Vol. 77, 2015.

[173] Ma L. , Liu S. , Fang F. , Che X. , Chen M. Evaluation of urban-rural difference and integration based on quality of life. *Sustain. Cities Soc.* Vol. 54, 2019.

[174] Ma X. Labor market segmentation by industry sectors and wage gaps between migrants and local urban residents in urban China. *China Economic Review*, Vol. 47, 2018.

[175] Meng, L. , and Zhao, M. Q. Permanent and temporary rural-urban migration in China: Evidence from field surveys. *China Economic Review*, Vol. 51, 2018.

[176] Mohabir N, Jiang Y and Ma R. Chinese floating migrants: Rural-urban migrant labourers' intentions to stay or return [J]. *Habitat International*, Vol. 60, 2017.

[177] Moilanen, M., Myhr, S. and Østbye, S. Scraping the bottom of the barrel? Evidence on social mobility and internal migration from rural areas in nineteenth-century Norway. *Scandinavian Economic History Review*, 2021.

[178] Moraga J. F. H. Understanding different migrant selection patterns in rural and urban Mexico. *Journal of Development Economics*, Vol. 103, 2013.

[179] Murphy R. *How migrant labor is changing rural China*. Cambridge University Press. 2002.

[180] Offer A. British manual workers: from producers to consumers, c. 1950 – 2000. *Contemporary British History*, Vol. 22, No. 4, 2008.

[181] Olsson J. Rural-urban spatial interaction in the global south: Long-distance mobility changes, desires and restrictions over two decades in rural philippines. Geogr. Ann. Ser. B Hum. Geogr. Vol. 94, 2012.

[182] Partridge M., Bollman R. D., Olfert M. R. and Alasia, A. Riding the wave of urban growth in the countryside: Spread, backwash, or stagnation? *Land Econ*, Vol. 83, 2007.

[183] Pekkala, S. Migration flows in Finland: Regional differences in migration determinants and migrant types. *International Regional Science Review*, Vol. 26, No. 4 2003.

[184] Polanyi K. *The economy as instituted process 3rd Edition*. In The sociology of economic life: Routledge. 2011.

[185] Poncet, S. Provincial migration dynamics in China: Borders, costs and economic motivations. R*egional Science and Urban Economics*, Vol. 36, No. 3, 2006.

[186] Potter, R. B., Unwin, T. Urban-rural interaction: Physical form and political process in the Third World. *Cities*, Vol. 12, 1995.

[187] Prabhakar S. A. Succinct review and analysis of drivers and impacts of agricultural land transformations in Asia. *Land Use Policy*, Vol. 102, 2021.

[188] Qu Y., Jiang G., Li Z., Tian, Y. and Wei, S. Understanding rural land use transition and regional consolidation implications in China. *Land Use Policy*, Vol. 82, 2019.

[189] Sarkar, M. Constrained labour as instituted process: Transnational contract work and circular migration in late capitalism. European Journal of Sociology/Archives Européennes de Sociologie, Vol. 58, No. 1, 2017.

[190] Scully G. W. Interstate wage differentials: A cross section analysis. *American Economic Review*, Vol. 59, No. 5, 1969.

[191] Serra P. , Vera A. , Tulla A. F. , Salvati L. Beyond urban-rural dichotomy: Exploring socioeconomic and land-use processes of change in Spain (1991 – 2011). *Appl. Geogr.* Vol. 55, 2014.

[192] Shaul, M. , and Doig, J. W. . Economic Vitality and Civic Vitality. Public Administration Review, Vol. 44, 1984.

[193] Stellmes M. , Röder A. , Udelhoven T. and Hill J. , Mapping syndromes of land change in Spain with remote sensing time series, demographic and climatic data. *Land Use Policy*, Vol. 30, 2013.

[194] Tacoli, C. Rural-urban interactions: A guide to the literature. *Environ. Urban*, Vol. 10, 1998.

[195] Tang, S. , Hao, P. , and Feng, J. Consumer behavior of rural migrant workers in urban China. *Cities*, Vol. 106, 2020.

[196] Tang, S. , Hao, P. , and Huang, X. Land conversion and urban settlement intentions of the rural population in China: A case study of suburban Nanjing. *Habitat International*, Vol. 51, 2016.

[197] Tian, M. , Tian, Z. and Sun, W. The impacts of city-specific factors on social integration of Chinese migrant workers: A study using multilevel modeling. *Journal of Urban Affairs*, Vol. 41, No. 3, 2019.

[198] Torreggiani D. , Dall' Ara E. and Tassinari P. The urban nature of agriculture: Bidirectional trends between city and countryside. *Cities*, Vol. 29, 2012.

[199] Torun'czyk-ruiz S, Brunarska Z. Through attachment to settlement: Social and psychological determinants of migrants' intentions to stay. *Journal of Ethnic and Migration Studies*, Vol. 46, No. 15, 2020.

[200] Veneri P. , Ruiz V. Urban – To – Rural Population Growth Linkages: Evidence from OECD Tl3 Regions. *J. Reg. Sci.* Vol. 56, 2016.

[201] Walo, M. T. Bridging the rural-urban divide for local economic

development in Nekemte and its hinterlands, Oromia, Ethiopia. J. Agric. Food Syst. *Community Dev*, Vol. 6, 2016.

[202] Walter, A., Finger, R., Huber, R., Buchmann, Nina. Smart farming is key to developing sustainable agriculture. *Proceedings of the National Academy of Sciences of the United States of America*, Vol. 114, No. 24, 2017.

[203] Wang M., Yang Y. and Guo T. Measurement of Urban – Rural Integration Level in Suburbs and Exurbs of Big Cities Based on Land – Use Change in Inland China: Chengdu. *Land*, Vol. 10, 2021.

[204] Wang, Z., and Chen, L. Destination choices of Chinese rural-urban migrant workers: Jobs, amenities, and local spillovers. *Journal of Regional Science*, Vol. 59, No. 3, 2019.

[205] Wegener B. Job Mobility and social ties: Social resources, prior job, and status attainment [J]. *American Sociological Review*, Vol. 56, No. 1, 1991.

[206] Williams, K., Schirmer, J. Understanding the relationship between social change and its impacts: The experience of rural land use change in south-eastern Australia. *J. Rural Stud.* Vol. 28, 2012.

[207] Woods, M., Rural geography: Blurring boundaries and making connections. *Prog. Hum. Geog.* Vol. 33, 2009.

[208] Wozniak M. Spatial matching on the urban labor market: estimates with unique micro data. *Journal for Labour Market Research*, Vol. 55, 2021.

[209] Xia C., Yeh G. O., Zhang A. Analyzing spatial relationships between urban land use intensity and urban vitality at street block level: A case study of five Chinese megacities. *Landscape and Urban Planning*, Vol. 193, 2020.

[210] Xu, Q., Guan, X., and Yao, F. Welfare program participation among rural-to-urban migrant workers in China. *International Journal of Social Welfare*, Vol. 20, No. 1, 2011.

[211] Yang Y., Bao W., Wang Y., and Liu Y. Measurement of urban-rural integration level and its spatial differentiation in China in the new

century. *Habitat International*, Vol. 117, 2021.

［212］ Yang, Z. , Shen, N. , Li, C. Key factors of the willingness of rural populations settling in cities (RPSC) from a Lacanian psychoanalysis theory perspective. *PLoS ONE*, Vol. 15, No. 12, 2020.

［213］ Yang Z. , Shen N. , Qu Y. and Zhang B. Association between Rural Land Use Transition and Urban – Rural Integration Development: From 2009 to 2018 Based on County – Level Data in Shandong Province, China. *Land*, Vol. 10, 2021.

［214］ Yin, J. , Zhao, X. , Zhang, W. and Wang, P. Rural Land Use Change Driven by Informal Industrialization: Evidence from Fengzhuang Village in China. *Land*, Vol. 9, 2020.

［215］ Yu L, Zhao D, Xue Z and Gao Y. , Research on the use of digital finance and the adoption of green control techniques by family farms in China. *Technology in Society*, Vol. 62, 2020.

［216］ Zhang, H. The Hukou system's constraints on migrant workers' job mobility in Chinese cities. *China Economic Review*, Vol. 21, No. 1, 2010.

［217］ Zhang Y, Halder P, Zhang X, et al. Analyzing the deviation between farmers' Land transfer intention and behavior in China's impoverished mountainous Area: A Logistic – ISM model approach. *Land Use Policy*, Vol. 94, 2020.

［218］ Zhan, Y. The urbanisation of rural migrants and the making of urban villages in contemporary China. *Urban Studies*, Vol. 55, No. 7, 2018.

［219］ Zhu F. , Zhang F. and Ke X. Rural industrial restructuring in China's metropolitan suburbs: Evidence from the land use transition of rural enterprises in suburban Beijing. *Land Use Policy*, Vol. 74, 2018.

［220］ Zhu J. , Zhu M. , Xiao, Y. Urbanization for rural development: Spatial paradigm shifts toward inclusive urban-rural integrated development in China. *J. Rural Stud*, Vol. 71, 2019.

［221］ Zou L. , Liu Y. , Yang J. , Yang S. , Wang, Y. and Hu X. Quantitative identification and spatial analysis of land use ecological-production-living functions in rural areas on China's southeast coast. *Habitat Int*, Vol. 100, 2020.

后　　记

　　山中岁月无古今，不觉又二年余。自余从事区域经济研究领域以来，深感中国的日新月异在于选择了工业化、城镇化发展道路，素有持续追踪城镇化的心愿，先后以城乡融合、高质量发展为立意出版了《城乡融合视野下的城镇化发展研究》和《高质量城镇化发展道路探索》两部专著，加之此次以现代化为切入视角研究中国城镇化发展的现实问题，至此形成观察中国城镇化的"三部曲"，观察周期跨越城镇化的中后期，可展望至城镇化成熟发展阶段。

　　现代化与城镇化均是人类社会顺应科技进步的历史选择，也是今后人类文明持续前行的路标，至于所为何，何为达，如茫茫宇宙之时空漫步，所凭皆心也。而又为何者，求为可知也。幼时常听尊亲谆谆教导，登高望远，不忘脚踏实地，激扬文字，不忘躬身自省，谈古论今，不忘开拓创新，锐意进取，不忘坚持不懈，如此方能成就心中所愿，愿就所思之处多多采撷，倘有只言片语可取，则幸甚至哉。花开花落风来疏竹，人来人往世代轮替，期待更多学者专家加入城镇化发展的破题、答题队伍，相互印证，共同为国家城镇化发展战略构想建言献策。

　　感谢师友对我的帮助，感念家人对我的眷顾和鞭策，在本书成稿之际，一并致意。

杨志恒

2022 年夏

于馨苑居